U0688051

新时代高校网络意识形态建设理论与实践

谭丽莎　高存艳　李　芳◎著

中国出版集团　全国百佳图书
中国民主法制出版社　出版单位

图书在版编目（CIP）数据

新时代高校网络意识形态建设理论与实践 / 谭丽莎，高存艳，
李芳著 . — 北京：中国民主法制出版社，2023.9

ISBN 978-7-5162-3418-1

Ⅰ . ①新… Ⅱ . ①谭… ②高… ③李… Ⅲ . ①高等学
校－互联网络－意识形态－研究－中国 Ⅳ . ① B022

中国国家版本馆 CIP 数据核字（2023）第 186225 号

图书出品人：刘海涛
出 版 统 筹：石　松
责 任 编 辑：刘险涛

书　　　名 / 新时代高校网络意识形态建设理论与实践
作　　　者 / 谭丽莎　高存艳　李　芳　著
出版·发行 / 中国民主法制出版社
地址 / 北京市丰台区右安门外玉林里 7 号（100069）
电话 /（010）63055259（总编室）　63058068　63057714（营销中心）
传真 /（010）63055259
http：//www.npcpub.com
E-mail: mzfz@npcpub.com
经销 / 新华书店
开本 / 16 开　787 毫米 ×1092 毫米
印张 / 13.25　字数 / 219 千字
版本 / 2024 年 5 月第 1 版　　2024 年 5 月第 1 次印刷
印刷 / 廊坊市源鹏印务有限公司

书号 / 978-7-5162-3418-1
定价 / 68.00 元
出版声明 / 版权所有，侵权必究。

Preface
前言

　　互联网的迅猛发展，带给了人们快捷的信息和有效沟通，并以其特有的属性迅速影响并改变着人们的日常生活。网络已成为反映社情民意、体现观念变化、即时互动沟通的重要渠道。人们把越来越多的时间和精力从现实世界转移到网络空间，越来越融入网络，这意味着人类正在告别传统社会时代，进入网络新时代。任何社会阶层、组织和个人都可以借助网络生产和再生产社会意识，表达对现实社会的诉求、情绪和态度。网络空间里，既有表达利益诉求情绪的，也有表达政治分歧见解的；既有多元文化的交流、交融和交锋，也有不同文明的碰撞和冲突；既有国内别有用心者的不良言论，也有境外组织的意识形态渗透……由此可见，网络在对人类社会的生产方式、生活方式、交往方式、思维方式，以及社会生活带来广泛、深刻影响的同时，也对人类的思想意识、价值观念产生了重大影响。网络意识形态也应运而生，对传统意识形态造成了巨大的影响和冲击。由此可见，网络意识形态基于网络时代而产生，它以现代网络平台为舆论载体，以现代网络技术为传播手段，以现代网络生态为表达环境，以追求自由、平等、开放为终极目标，是人类社会发展进程中一种全新的意识形态形式，是虚拟反映网民真实精神世界的思想体系。因此，要从国家治理体系和治理能力现代化的维度来深入研究网络时代的意识形态建设问题，不断拓展思路，不断创新方法，不断争取主动，实现推动经济社会发展和维护意识形态安全的双赢。

　　我国的社会主义意识形态安全关系到整个社会局势的稳定与发展，是国家综合安全的基础环节与基础内容，特别是对国家整个精神文化领域安全有着重要影响。党的十八大以来，党和国家高度重视意识形态工作，从加强党的领导、注重网络信息安全、加强高校思想政治教育工作、掌握新闻舆论阵地等方面加大了意识形态工作力度，也取得了很大成效，意识形态面临的威胁有所减轻、挑战有所缓和，但问题并没有彻底解决，意识形态面临的挑战、威胁等依然存在。高校处于意识形态工作的前沿，肩负着传播马克思主义科学理论、抓好马克思主义理论教育、培养德智体美劳全面发展的社会主义事业建设者和接班人的重要使命。作为从事意识形态教育和研究的高校教师，利用网络进行高校主流意识形态教育是新形势下进一步加强和改进高校工作的必然趋势，提升高校网络意识形态治理能力和水平势在必行：必须从关系中国特色社会主义前途命运的高度，充分认识加强高校马克思主义意识形态教育和建设的重大意义；必须从理论层面对新时期高校意识形态工作和大学生思想政治教育面临的新情况、新问题、新挑战、新机遇进行全面、系统、深入的分析；必须紧密结合实践，提出加强和改进高校马克思主义意识形态工作和大学生思想政治教育的现实对策建议，为党和国家宏观决策及高校教育管理提供参考依据。这既是我们的光荣任务，也是不容推卸的责任。我们要在新时代的高校网络意识形态工作中，全面引领青年学生掌握其理论逻辑、历史逻辑和实践逻辑，从教育、传播、创新、体制机制等方面全面提升铸魂育人实效。

本书正是在这些方面进行了积极有益的探索。该书以马克思主义意识形态理论和习近平总书记关于意识形态工作重要论述为指导，运用文献研究与调查研究相结合、历史分析与现实分析相统一的方法，紧密结合近年来的高校思想政治工作实践，对当前高校意识形态教育的若干专题进行了较为深入的思考。重点阐述了高校网络意识形态的内涵、网络意识形态建设的基本特征以及重要意义；对当前高校网络意识形态建设的现状和存在问题加以梳理，并就如何解决这些矛盾和问题，实现意识形态在网络时代与网络空间的良性发展，结合高校的思想政治教育工作提出了解决的途径和办法。从应用价值角度看，本研究有助于我们在网络时代背景下创新主流意识形态建设的思路和路径，对于高校网络意识形态建设研究的系统性和科学性具有一定的理论与实践指导意义。此外，本书在编写过程中，借鉴了中外大量参考文献，在此一并向有关作者表示谢忱。由于水平有限，书中错误和疏漏在所难免，敬请广大读者批评指正。

谭丽莎

沈阳建筑大学

2023.3

Contents
目录 ————————————————————————————————

第一章

高校网络意识形态的相关概念与理论来源

一、意识形态的基本概念

（一）意识

意识泛指人的头脑对于客观物质世界的反映，是感觉、思维等各种心理过程的总和、觉察、发现，在中国古代有识见、意念等意思。例如，东汉王充《论衡·实知篇》："众人阔略，塞所意识，见贤圣之名物，则谓之神"；《北齐书·文宣帝纪》："高祖尝试观诸子意识。各使治乱丝，帝独抽刀斩之。曰：'乱者须斩。'高祖是之"；《简易经》："德化情，情生意，意恒动"等。业界普遍认为，意识是人脑对大脑内外表象的觉察，是物质的一种高级有序组织形式，是各种心理过程的总和。意识的英语词源为"consciousness"，来自于拉丁文"conscience"，原意为精神活动，是一种生命能量，由生物进化而来。在网络上搜索到意识的定义为，"意识是物质的一种高级有序组织形式，它是指生物由其物理感知系统能够感知的特征总和以及相关的感知处理活动"。意，既是自我的意思。识，就是认知、认识、了解。意识，代表个体的独立性，它是主观存在的独特坐标。意识代表了人可以认识自己的存在，可以知道发生的事情。可以与不同于自己的存在进行对比。"从广义方面来理解，'意识'是指与物质相对的活动的结果，用作名词，如知识、思想、观念，等等，哲学中常说的'物质决定意识'，这'意识'是精神的东西，'意识'与'心理'是相通的，但二者内涵不完全相同。""从狭义方面来理解，'意识'是指人的认识活动，用作动词，如'意识到'，所谓'意识到'也就是'认识到'。心理学中所说的意识，就是指的'意识到'，即人的心理活动，它是一种认识形式，也是一种反映形式。"

可以说，意识到目前为止还是一个不完整的、很模糊的概念，研究者还不能给予它一个确切的定义。哲学研究的是作为名词使用的"意识"，即与"物质"相对立的意识，它是总体研究人的意识，其基本问题是意识对存在的关系问题，既指个人意识，也指社会意识。约翰·希尔勒通俗地将意识解释为，"从无梦的睡眠醒来之后，除非再次入睡或进入无意识状态，否则在白天持续进行的，知觉、感觉或觉察的状态"。在意识本质的问题上，直到今天都还有诸多疑问与不解。意识本质研究的困境，主要有两个原因，一是自然主义认识模式尚无法对大脑结构和社会语境做出完全等效的模拟；二是缺少相应的哲学命题和范畴。

（二）意识形态

一直以来，人们对于意识形态的概念众说纷坛。作为一个庞大的观念体系，意识形态具有复杂的结构和丰富的内容，其各个组成要素之间互相影响、互相作用。因而意识形态这个术语，几乎出现在当代所有的人文社会科学文献中，如哲学、政治学、历史学、社会学、心理学等，都在使用意识形态这一概念，都在讨论竞识形态相关问题。与意识的定义相一致，学界对意识形的定义也是众说纷坛，至今都没有形成一个完整的概念。学术界对于意识形态有诸多不同定义。从一开始单纯的定义概念，逐步发展为理论工具并形成了较为完善的思想体系，意识形态经历了一个相当漫长的过程。例如，《哲学大辞典》《外国哲学大辞典》《西方哲学英汉对照辞典》《英汉哲学术语词典》等，基本上都认为意识形态（Ideology）这一名词是法国哲学家特拉西提出的。该词源自希腊文的 Idea 和拉丁文的 logos。在特拉西的《意识形态概论》中提到，意识形态是用来区别感觉的理性认识和观念的理论。特拉西使用"意识形态"的目的是建立一门被称为"观念学"的基础性哲学理论，使人们摆脱偏见，为理性的治理做准备。发展到现代，业界对意识形态的终于有了较为一致的意见，基本都认为意识形态是维护特定阶级利益的产物，主要反映特定阶级的基本要求。随着近代西方哲学发展，各国学者都从不同的角度、立场对意识形态的基本概念进行发展自完善。随着全球化和知识经济一体化的深入推进，意识形态关理论也发生着深刻显著的变化。

在《德意志意识形态》中，马克思指出："思想、观念、意识的生产最初是直接与人们的物质活动，与人们的物质交往，与现实生活的语言交织在一起的。人们的想象、思维、精神交往在这里还是人们物质行动的直接产物。表现在某一民族的政治、法律、道德、宗教、形而上学等的语言中的精神，生产也是这样。人们是自己的观念、思想等等的生产者，但这里所说的人们是现实的，从事活动的人们，他们受着自己的生产力和与之相应的交往的一定发展——直到交往的最遥远的形态——所制约。意识在任何时候都只能是被意识到了的存在，而人们的存在就是他们的实际生活过程。如果在全部意识形态中，人们和他们的关系像在照相机中一样是倒立呈像的，那么这种现象也是从人们生活的历史过程中产生的，正如物体在视网膜上的倒影是直接从人们生活的生理过程中产生的一样。"也就是说，社会物质实践决定社会意识形态，意识形态是具体社会中的人对社会物质实践的一种理解和把握。在马克思那里，作为一定社会历史时期的精神生产的产物。意识形态就其本质和主要倾向而言，表现为统治阶级的思想，"统治阶级的思想在每一时代都是占统治地位的思想"。这就是说，一个阶级是社会上占统治地位的物质力量，同时也是社会上占统治地位的精神力量。支配着物质生产资料的阶级，同时也支配着精神生产资料，因此，那些没有精神生产资料的人的思想，一般地是隶属于这个阶级的。占统治地位的思想不过是占统治地位的物质关系在观念上的表现，不过是以思想的形式表现出来的占统治地位的物质关系；因阶级关系在观念上的表现，这也是这个阶级的统治思想。此外，构成统治阶级的各个人也都具有意识，因此他们也会思维；既然他们作为一个阶级进行统治，并且决定着某一历史时代的整个面貌，那么不言而喻，他们在这个历史时代的一切领域中也会这样做。也就是说，他们还作为思维着的人，作为思想的生产者进行统治，他们调节着自己时代的思想的生产和分配；而这就意味着他们的思想是一个时代的占统治地位的思想。例如，在某一国家里的某个时期，王权、贵族和资产阶级为争夺统治而斗争，在那里统治是分享的，那里占统治地位的思想就会是关于分权的学说，于是分权就被宣布为"永恒的规律"。而"每一个企图代替旧统治地位的新阶级，就位的新阶级，就是为了达到自己的目的而不得不把自己的利益说成是全体成员的共同利益。抽象地讲，就是赋予自己的思想以普遍的形式，把它们描绘成唯一合理的、有普遍意义的思想"。因此，在这里意识形态是特定的社会阶级为了最大限度地维护自己的阶级利益而扭曲真实的现实关系的结果。列宁在继承马克思意识形态学说的基本精神的基础上，根据他自己所处时代的实践和理论需要，不再一般地谈论意识形态，而是认为资产阶级有它的意识形态，无产阶级也有其意识形态。无产阶级的意识形态即社会主义和共产主义的意识形态，它既体现了无产阶级的利益，又正确反映了人类社会发展的客观规律，因此是科学的意识形态。列宁不再一般地批判意识形态的"教化""教育"作用，而是主张必须把社会主义的意识形态从外部灌输到工人阶级队伍中去，认为"我们应当积极从政治上教育工人阶级，发展工人阶级的政治意识"。

简言之，意识形态就是一种自觉地反映一定社会集团（在阶级社会就是阶级）经济政治利益的系统化、理论化的思想观念体系。它由一定的政治、法律、哲学、道德、艺术和宗教等社会学说组成，是该社会或社会集团的政治纲领、行为准则、价值取向、社会理想的思想理论依据。意识形态教育就是一定社会制度中占统治地位的阶级，在其政党领导下，根据社会发展以及维护本阶级统治的要求，采用各种必要的手段，在全社会倡导和弘扬反映本阶级利益的思想政治观点，引导受教育者树立某种符合统治阶级要求的立场、观点和方法的过程。

（三）网络意识形态

由于网络信息迅猛发展，现实社会中人与人的结合方式、生活结构乃至社会政治、经济、文化无不深深地打上了网络的烙印，人类社会也由此进入网络化和信息化时代。美国学者弗兰·比彻姆认为："国际互联网代表了真正意义上的信息革命。"随着网络信息技术的迅猛发展和全球网络用户的快速增长，一个与现实社会相对应的虚拟的网络社会就开始逐步形成。网络社会是与现实社会相对应的虚拟社会，是现实社会借助于网络信息技术在时空上的延伸，也是一种客观存在。虚拟社会在社会构成要素、基本结构与社会功能等方面具备与现实社会相似的特征，同时又区别于现实社会。在网络时代，人类的思想文化的交流真正突破时空边界，只要有一个多媒体终端，就可以成为发言者、评论者、传播者和围观者，都可以不受文化、身份、地位等方面限制和约束，自由地表达自己的利益诉求。网络意识形态作为一种新兴的意识形态，也由此而产生。从这个意义上讲，网络意识形态是网络化和信息化时代的新兴产物，是人类文明发展的必然。网络意识形态问题随着互联网的全球化、普及化和平民化趋势的加强，逐渐成为国内外学界研究和探讨的焦点性话题。由于网络意识形态产生于虚拟的网络社会，它以其鲜明的网络特征区别于现实社会的意识形态，是人类社会意识形态的一种新的范式。业界关于网络意识形态的定义，具有一定代表性的观点主义，具有一定代表性的观点主要有以下三种。

一是体系说。即把网络意识形态当作一种对网民行为具有机制指引功能的思想体系。例如，张宽裕、丁振国等认为，"网络意识形态是网民看待网络世界的有机的思想体系，代表着网民的利益，指导网民行动"，并通过虚拟社会反作用于现实社会，是人类社会意识形态的一种新的范式。

二是拓展说。即认为网络意识形态是传统意识形态在空间上的拓展。例如，姚元军等认为，网络意识形态是"基于网络信息工具的使用而产生的新的意识形态领域，是传统意识形态要素在网络信息空间的延伸和再现，并在一定条件下反作用于现实世界，对现实世界产生影响"。赵惜群指出，"所谓网络意识形态，并非是指网络空间中自然产生的各种意识形态及其所构成的观念体系，而是指现实社会意识形态在网络空间的表现方式和传播方式"。罗程浩认为，"网络意识形态是指含有各种意识形态倾向的信息的网络生存现象，是意识形态在网络空间发展的渐进式过程"。

三是属性说。即认为意识形态是伴随着阶级和国家出现的，反映的不仅仅是个人的思想，而且也是某个阶级、社会群体的要求、愿望和理想，意识形态在网络空间的发展离不开其维护特定阶级、社会集团的根本利益的属性。有学者也因此而认为，中国的网络意识形态工作，"特指积极利用互联网技术为基础的各种最新传播手段，有目的、有计划、有组织地传播社会主义核心价值体系，从而影响网民并使之形成有利于经济社会健康发展的价值判断"。严耕、陆俊也指出，各种参与网络信息平台构建和运用的主体，都把自身的"意识形态"——价值观、理论和政治倾向等"物化"于网络上，网络无论就其基础建设、整体推动，还是其内容和方向，都会体现出一种国家意志、民族特征和意识形态导向。

（四）高校网络意识形态

我国高校意识形态教育是社会主义的意识形态教育，社会主义的意识形态是在马克思主义理论指导下，对人类以往的认识成果进行批判地继承，汲取前人或同时代人的优秀思想成果，反映当代社会存在形成的创造性的理论成果，是为巩固和完善社会主义制度提供动力支持和精神服务的，是全党全国各族人民团结奋斗的共同基础和思想支柱，是在任何时候、任何情况下都不能忽视的。然而，社会主义意识形态并不是一成不变的僵死教条，而是不断发展的，具体的内容要依时间、地点、条件为转移，随着时代和实践的发展而变化，要用符合新的实际的理论取代旧的过时的理论，要与时俱进。马克思、恩格斯曾强调，科学的理论"是发展着的理论，而不是必须背得烂熟并机械地加以重复的教条"。马克思主义理论的继承者们要根据新的实践和新的研究，补充、修正、丰富和发展自己的理论，只有这样的理论才能指导实践，发挥对实践的巨大指导作用。与时俱进的理论品质是科学理论的基本特点，它必然要求理论要反映时代精神和发展规律，体现时代性，把握规律性，富于创造性。这就要求人们适时地把思想认识从错误观念或过时观念的束缚中解放出来，从对科学理论的教条理解中解放出来，从僵化或半僵化的状态中解放出来，使理论教育符合实际，特别是符合变化了的实际。正是这种"与时俱进"的理论品质，使社会主义意识形态不断丰富和发展，达到新的境界。

结合"高校"和"网络意识形态建设"的含义，米华全将"高校网络意识形态建设"的内涵界定如下：所谓高校网络意识形态建设，是指高校意识形态建设主体依托网络信息技术手段，开展网络意识形态内容建设、载体建设、队伍建设、方法创新和机制健全等，有目的、有计划、有组织地用主流网络意识形态武装青年学生网民头脑，掌握网络意识形态工作领导权、管理权和话语权的实践活动和过程。其核心内容和主要任务是加强社会主义意识形态的网络宣传、教育和引导，巩固马克思主义意识形态在高校网络空间的主导地位。加强高校网络意识形态建设是维护国家网络安全、网络意识形态安全的必然要求，是坚定社会主义办学方向、维护校园和谐稳定的重要保障，是落实立德树人根本任务、培养可靠建设者与合格接班人的重要途径。高校是整个社会的有机组成部分，作为网络意识形态的前沿阵地，高校网络意识形态建设是国家网络意识形态建设的重要领域。因此，高校网络意识形态建设要服务于整个国家网络意识形态建设的战略部署和统筹安排。由于高校是培养人、塑造人的场所，高校人才培养质量事关国家命运和社会发展，高校网络意识形态建设在整个国家网络意识形态建设和意识形态建设中具有举足轻重的作用，高校网络意识形态建设成效关系到整个国家网络意识形态工作成效。然而，高校网络意识形态建设不是孤立的，它不是个别高校，也不是一个教育系统就能够完成的。它与其他社会领域的网络意识形态建设密切相关，如国家机关、国有企业、社会组织、城市社区、农村乡镇等，只有把各个领域网络意识形态建设统筹起来，相互支持、相互补位，全国一张网、全网一盘棋，才能实现国家网络意识形态的健康发展，巩固马克思主义在网络空间的主流、主导地位。

二、网络意识形态的理论依据

（一）社会意识和社会存在的辩证关系原理

社会存在与社会意识的关系问题是社会历史观的基本问题。社会存在是社会生活的物质方面，是社会物质生活条件的总和，其中，最重要的是物质资料的生产方式。社会意识是社会精神生活现象的总称，包括各种社会意识形式和社会心理，社会意识形式也称思想体系，是从社会生活中概括提炼出来的系统化的、具有确定形式的、自觉的社会意识，它主要是由思想家自觉加工而形成的，具有较为严格的体系和相对稳定的形式，其中，社会意识形态在社会意识诸形式中居于核心地位。在社会意识和社会存在的关系中，社会存在是社会生活中第一性的东西，是社会意识的根源，社会意识是社会存在的反映和派生物，社会意识归根结底来源于社会存在。一切社会意识无论其内容正确与否，都是社会存在的反映，一切社会意识都可以在社会存在中找到它的根源和原型。社会意识的任何重大变化归根结底都是社会存在变化引起的。社会存在决定社会意识，物质生活的生产方式制约着整个社会的经济生活、政治生活和精神生活，人们的社会意识是社会存在的反映，是人们对周围环境、社会生活和社会关系的认识。同时，历史唯物主义在肯定社会存在决定社会意识的前提下，又承认社会意识具有相对独立性，对社会存在具有能动的反作用。"当一种历史因素一旦被其它的，归根结底是经济的原因造成的时候，它也影响周围的环境，甚至能够对产生的原因发生反作用；"这种社会意识对社会存在的反作用，是意识形态教育的理论依据。社会意识对社会存在的反作用，有两种不同的性质：旧的、落后的社会意识对社会发展起阻碍作用；先进的社会意识对社会发展起促进作用。代表先进阶级的正确思想一旦被群众所掌握，就会变成改造世界的巨大物质力量。意识形态是阶级意识的自我表述，是一定社会制度合理存在的精神支撑和重要保证，统治阶级用自己的意识形态去武装民众、塑造人格，培养本阶级需要的人，这也是意识形态教育的根本任务之一。

（二）人的本质和人的全面发展理论

马克思指出："人们为了能够'创造历史'，必须能够生活。但是为了生活，首先就需要衣、食、住以及其他的东西。"这是人的自然属性。人虽然具有自然属性，但是自然属性并不是人的本质属性，人的本质属性是人的社会性，人与动物区别开来的主要标志是人们的生产劳动。人为了生存，不仅要和自然界发生关系，而且要结成一定的社会关系，人的社会关系随社会的发展日益重要，脱离社会关系的、纯粹的、抽象的人是不存在的，只能是从事物质生产的、社会的、历史的、具体的、现实的人。生产劳动使人们建立了社会关系，形成了人的社会性的本质属性。人的本质并不是单个人所固有的抽象物，在其现实性上，它是一切社会关系的总和。人的思想和行为是人的本质的主要表现形式，分析了解人所处的社会关系是了解人的本质的重要方式，随着社会关系的发展变化，人的思想也必然出现变化，研究人的本质变化、发展理论，有助于我们科学地认识意识形态教育对象。

马克思主义人的全面发展的学说，是共产主义思想理论的有机组成部分，是我们确定意识形态教育方针、目标和任务的重要理论依据。马克思在《德意志意识形态》一书中，正式提出了"个人的全面发展"这一科学概念，以后，又在许多重要著作中，作了系统的阐述。人的全面发展是相对于人的片面发展而言的，人的片面发展就是"每一个人都只隶属于某一个生产部门，受它束缚，听它剥削""成为某种局部劳动的自动工具""为了训练某种单一的活动，其他一切肉体的精神的能力都成了牺牲品""智力上的荒废"和"个人生产力的贫乏"，也就是资本主义分工过程中"人的自我丧失"。马克思强调全体社会成员的智力和体力在生产过程中的多方面的充分自由的协调的发展，使人们成为"各方面都有能力的人，即能通晓整个生产关系的人"。人应当是一个"完整人"，全面发展的人，人要以一种全面的方式，作为一个完整的人，占有自己的全面的本质。按照这种"完整人"的理论，人虽然要经历由低级到高级若干发展阶段，但是在任何一个发展阶段上，人都应该完整的均衡的全面的发展，而不能畸形发展。要实现人的全面发展必须施以全面发展的教育，意识形态教育是全面发展教育的重要组成部分，涉及人的发展的方向问题，是人的全面发展诸因素中的主导条件，对人的全面发展具有重要的保证、促进作用。

（三）"灌输理论"

社会主义意识不会在群众中自发产生，无产阶级先锋队——共产党必须不断地向群众灌输科学社会主义理论，才能提高群众的社会主义思想觉悟，指导群众参加无产阶级解放斗争和社会主义建设。这是马克思主义的一个基本原理，也是意识形态教育的重要理论依据。列宁在《怎么办》一书中详细论证了"灌输"原理。最先使用"灌输"一词的是恩格斯。他在发表于《新道德世界》上的一文中说到社会主义在德国的"从宣传社会主义这个角度来看，这幅画所起的作用要比一百本小册子大得……这幅画在德国好几个城市里展览过，当然给不少人灌输了社会的思想"。而最早对灌输理论做出系统研究的是列宁。1900 年，列宁在《火星报》创刊号《我们运动中的迫切任务》一文中指出："把社会主义思想和政治自觉性灌输到无产阶级群众中去，组织一个和自发工人运动有紧密联系的革命政党。"列宁系统论述的社会主义意识必须从外部灌输的原理，虽然产生在 20 世纪初俄国无产阶级革命时期，同我们今天的社会主义现代化建设时期相比，历史条件有很大的不同，教育对象的思想特点也发生了很大变化，但是，我国社会改革开放的现代化历史进程的实践证明，培养建设社会主义的高素质人才，仍然离不开以马克思主义为指导的社会主义意识形态的灌输。列宁当年为批判"自发论"而提出的"灌输"原理并没有过时，只不过内容和形式表现得更富有新的时代特点。所以，灌输理论仍然是意识形态教育的基本理论依据。

（四）习近平关于意识形态建设的重要论述

习近平总书记近年来发表的关于网络意识形态建设的重要论述，既全面阐明了网络意识形态建设在引领网络思潮、维护网络安全方面的积极作用，又准确指明了网络意识形态发展趋势和规律，还提出了新时代加强网络意识形态建设的理念原则和方法策略，具有强烈的针对性和指导性，为我们牢牢掌握网络意识形态工作领导权提供了理论指引。虽然这些思想观点是站在党和国家网络意识形态建设的全局提出来的，但是对高校网络意识形态建设具有同样的指导意义，是新时代高校推进网络意识形态建设强有力的理论支撑。

1. 提出培育和弘扬社会主义核心价值观

近年来，习近平总书记就培育和弘扬社会主义核心价值观问题，发表了一系列重要讲话，强调"培育和弘扬核心价值观，有效整合社会意识，是社会系统得以正常运转、社会秩序得以有效维护的重要途径，也是国家治理体系和治理能力的重要方面""我们要从巩固全党全国各族人民团结奋斗的共同思想基础、巩固党的执政地位的战略高度，持续加强社会主义核心价值体系建设，把培训和弘扬社会主义核心价值观作为凝魂聚气．强基固本的基础工程，作为一项根本任务，切实抓紧抓好"。党的二十大报告中强调："广泛践行社会主义核心价值观。弘扬以伟大建党精神为源头的中国共产党人精神谱系，用好红色资源，深入开展社会主义核心价值观宣传教育，深化爱国主义、集体主义、社会主义教育，着力培养担当民族复兴大任的时代新人。"

2. 思想工作创新形式

习近平总书记指出宣传思想工作"关键是要提高质量和水平，把握好时、度、效，增强吸引力和感染力"。这就要求我们，意识形态宣传形式需要同时代发展紧密结合，突出时代特点，要创造性地调整宣传策略。意识形态宣传需要进行全民的推广学习，但学习马克思主义不能局限在书本、教材的学习上，尤其在信息获取手段日趋多元、信息内容多样化的今天，如何增强马克思主义宣传的吸引力是亟待解决的课题。需要在宣传形式上进行不断创新，既要避免过度宣传，也要更具现实性，同当前热点紧密结合。在宣传中提升质量、水平，让人民能够更清晰、更便捷、更全面地领会中央精神，并且做到"润物细无声"。现在，网络宣传尤其需要得到重视。网络信息传播具有快捷性、时效性、巨量性、互动性、开放性、选择性等诸多特征，网络让民众对于信息的掌握更为便捷，也更容易吐露自己的心声。但同时也带来诸多挑战，这对党在意识形态这种新舆论场上的引导工作提出了新的课题。如何利用互联网有效合理地表达民众的呼声，积极倡导网络上的正能量；如何打击网络上的谣言，规避不利于社会发展的不和谐音符，都需要进行深入思考和研究。

3. 坚持底线思维

推进意识形态宣传工作，需要在处理具体问题上秉持原则，需要始终坚守底线，决不能在意识形态领域出现动摇。习近平总书记强调："在事关大是大非和政治原则问题上，必须增强主动性、掌握主动权、打好主动仗，帮助干部群众划清是非界限．澄清模糊认识。"现在，一些别有用心的人对我国的意识形态进行攻击，企图从思想上对民众的认识进行颠覆，模糊甚至批判马克思主义的科学性，动摇人民建设社会主义的决心和斗志，为中国的持续发展造成阻碍。针对这样对意识形态进行攻击的反动思潮，如果不能迎头痛击，在理论上和实践上不给以主动积极回应，就很容易模糊人民的是非观。如果不能把人民的理想统一到社会主义旗帜下，姑息纵容别有用心的言论，马克思主义的权威性和社会主义道路的正确性就会被质疑。只有主动出击，在意识形态宣传上始终掌握话语权、主动权，才能正确引领人民客观、公允地对不同的言论进行正确的评判。

4. 筑牢网络意识形态斗争的阵地基础

阵地是做好意识形态工作的基本依托。打赢网络意识形态斗争，关键的问题是要管好治好互联网。习近平总书记指出："打赢网络意识形态斗争，必须提高网络综合治理能力，形成党委领导、政府管理、企业履责、社会监督、网民自律等多主体参与，经济、法律、技术等多种手段相结合的综合治网格局。"这阐明了新时代网络治理的领导力量、体制机制和方式方法，为加强网络意识形态阵地治理、营造清朗的网络空间指明了方向。网络舆论引导工作是一项长期而艰巨的任务，要尊重和掌握网络传播规律，把握好网上舆论引导的时、度、效，营造清朗的网络空间。为巩固主流意识形态的主导地位，习近平总书记还指出，要把坚持正确的舆论导向放在网络媒体工作的首位，要用主流的、正面的、积极的思想舆论占领网络宣传阵地，构建健康向上的互联网舆论环境。同时，要把引导和服务结合起来，在服务群众中加强引导，在满足需求中提高素质。在正面宣传引导的基础上，还要敢于斗争，不当"绅士"，通过批判错误观点，确立正确导向，帮助干部群众划清是非界限、澄清模糊认识。他还高度重视网信人才队伍建设，指出要吸收一批政治立场坚定、熟练掌握网络技术的人才进入网络意识形态工作队伍，壮大队伍建设规模、提高队伍建设质量，为网络意识形态建设提供有力保障。

（五）其他学科的知识借鉴

1. 心理学的借鉴

（1）高校意识形态教育对认知心理的理论知识借鉴

高校意识形态教育对于认知理论知识的借鉴主要包括以下三个方面：①高校意识形态教育对认知过程的研究要予以重视，把认知过程作为基础来对高校意识形态教育过程进行相关的设计；②高校意识形态教育，要通过对认知心理理论知识的相关研究来对认知心理因素做出充分的调动，通过对注意规律、重视感性认识的积累，培养思维能力等方式的合理运用，使得高校意识形态教育的实效性有所提高；③高校意识形态教育在对认知图式的建构和改造重视的同时，对于认知策略的学习和训练也不能忽略，应予以重视。

（2）高校意识形态教育对动机心理的理论知识借鉴

有关心理学家认为，动机是一种内在的条件，它可以使有机体开始进行目的明确的运动，也就是说，使有机体时间或长或短地开始某项行动。换句话说，动机带有目的性。动机又可以分为内在动机和外在动机，通常来说，动机受到内在驱力和外在刺激的影响。高校意识形态教育对动机心理的理论知识的借鉴主要包括以下两个方面：①高校意识形态教育对动机心理的研究特别重视，不仅对于动机分为内在动机和外在动机表现得十分关注，而且对于动机受到内在驱力和外在刺激的相关影响也极为重视。②高校意识形态教育对于利用内在动机、辅助利用外在动机来实施动机激励法以达到高校意识形态教育的预期效果也特别重视，针对激发大学生学习的动机和需要的教学切入点进行相关方面的寻找，利用需要的相关途径使大学生的学习动机被激发，利用合理的诱因激活学生已有的学习动机，对大学生需要和动机进行预测和引导。

（3）高校意识形态教育对群体心理的理论知识借鉴

人属于群居动物，一般来说，人是不可能离开社会而单独存在的。就个体心理和群体心理来说，它们之间有着很大的差异。社会心理学主要研究的内容就是群体心理，社会心理学被看成是一门就大学生如何看待他人、如何影响他人、如何互相关联的种种问题进行科学研究的学科。社会心理学通过对群体心理的研究发现，人在群体中特别容易受到来自群体的影响，从而产生从众心理和服从心理。在这方面，社会学家戴维·迈尔斯就指出，受害者的情感距离、权威的接近性与合法性、权威的机构性和群体影响的释放效应都会引起从众和服从。这些认识和看法，对于支持高校意识形态教育对群体从众心理和服从心理的理论知识的借鉴极为有益和必要。这就是高校意识形态教育在对主体的研究过程中涉及的具体内容：①要对群体中个体产生的一般心理的特点和原因进行相关的研究；②要对群体的一般心理特征与其发展的趋势进行相关方面的分析；③要对前面两者进行具体的分析之后，再对群体的动力规律进行把握，通过正确地引导从众心理和服从心理、增强群体凝聚力和促进群体规范建设来开展高校意识形态教育工作。网络社会中群体意识的形成对于网络社会、公民自身乃至现实社会的发展有着重要影响。网民群体心理与一般群体心理既相似又不同，网络群体事件中，网民群体心理具有特定的运行机制。依据网络群体心理基本特征和机制，构建网络群体事件舆论引导，需要用事实说话，设置报道议程，培养网络舆论盟友等引导技巧，通过社会、新闻业者和公众的共同努力实现。

2.高校意识形态教育对意志和行为的理论知识借鉴

意志可以针对行为进行相应的指引和支撑，可以这样说，很多行为都是通过某种特殊的意志体现出来的。意志被认为是个体自觉地对目的进行确定，之后根据目的来进行相关的支配、调节自己的行动，并在进行的过程中克服各种出现的挫折困难，最终使得预定的目的得以实现的心理过程。与此相对应的是，行为被理解为是在受到一定环境的影响和刺激下，内在胜利心理变化的外在表现。这就是说，良好的意志必须具有一定的自觉性、果断性、坚韧性和自制性。人类的一切行为是在意识的支撑下进行的行为，良好的意志与高尚的行为之间有着不可分割的联系，存在着内在的必然联系，所以，意志对于一个人的影响很大，只有意志坚定的人才会在革命年代有慷慨赴难、舍生取义的行为，才会在和平年代有舍己为公、舍己为人的行为，如果个人的意志不够坚定，那么他必会屈就于面临的境遇。高校意识形态教育在对心理学的理论知识进行相关借鉴的时候，对意志和行为理论知识的借鉴主要是意志锻炼法和行为训练法。高校意识形态教育通过意志锻炼法和行为训练法，来对大学生进行培养优良的意志品质、塑造良好的行为、矫正不良的行为。

3. 高校意识形态教育对学习基本过程的理论知识借鉴

（1）高校意识形态教育可借鉴条件反射理论的思想和方法经典的"条件反射论"专家伊万·巴甫洛夫发现：条件反射的形成不仅仅只是内部原因，而是需要与反复外部诱因的刺激结合起来。高校意识形态教育可以根据这一理论，通过寻找可以取得良好的高校意识形态教育的刺激以对高校意识形态教育的实效性有相对性的提高。

（2）高校意识形态教育可借鉴鼓励提高学习效率的理论知识和思想方法鼓励可以使行为方式的出现频率有一定程度的提高，在学习方面，要想使学习取得一定的可观效果，就需要有更多的鼓励，对大学生进行适当的鼓励可以进一步地增加学习效果。而惩罚相反，盲目的惩罚只会使学习的效果大大降低。高校意识形态教育，应该对于鼓励与学习效果的正相关的关系方面有一个充分的认识，从而把它进一步地合理运用到高校意识形态教育的过程之中去。

（3）高校意识形态教育可借鉴在观察中学习的理论知识对于在观察中学习的相关理论，特别需要注意一点的是榜样作用，榜样起到示范性的作用，高校意识形态教育要想取得良好的效果，除了思想政治工作者应该以身作则、树立良好的榜样之外，还需要有适当的社会上广泛的先进典型。

4. 政治学的借鉴

（1）高校意识形态教育的活动生成依据主要是对政治主体的多方面进行的人性规定

政治主体蕴含着多方面的人性规定，既有政治主体的自然生命方面的内容，如人的生命、健康、安全、快乐等；也有社会生命方面的内容，如人的荣誉、尊严、权利、幸福等；更有作为人的自然生命与社会生命辩证统一体的集中体现方面的内容，如人的社会形态的生存与发展。生存与发展至少有三种相互联系的主体形态，分别是个体的生存与发展、团体的生存与发展、社会的生存与发展。政治主体的这些多方面人性规定作为人之存在与发展的主要表征，自然而然地成为政治社会与政治生活的最根本的价值前提，成为政治的具体产生、形成、发展的一种最根本的价值动力，因而成为政治生活与政治社会的目的性高校意识形态教育。政治主体作为一种社会存在物，其多方面人性规定也必然以社会形态来存在。这些人性规定在社会经济生活中形成人与人之间的利益关系，进而在此基础上在社会政治生活中形成人与人之间的价值关系（民主或专制、平等或不平等、正义或非正义、自由或不自由等）。这种价值关系一经在实践中形成，就表现为政治主体人性之对象性的存在。"凡是有某种关系存在的地方，这种关系都是为我而存在的。"

（2）高校意识形态教育的活动内蕴着政治人以自身为尺度对政治主体之间的价值关系的理性反思、现实创造与理想追求

政治客体是政治主体存在及其价值需要在政治实践活动中的对象化存在物政治主体的存在及其需要是客观的。政治主体的存在是客观的，这是因为个体性政治主体首先是一种自然的存在物，有着物质的自然肉身。人得以维护自然生命生存与发展的需要是客观的，尽管社会可以引导、规范这些自然需要，但不能消灭这些自然的具体需要。单个人的存在方式无法满足人这个物种的生存与发展，人们必然要组成社会共同生产所需要的物质生活资料，必然要在实践中形成人与人之间的经济关系进而形成人与人之间的价值关系。也就是说，这种价值关系作为一种政治客体是政治主体内在尺度的对象化。这种价值关系如果契合政治主体的内在尺度，它就成为高校意识形态教育的客体内容。为了能够进一步维护、调控社会实践过程中人与人的利益关系与价值关系，社会在客观上需要政治制度、政治权力．政治国家、政治组织、政治社团等政治客体。这些政治客体如果合乎政治主体生存与发展的内在尺度，就会成为高校意识形态教育的一项客体内容。政治主体的价值需要在形式上看来是主观的，但它的客观内容也是政治客体，它是政治主体对所有的政治客体的价值希冀，或是对未来理想的政治客体的追求。要满足政治主体的价值需要，就必须通过实践活动来创造政治客体并以此满足政治主体的价值需要，这样，就使政治主体的价值需要获得了满足而转化成为价值现实。创造政治客体以满足政治主体的这种价值需要的实践活动推动了政治社会的发展。因此，政治主体的价值需要是引起客观的政治活动的主体动力，当然，新的政治活动又会引起政治主体的新的价值需要。马克思和恩格斯指出："已经得到满足的第一个需要本身、满足需要的活动和已经获得的为满足需要用的工

具又引起新的需要。这种新的需要的产生是第一个历史活动。"由此看来，政治主体的生存、发展等各方面人性尺度及其客观需要，必然要趋向于对象化、客体化。否定了这种对象化、客体化，就会否定政治主体客观的价值需要；否定这种价值需要，也就否定了政治主体的存在；否定了政治主体的存在，也就否定了高校意识形态教育的存在。

（3）高校意识形态教育不能离开合乎政治主体内在尺度的政治客体而存在

生存、发展、利益、幸福及其社会资格等目的性高校意识形态教育是政治主体人性存在的基本规定。在政治社会中，这些目的性高校意识形态教育的存在、实现，不能离开政治制度、政治权力、政治国家.政治组织的维护与保障，也不能离开政治主体行为的实践。也就是说，现代高校意识形态教育学不能离开政治制度、政治权力、政治国家、政治组织等这些政治客体。政治关系最主要的是政治生活中人与人之间的自由或不自由、民主或不民主、平等或不平等、正义或不正义的价值关系。这些政治关系作为一种政治客体，如果契合政治主体的生存与发展的人性尺度，那么它们就是高校意识形态教育的客体内容；反之，它们则成为政治主体所要改造的客体对象。总之，政治关系、政治制度、政治行为、政治权力、政治组织、政治国家等政治客体是政治主体实践活动的结果，是政治主体的本质力量的对象化存在。这些政治客体只有合乎政治主体的基本尺度，才能进一步成为高校意识形态教育的客体内容；反之，则成为政治主体所要改造的客体对象。总而言之，没有政治客体，高校意识形态教育就会成为无源之水。高校意识形态教育活动中的主体尺度和客体内容两者之间既相互区别、相对独立，又相互渗透.相互促进。两者的辩证关系表明：高校意识形态教育主体的存在及其基本规定作为政治社会与政治生活中人之为人的基本规定，是政治客体产生、形成、发展、消亡的基本尺度与衡量标准。各种政治事务与政治现象是政治主体实践活动的结果，一种政治客体只有合乎政治主体的内在尺度，才具备对政治主体的肯定性价值，才能够进一步成为高校意识形态教育必备的客观内容；反之，则会成为政治主体所改造的客体对象。割裂高校意识形态教育的主体尺度和客体内容的对立统一，片面强调高校意识形态教育的主体尺度，就会把高校意识形态教育普世化为抽象的永恒之物与神秘之物；反之，在政治生活中片面强调高校意识形态教育的客体内容，这种政治生活就会成为缺失主体价值维度与人性维度的技术主义的工具政治。

5. 对社会学的借鉴

（1）高校意识形态教育活动的实然性

1）高校意识形态教育活动的实然性是指现实和发展的客观必然性

所谓现代高校意识形态教育学现实，是指在政治实践基础上政治主体之间和主客体之间的相互作用，在特定政治主体身上的肯定性客观效用、在政治主体之间形成的客观性价值关系及其变化发展的必然趋势。李德顺指出："在价值关系中，主客体之间相互作用的客观效果和后果及其对主体的影响，以主体本身存在、结构、功能的活动变化的方式存在和表现出来，就是主体性的事实或价值事实，包括主体的生理事实、心理事实、社会组织事实和社会活动事实……社会的'进步''发展''效益''福利''团结''和平''解放'……这些概念和它们的反义词，所描述的都是不同层次的主体性事实。价值关系是以主体的内在规定性为尺度的客观关系，价值事实都是主体性的事实。"

政治主体之间和主客体之间的相互作用在特定政治主体身上的肯定性客观效用，即政治主体的高校意识形态教育诉求与经济利益主张的实现形态与物化形态，这种客观的肯定性效用的不断增加将导致政治主体文明的不断发展。所谓高校意识形态教育发展的客观必然性，是指政治主体间的价值关系，变迁与发展的必然趋势。高校意识形态教育活动表征着政治主体间的价值关系，这种价值关系不是凝固不变的，而是不断发展变化着的，其变迁与发展的物质动力与根本原因是生产方式中人与人之间利益关系的变化发展。生产方式的新旧更替必然要求政治上层建筑重新构筑政治主体间的价值关系，以取代旧的政治主体间的价值关系。因此，生产方式变化发展的客观必然性与发展规律使政治生活中的政治主体间的价值关系发生的变迁，也遵循着一定的历史必然性与发展规律。

2）高校意识形态教育活动的实然性生发着高校意识形态教育活动的应然性应然形态的高校意识形态教育活动既非天赋，也非前定，更非随心所欲的主观偏好、情感或理想。也就是说，应然形态的高校意识形态教育活动并非是从政治学家理性思维中推演出来的纯主观概念，而是根植、来源于实然形态的高校意识形态教育实践。李德顺还指出："在实践中，人们却正是从知道世界'是什么'中懂得自己'应该怎样'的。这就是说，实践是从'是什么'到'应该怎样'过渡的桥梁，是把'描述性'和'规范性'既区别开来又统一起来的枢纽，是使规范和评价标准与事实相联系的基础。"应然形态的高校意识形态教育价值是在大学生的理性思维能力的观照与反思下得以提炼、凝结，又通过对高校意识形态教育实践的验证与确认的过程中生成的。正如恩格斯在《反杜林论》中所指出的那样："原则不是研究的出发点，而是它的最终结果；这些原则不是被应用于自然界和人类历史，而是从它们中抽象出来的；不是自然界和人类去适应原则，而是原则只有在适合于自然界和历史的情况下才是正确的。"

6. 高校意识形态教育活动的应然性

（1）高校意识形态教育意识对经验的现实政治社会进行价值追问和应然性判断

政治主体用应然高校意识形态教育来评判现实政治生活，分析其对政治主体的善与恶，"人们观察事实并用对和错的标准进行衡量，水门事件是一个恰当的例子，权力政治的黑社会最终要走到道德判断的高级法院前面。伦理道德对现实政治行为来说是至关重要的"。通过应然高校意识形态教育对政治生活实践的评判，使政治主体明晰政治生活的善与恶，追寻契合自身内在尺度的高校意识形态教育理想，从而把应然高校意识形态教育当作"准绳，以用来测量我们有的东西与应该有的东西之间的差距，或者作为一个标杆，以指示方向和告诉我们去的地方与应该将去的地方之间的里程"。

因此，高校意识形态教育理念和高校意识形态教育理想，既是政治主体孜孜以求的价值追求，也是政治社会和政治实践的价值标准。高校意识形态教育理念和高校意识形态教育"理想的形成有着必不可少的目的……理想制定了标准，供我们检测、评判现实……我们的这些宏观问题在政治上占据着同样的位置，它们构成了理想的方向和终极目标，从而成为评价现实的衡量标准。由此我们可以判断，我们离理想有多近，或者离它有多远。纯粹完全的平等和自由在实践中很难实现，但正是这些概念给予政策和行动以意义。通过对'应该'的思考，我们既可以了解'是'，也可以更好地决定我们可能的选择"。

（2）应然形态的高校意识形态教育价值引导着高校意识形态教育学现实的发展

政治主体通过高校意识形态教育理念、高校意识形态教育追求与高校意识形态教育理想，不断指导人的社会政治实践与政治活动，使一代又一代的政治人所追求的基本价值不断诉诸现实、成为现实并内蕴于现实。应然高校意识形态教育的这种指导与引导作用是政治主体立基于政治实践，通过反思、批判、变革政治现实、构筑政治主体间价值关系、设计理想政治制度、评判政治行为的具体途径来实现的。在这种政治实践中，应然高校意识形态教育价值引导着政治主体通过政治实践实现其利益主张与价值诉求，并构筑、发展政治主体之间的价值关系，也使政治主体不断地超越现实、追逐理想，把应然政治设计变成实然政治现实。由此，政治人的高校意识形态教育诉求不断得到实现，政治主体也逐渐形成并不断更新关于人的生存与发展的意义与目的的认知与诉求，不断形成与更新政治生活与政治社会的应然目的与价值追求，凝练成人的不断发展的现代高校意识形态教育学判断标准，不断趋向人的理想政治社会，使政治社会不断趋向进步与文明。

三、网络意识形态的主要特征

（一）虚拟性

虚拟性是网络意识形态最本质、最重要、最显著的特性，是区别于传统意识形态的标志性特征。虚拟的基本意义为设想或虚构，指不符合或不一定符合事实的虚拟的情况，凭想象编造的事物。网络产生后，专指由高科技技术实现的仿实物或伪实物技术，或以传统物质形态而存在的新型信息互动方式，如提供网络服务、电子服务、数据交换功能等。在计算机操作系统中，所谓的"虚拟"，是指通过某种技术把一个物理实体变为若干逻辑上的对应物，其中，物理实体是实的，即实际存在的；若干对应物是虚的，主要是用户感觉层面的东西。而用于实现虚拟的技术，就是虚拟技术，如在 OS 中的虚拟处理机、虚拟内存、虚拟外部设备和虚拟信道等。现代网络世界正在加快虚拟化发展，未来将有绝大部分甚至是全部的计算机桌面将会实现虚拟化，虚拟操作系统也将得到广泛应用。

网络意识形态是网民在虚拟的网络生活中，形成的看待网络世界的思想观念和体系。从其概念来看，虚拟性不但是其本质特征，而且具有多重虚拟性，即载体的虚拟性、传播渠道的虚拟性、表达环境的虚拟性等。由此可见，现代网络的产生，人们在之前的物理空间里所建立和制定的生活准则、生活习惯、生活秩序、生活理念等都被逐渐打破，第二生存空间——网络虚拟空间迅速形成并发展，成为影响人们生活生存的重要因素。人类社会的生存空间发生的巨大变革，使得每个个体、不同群体都可以在现实和虚拟的两个空间里自由转换。在这个虚拟的网络空间里，通行规则简单，可以相对自由甚至完全自由地"穿马甲""上保险""变性别""转身份"等，全方位地满足了人们虚拟的各种便捷、自由与平等。正因为虚拟现实被人们当作了一种社会存在，网络意识形态才得以产生。从这个层面来看，网络意识形态由现实社会的意识形态所决定，但网络意识形态同样会反作用于现实社会的意识形态，其虚拟性和现实性相互交织、相互影响、相互统一。所以我们在探讨网络意识形态虚拟性的同时，也不能完全忽视和脱离其现实性。

（二）导向性

导向性是网络意识形态的重要特征之一。与传统意识形态相比，其导向性表现更加灵活有力。"导向"一词主要有两层意义，一是使事情向某个方面发展；二是指所引导的方向。如吴玉章在《辛亥革命》中说："在这个时期所发生的一切社会、政治和思想的变化，可以说都是导向这次革命的。"网络意识形态导向性,就是网民对互联网上传播的某一焦点所表现出的有一定影响力的、带倾向性的意见或言论,也称为"网络舆论"。网络意识形态具有极强的舆论导向性,不同的网络舆论直观反映的是不同的文化类型、思想意识、价值观念、生活准则和道德规范等,其背后就是不同的意识形态导向。

发展到今天,网络舆论导向已成为意识形态渗透主要途径之一。互联网最早产生于美国,美国拥有网络域名的专控权和否决权,拥有世界互联网高速公路的主干线,控制了互联网运行的"中枢神经"——根服务器,拥有全球最大的 CPU 芯片制造业和全球使用最广泛的 Windows 视窗操作系统。TCP/IP 协议、电子商务标准等都是由美国人制定的,全球最大的搜索引擎 Google 也来自于美国,从它的语言到搜索规则的制定遵循的都是美国化的思维方式,美国在网络信息占有量上居于绝对优势地位。美国也因为身居互联网技术霸主地位而牢牢控制着互联网世界和世界互联网,世界各国在接受大量由美国操控的网络信息的同时,也很自然地受到了美国意识形态、价值观念、政治模式和生活方式的全方位影响。由此可见,网络意识形态在导向性方面也具有明显的非对称性,也就是说,在"网络舆论"力量方面,目前还处于非对称、不平等阶段,还处于美国一方独大的境况。

(三)民间性

民间性是网络意识形态区别于传统意识形态的又一显著标志,主要指相对于传统意识形态而言,网络意识形态门槛更低,"草根味""大众味""烟火味"更浓。"民间"就是"人民中间",与官方相对。如《墨子·非命上》:"执有命者,以杂于民间者众。"《史记·项羽本纪》:"于是项梁然其言,乃求楚怀王孙心民间,为人牧羊,立以为楚怀王。"清代陈康祺《郎潜纪闻》卷三:"当时民间闻者感泣,至今颂之。"吴玉章《论辛亥革命》:"完全由民间举办的厂矿企业,资本在一万元以上的,有一百二十二家。"陈毅《就当前中日关系的谈话》:"两国民间团体和半官方团体签订了四十多项协议。"引申为平民自愿组织的,或来源于老百姓并在老百姓中间广泛使用的,非官方的组织团体和文化艺术等,如各种民间团体、各类民间文学和民间艺术等。

网络意识形态的民间性主要表现在三个方面。一是主体民间化。在互联网出现以前,官方在意识形态传播中占据着绝对主导地位,基本上都是自上而下地、强制地将有利于维护统治阶级利益的意识形态向统治对象进行灌输,人民大众基本上不可能成为传统意识形态的主体。在网络世界里,意识形态传播者和网民打破了主导与"被主导"的界限,人们可以自由地发表主张、提出观点,指出问题、进行批判,每个网民都是网络意识形态的主体。二是受众的民间化。相同的道理，网络意识形态受众的民间性也十分突出，只要有多媒体终端的，无论什么身份都可以接收和选择形形色色的意识形态，网络意识形态也不再像传统意识形态那么高端、神秘和冷傲。三是内容民间化。网络让各种类型的文化、思想、观念、准则、规范等打破时空界限，进行广泛深入的互动交流，或古圣前贤，或今人新风，或阳春白雪，或下里巴人，或传统美德，或离经叛道。总而言之，各种不同观点和思想，通过网络互动平台进行充分沟通、交流、讨论、交锋，或者相互碰撞、冲突、对抗，或者相互借鉴、吸纳，形成了更加大众化、通俗化、潮流化的新的网络思想和网络观念。

（四）自由性

自由性、开放性和平等性密切相关，紧密相连，其中自由性是核心，三者共同构成了网络意识形态的重要价值体系，这也与互联网思维的主要特点高度一致。自由就是有权做一切无害于他人的事情，民主就是人民当家作主，平等就是没有等级主仆之别。在第二次世界大战中，美国总统罗斯福提出了著名的"四大自由"，即表达的自由、信仰的自由、免于匮乏的自由、免于恐惧的自由。现代人追求的"三大自由"为时间自由、职业自由和财富自由。哈佛商学院《管理与企业未来》一书认为："自由是人类智慧的根源。"自由是开放和平等的基础，没有自由就没有真正意义上的开放和平等。

在网络世界里，人们可以超越现实的、固定的、封闭的物理空间和认同理念及归属群体，以"隐形人"身份，享受虚拟空间的自由、开放与平等。在这里，人们可以无拘无束地去检索和浏览自己喜欢的新闻、人物、事件、观点；可以毫无保留地向世界各地传送自己的观点、设计、信念。正是由于现代网络虚拟空间强大的自由性，使其开放性、平等性、容纳性和包容性优势更加突出，所以在互联网世界里，无论是马克思主义还是非马克思主义，无论是西方思想还是东方思想，无论是资本主义价值观还是社会主义价值观，无论是无神论者还是有神论者，无论是虚无主义还是现实主义，每一种思想、每一种文化、每一种意识形态都可以找到自己的一席之地。从这个意义上讲，网络意识形态是自由的、开放的、平等的。

（五）依赖性

依赖性指一方对另一方的依靠，或双方相互依靠、互为条件。由此可以发现网络意识形态必定对某个特定的对象具有很强的依赖性，如果离开了这个特定的对象，就不可能产生和发展，这个特定对象就是网络信息技术。对网络信息技术的依赖性，是网络意识形态区别于传统意识形态的物理特征。在网络世界里，实现政策渗透、经济渗透、文化渗透，从而改变个体或群体的生活方式、价值观念和宗教信仰，都必须依赖于网络信息技术的更新和普及。网络技术的不断发展和更新，也都会对实现目的产生积极影响，如提升效率、扩大影响、增强手段等。概括来讲，作为网络社会中的网民，其看待网络世界的网络意识形态，自然而然地会受到网络信息技术的制约，具有对网络信息技术的依赖性，网络意识形态的渗透与反渗透也都高度地依赖于网络信息技术的开发和应用。网络意识形态与网络信息技术相互依赖表现为：网络信息技术不断更新，推动着网络意识形态的形成、普及和发展；网络意识形态的蓬勃之势，对现代信息技术提出了更高要求，将有力地推动网络信息技术更新迭代。

（六）全球性

网络的产生，极大地缩短了人类世界的时空距离。在虚拟的网络世界里，用"一个村子"来形容地球都显得很大了，只要拥有多媒体终端机，就仿佛可以进入世界的每个角落。在网络中游走的网络意识形态，也自然而然地具有了全球性特征。网络意识形态的全球性特征，与全球化发展趋势也具有很强的一致性。全球化是一种概念，也是一种人类社会发展过程中的现象。通常意义上的全球化是指全球联系不断增强，人类生活在全球规模基础上的发展及全球意识的崛起。20世纪90年代以后，随着全球化势力对人类社会影响层面的扩张，已逐渐引起各国政治、教育、社会及文化等学科领域的重视，纷纷引起研究热潮。有相当一部分学者认为"全球化"本身就是一种意识形态，是世界文化扩张的产物。我们有必要从正反两个方面来看待网络意识形态的"全球性"表现。从正面来看，网络意识形态的"全球性"指各种网络意识形态时空距离拉近，近到可以随时随地相互交流、近身"撕逼"；近到可以你中有我，我中有你；近到可以招之即来，挥之即去。时空距离的压缩对各种意识形态的相互吸纳、借鉴带来了便利，有利于网络意识形态的"多元化"发展。从反面来看，在网络意识形态"全球化"发展背景下，各种意识形态都在借助网络平台，努力宣传自己的核心价值理念，争抢"话语权"和"制高点"，扩大地盘。更有掌握着网络技术资源的别有用心和企图的西方国家，极力鼓吹的意识形态"全球化"，其实质是意识形态"一元化"和"终结论"，企图通过不正当手段，迫使发展中国家放弃自己的意识形态信仰。显然，借助网络，鼓吹意识形态"一元化"和"终结论"，更多地给全球性的网络文化扩张穿了件"合身的外套"，是对网络意识形态"全球化"的歪曲理解和恶意利用。

（七）多元性

网络意识形态的多元性与全球性既相互关联、相互交织，又相互排挤、相互矛盾。一方面，"全球性"为"多元性"提供了便利条件，让各种网络意识形态都有自己的一席之地、栖身之所。另一方面，别有用心的人都利用网络意识的"全球性"，打压"多元化"，鼓吹"一元化"。总体上讲，网络形态的多元性更多的是积极因素，主要包含两个方面的含义。一是在现代网络的"全球"疆域内，存在不同类型的网络意识形态。互联网包含了世界所有的数字图书馆和信息库，影像、声音、动画、文字、图片应有尽有。其信息量之大，资源量之多，超过过去任何一个信息资源库。各国各地区的人们不仅可以在互联网的每一个信息节点上获取信息，还可以自由无约束地发布信息，现代网络信息来源空前广泛，可以说囊括了来自不同国家、不同社会制度、不同地域文化的声音和视频。再加之网络设计者和传播者观念本来就是多元化的，用户输入信息也是多种多样的，在一个极度自由、极度平等、高度分权还不受时空限制的网络世界里，多种文化和思想相互冲击和碰撞，这也为各种思想观念提供了一个空前广阔的全球大合唱舞台。由此可见，形形色色的网络意识形态都可以找到自己生存的土壤，生长的空间。二是在网络社会里，即使同一国家，也存在着不同的网络意识形态。在占有现代网络信息技术优势的西方发达国家，尽管极尽网络管控之能事，但还是不可能实现网络意识形态"一元化"，各种网络意识形态冲破束缚，不断生长。对发展中国家而言，由于网络传播的特殊性、不同网络文化渗透的便捷性，以及网络霸权的存在，"本土"网络意识形态更是呈现出了多元化的发展趋势。

（八）快捷性

在网络社会里形成的网络意识形态，离不开数字化的网络信息这一基本载体，因而网络意识形态也具有作为数字化传播的主要特征之一的快捷性特征。网络意识形态反映了不同阶层的网民看待网络世界的态度，形成了特殊而专业的"比特流"。这些比特流相对稳定地穿梭于网络时空，在不断地被复制、浏览、传播、存储或更新的过程中，维持或改变着网民的思想观念体系，从而维持或改变着不同网民阶层的网络意识形态。随着人类信息传播媒介的不断发展，人们通过 QQ、微信、微博、邮件等传递信息。比以前任何传递方式都要快的数字化传播方式，打破了时间和空间的限制，让浩瀚的世界成为一个地球村。无论在世界的哪一个地方，只要登录互联网，轻点鼠标，就能够秒读我们想知道的任何事情，可以快速看到来自不同社会和国家媒体从不同领域和角度描述和报道。在四通八达的网络环境中，我们还可以用光纤的速度传播信息，和世界各地的网民交流自己的观点和看法，真可谓家事、国事、天下事，无论大小，尽在掌握之中。

（九）难控性

网络意识形态的难控性是相对于传统意识形态的可控性而言的。网络出现以前，主流传统意识形态基本上都在统治阶级的掌握之中，主导什么、传播什么、弘扬什么、鞭挞什么、打压什么都有明显的操控性、强制性和目的性等。网络出现以后，由于网络意识形态的数字化特征和对网络信息技术具有高度的依赖性，在一段时间里，占有网络技术优势的国家、集团或群体，也曾企图通过网络信息技术优势来控制网络意识形态。从技术层面看，网络意识形态是反映不同阶层的网民看待网络世界的那部分比特流，这些由"0""1"以一定排列组成的比特流可以通过一定的信息技术进行过滤或更改。因此，通过网络信息技术手段来控制网络意识形态，理论上讲，具有一定的可操作性，手握网络信息技术霸权的西方发达国家正是以此来占领扩张互联网领地。然而，由于人们的思想本身会受很多因素影响，网络意识形态是网民看待网络世界的有机的思想体系，所以，网络意识形态本身具有很强的不稳定性，要想控制网络意识形态并不是理论上那么简单易操作。从技术层面看，由于技术中存在着相互否定的两个方面，才使得技术更新有了不竭的推动力。例如，网络封堵与反封堵、电脑病毒和防毒软件、电脑黑客与防火墙，这些都是网络世界中最常见的一些斗争形态。由此可见，要想通过技术控制网络意识形态的发展，就必须拥有相当强大的技术支持，这显然相当困难。随着网络技术和网络阵地争斗越来越激烈，网络意识形态的可控性正在不断降低。正如我们永远也不可能百分之百地阻止垃圾邮件，不能百分之百地查杀所有电脑病毒一样，现代信息技术再发达的国家，对网络意识形态的控制也只能是相对的。对于发展中国家和欠发达国家而言，由于网络信息技术和网络意识形态都存在着明显的非对称性，在网络意识形态的控制方面处于弱势地位，网络意识形态的难控性表现得更加突出。

（十）复杂性

复杂性是网络意识形态的最基础的特性，是前面所介绍的大特性及其他没有囊括特性的综合反映，也是现代网络的复杂性的直观表现。无论是真实的社会还是虚拟的社会，都具有高度的复杂性，现代网络却让真实的社会与虚拟社会相互叠加在一起，变得更加复杂。网民在社会交往过程中，个体主观意识上的随意性、偶然性、模糊性、多样性和封闭性也表现得更加突出。人类个体与自然界物体的相互作用不同，人类个体行为与互动受意识指引，由于人类个体意识的随意性、偶然性、模糊性、多样性、封闭性等特征，导致人与人之间的互动过程充满偶然性和复杂性。在网络社会，人类社会的复杂性更加交织交错，网络意识形态也较传统意识形态更为复杂。网络意识形态主要呈现虚拟性，但也具有真实性；有导向性，就有分散性；有民间性，也有政治性；有自由、平等、开放性，也有非对称性；有全球性、多元性，也有"一元论"和"终结论"；难控性与可控性始终处于并存、博弈、争斗状态；等等。综观网络意识形态，不难发现，网络社会空间其实与现实空间高度一致。虚拟而自由开放平等的网络世界，似乎是法外之地，权力、评语、思想、阵地等的争夺异常激烈，仿佛是思想文化信息和社会舆论的"加工厂""放大器""洗浴场"，为各种社会思潮提供了全新的表达、传播、扩散空间的阵地。在这里，信息难辨真伪，身份难识真假，优劣难分高下，言行难分对错，观点难言正反，敌我难见真颜。由此可见，网络对各种社会思潮的形成逻辑、聚合方式、内容构成、形式架构、传播手段等都产生了巨大的影响，这也是导致网络意识形态复杂性更加突出的重要原因。

四、网络意识形态与网络思想政治教育

所谓思想政治教育，就是一定阶级或政治集团，为了实现其政治目标和任务而进行的，以政治思想教育为核心与重点的思想、道德和心理综合教育实践。我们所从事的是马克思主义的思想政治教育，与历史上一切剥削阶级的思想政治教育均有本质差别，它的具体含义是，为了保证中国共产党和中华民族奋斗目标的实现，以宣传和传播社会主义和共产主义思想体系，引导人们的政治态度，解决各类思想问题，提高思想、道德和心理素质，完善人格和调动积极性为根本任务，对人们进行的以政治思想教育为核心与重点的思想教育、道德教育和心理教育的综合教育实践。如果单从提高中华民族人格素质角度看，思想政治教育也是一种完善人格的教育。因此，思想政治教育是一种改造人的主观世界的行为实践活动，它通过自身的人类精神财富生产、积累、沿革和传导的功能，培养人的思想品德，完善人的主体人格，显然又是一种社会意识活动。进入文明时代以来，阶级及其矛盾冲突和政治国家及其"凌驾于社会之上"的现象存在，是一个不争的事实。社会与国家的分离、统治者与民众的分野，使得思想政治教育不能不被染上意识形态性和非意识形态性。一方面，统治阶级总是将思想政治教育看作服务于本阶级统治的工具，思想政治教育功能必然被注入极强的政治和阶级目的，因而成为占统治地位的统治意识的一部分。这

就是思想政治教育功能的意识形态性。但另一方面，这并不是说思想政治教育活动便只是认同并内化为统治阶级的功能期待和选择，而是社会各个阶层或阶级都有自己的思想政治教育功能期待；也许更为重要的，是尚有许多人类共同性的、非阶级性的东西，同样影响思想政治教育功能的价值取向。这就是思想政治教育功能的非意识形态性。有阶级和政治存在，思想政治教育的功能就会同时具有意识形态性和非意识形态性两种特性。

历史唯物主义认为，在阶级存在的每一社会形态里，一般都有三种不同的意识形态：反映这个社会占统治地位的生产关系并为其服务的意识形态；反映已被消灭或正在消灭的旧社会的意识形态；反映现存社会中成长着的新生产关系的新意识形态。有阶级存在，就有意识形态领域里的斗争。而在经济结构中占统治地位的阶级也必然在意识形态中占主导地位，并在社会生活中具有主导作用。思想政治教育是历史的和民族的，它在阶级社会是有阶级性的。不同的阶级和民族，总是依据本阶级和本民族的思想观点、政治准则、法制纪律和相应的道德规范去教育和培养符合自己阶级、自己民族利益和要求的教育对象。但是，思想政治教育作为一种人类维系社会正常运转的精神生产活动，也存在着一定的非阶级性的功能。正如恩格斯所说，处在同样的或差不多同样的经济发展阶段，由于有共同的历史背景，"道德论必然是或多或少地互相一致的"。总体来说，在阶级社会中，各时代、各阶级的教育思想和主张是有本质区别的，但也不排除其中又有某些非阶级性因素。这些非阶级性的需求使思想政治教育功能又体现出非阶级性的一面。例如，在各阶级社会以至社会主义社会，各阶级都可以提出"爱国"、抗击侵略等要求，在这些要求中，主要体现了非阶级性的功能。但必须明确的是：其一，非阶级性的思想教育功能并不是一种独立的功能形态，或者说并不是单独存在一种非阶级功能，它只是存在于具有阶级性的思想教育功能体系之中。其二，正因为如此，这些非阶级性的思想教育功能与阶级性的思想教育功能相比较，只能处于从属地位。这是受思想教育内容中的阶级本质和根本原则所制约的。其三，阶级性的思想政治教育功能与非阶级性的思想政治教育功能之间的区分并不是绝对的和永恒的，总是随着各阶级历史地位的变化而变化；同时，非阶级性的思想政治教育虽然可以跨越历史时代而存在，但毕竟是以"共同的历史背景"为前提条件的，当这些条件消失时，它也就失去了存在的根据并随之逐渐消失。随着社会的发展，思想政治教育功能的阶级性也会随着阶级的消失而消失。

思想政治教育的功能分为意识形态功能和非意识形态功能。所谓意识形态功能，即思想政治教育作为一项教育实践活动，它是统治阶级为夺取和巩固政权，维护社会稳定和促进社会发展，培养合格的阶级接班人和社会成员而进行的社会教化的一个方面。这就决定了思想政治教育的主要任务就是在统治阶级领导下，进行社会主导意识形态的灌输和规范行为的训导。所谓非意识形态功能，是指通过思想政治教育，达到对人自身及社会的认识理解和建构塑造，于个体就是树立理想，坚定信念，陶冶情操，完善人格，提升境界；于社会就是确立共同的价值观念、人性理念，建构人类共同的美好精神家园等。这两种功能的区别主要体现在内涵、属性、地位和内容等方面。

从内涵来看，所谓思想政治教育意识形态功能，是针对思想政治教育所具有阶级性、集团性的一面而言的，即思想政治教育具有的对受教育者施加意识形态的影响，使其形成教育者所期望的思想品德和价值观念体系，并以此指导和规范自已行为的作用。简言之，就是思想政治教育具有的向受教育者传播和灌输意识形态的作用。思想政治教育的非意识形态功能，是针对思想政治教育所具有的非阶级性、社会性的一面而言的，即思想政治教育具有的对受教育者施加一定的影响，提高受教育者的认识能力和认识水平，使受教育者形成一定的有利于人类与自然和谐相处，促进整个社会思想观念和道德规范的进步，并以此指导和规范自己行为的作用。

从属性上看，思想政治教育有工具性和价值性两种基本属性。从功能的角度讲，思想政治教育具有工具性功能和价值性功能。其中，工具性功能属于非意识形态功能。价值性功能中既包含意识形态功能，也包含非意识形态功能。从工具性功能来看，思想政治教育带有普适性，是一定阶级、政党或集团获取统治地位的手段和载体，任何国家、阶级和政党都可以开展思想政治教育，发挥思想政治教育的认知功能预测功能、调控功能资讯功能、资源开发功能、动力支持功能等，以维护一个社会共同体的存在和发展。在这个层面，思想政治教育功能能否得到有效发挥，主要涉及方法和途径上的科学性和有效性，不涉及内容上的意识形态性或价值取向性。从价值性功能来看，思想政治教育在价值取向上有两个维度：一是指向本阶级的根本利益；二是指向全体社会成员的根本利益。前者体现的是思想政治教育的阶级性功能或意识形态功能；后者体现的是思想政治教育对阶级性的超越或非意识形态功能。在这两种功能中，意识形态功能占主导位，非意识形态功能处于辅助地位，这是由思想政治教育的本质决定的。思想政治教育是为一定阶级、政党和集团服务的，具有很强的政治性和意识形态性，在"依靠什么，坚持什么，反对什么"的问题上，旗帜是鲜明的，观点是明确的。在阶级社会里，所谓"适用于所有历史阶段、所有阶级、为全人类服务"的思想政治教育是不存在的，只能是一种乌托邦。但是，这并不意味着思想政治教育只为统治阶级服务，而全然不顾社会其他成员和阶级的利益，否则就不可能真正得到社会成员的认同，就失去了统治的合法性，其统治也不可能长久。因此思想政治教育在价值取向上除了要为统治阶级服务以外，还不可避免地要考虑到全社会的根本利益，体现出思想政治教育超越阶级性的方面，这也是思想政治教育发挥非意识形态功能的重要体现。从地位来看，由于思想政治教育的主要任务是进行意识形态教育，其本质属性是它的意识形态性。因此，意识形态功能是思想政治教育的主导性功能，它对思想政治教育的非意识形态功能起主导作用，相比之下，非意识形态功能处于辅助和从属地位。不同国家、不同社会占统治地位的意识形态不同，其思想政治教育的内容也有所不同，思想政治教育意识形态功能占主导地位的要求和发挥的程度也不同。随着社会的发展，特别是经济全球化趋势的加强，人类所面临的共同问题在增多，思想政治教育的非意识形态功能也越来越引起人们的关注，这一点需要广大思想政治教育者高度重视，既要发挥思想政治教育的意识形态功能，也要发挥非意识形态功能。

因此，思想政治教育，作为"一定的阶级、政党、社会群体用一定的思想观念、政治观点、道德规范，对其成员施加有目的、有计划、有组织的影响，使他们形成符合一定社会、一定阶级所需要的思想品德的社会实践活动"，显然，与意识形态教育具有很大的关联性。从上述分析中可以看出，思想政治教育的本质特性就是意识形态性，即它是为统治阶级服务的，具有鲜明的阶级性。在统治阶级看来，思想政治教育就是以灌输和传播统治阶级的意识形态为己任的，其目的就是要使全社会成员接受统治阶级的意识形态，达到社会团结稳定、和谐有序。非统治阶级尽管也有与统治阶级不同的意识形态，也可以与统治阶级的意识形态进行一定程度的互动，但是与统治阶级的意识形态相比，无论是从规模、范围来看，还是从影响力、权威性来看，往往处于从属地位，"统治阶级的思想在每一时代都是占统治地位的思想"。因此，思想政治教育和意识形态在本质上是一致的。没有完全脱离意识形态的思想政治教育，离开了意识形态内容的教育就不是思想政治教育；同样，脱离思想政治教育，统治阶级意识形态的传播途径将大为减少，其效果也会受到极大的影响。但是，本质上的一致并不意味着概念的内涵和内容完全等同。

第一，意识形态与思想政治教育是内容和载体的关系。意识形态是思想政治教育的内容，思想政治教育是灌输意识形态的载体和途径，任何阶级的思想政治教育传播和灌输的都是本阶级的意识形态，而不是别的意识形态；反过来，统治阶级通过思想政治教育这一途径来传播主流意识形态。因此，思想政治教育和意识，形态是形式与内容的关系，没有完全脱离意识形态的思想政治教育，可以说，离开了意识形态内容的教育就不是思想政治教育；同样，脱离思想政治教育，统治阶级意识形态的传播途径将大为减少，其效果也会受到极大的影响。需要说明的是，思想政治教育只是传播意识形态的载体之一，但是其本身不是意识形态。因为思想政治教育的内容中除了意识形态以外——尽管这部分是起主导作用的——还有非意识形态的内容。因此，那种把思想政治教育与意识形态等同起来的做法是不适当的。

第二，意识形态和思想政治教育是目的与手段的关系。思想政治教育是传播意识形态的一种手段，但是其本身不是目的，真正的目的是传播主流意识形态，使主流意识形态成为社会全体成员的指导思想，成为个体政治社会化的指导思想。对于统治阶级而言，其思想政治教育主要有三重任务：一是传播本阶级的意识形态，使之成为全社会的主流意识形态，既要为本集团、本阶级的成员所认同，还要为全体社会成员所认同；二是对非主流意识形态进行研究和分析，必要时还要斗争和扬弃；三是对主流意识形态进行发展创新，针对社会发展的现实需要，对主流意识形态中不适合社会发展的内容进行改进，并增加新的内容，以保持主流意识形态的先进性，使之既正确反映社会现实，又具有一定的超越性。

第三，思想政治教育的内容与意识形态有重叠，也有交叉。从范围来看，意识形态的内容比思想政治教育的内容更广泛，意识形态是一种系统复杂的思想体系，包括政治、法律、思想、道德、宗教、艺术、哲学等多种形式。对于每种形式的专门研究并不是思想政治教育的范畴，而分别属于政治学、法律、伦理学、宗教学、哲学等，如果把这些都列入思想政治教育的范畴，就会把思想政治教育的"边际"扩展得太远，这是思想政治教育无法承受的。思想政治教育不是专门研究这些学科，但是并不排除思想政治教育与这些学科建立联系，因为这些学科中的有些部分是与思想政治教育相关的，如政治观教育、宗教观教育、世界观教育、心理健康教育等，也是思想政治教育的组成部分。可见，思想政治教育的内容和意识形态的内容既有相同的地方，也有交叉的地方。通过以上分析可见，思想政治教育与意识形态具有极大的相关性，但是不能将二者简单等同。

第四，主流意识形态信息高势位供给是网络思想政治教育的主要功能。新时代网络思想政治教育以网络信息生态为存在场域，以主流意识形态信息高势位供给为主要功能，以高势位供给与高自主需要的矛盾为主要矛盾，以有目的、有计划、有组织地促进人思想、政治、道德素质全面提升的数字化教育实践为本质定位。在网络信息生态的信息竞争中，我们应该清晰地看到，网络思想政治教育的信息内容是指向明确、目的明确的。"思想政治教育的本质是主流意识形态的主导和灌输"，那么网络思想政治教育自然不能偏离这一本质，加强网络主流意识形态的传播更应当成为网络思想政治教育的学科自觉。当前，网络意识形态工作是意识形态工作的重中之重，网络思想政治教育应自觉服务于主流意识形态教育，通过有效的教育引导实现主流意识形态信息在网络空间中的有效传播，并积极承担起开展网络意识形态斗争的职责，为打赢"没有硝烟"的网络意识形态战贡献力量。这里需要指出的是，网络思想政治教育服务于网络主流意识形态教育的重要方式是进行主流意识形态信息的有效供给，这种供给不是一般普通的供给，否则难以在复杂多样多变的信息生态中赢得竞争。为此，需要努力优化网络思想政治教育在信息生态中的生态位，充分利用主流平台、主流资源、优质团队、政策优势等实现主流意识形态的高势位供给，从而切实提升网络主流意识形态信息的竞争力、传播力、影响力，牢牢掌握网络主流意识形态的话语权、主动权、领导权。

第二章

网络信息技术与网络意识形态化

一、科学技术与意识形态的关系

科学技术在社会发展中具有特殊的地位和作用，它不仅改变了人们的物质生活状态，还深刻地影响着人们的精神生活状态。正因为如此，科学技术与意识形态的关系问题一直是学术界热议的话题。严格意义上讲，科学和技术是有区别的。科学一般指研究自然现象及其规律的自然科学，而技术泛指在生产实践中依据自然科学知识为实现某一生产目的而创造的各种工具、设备、技能等要素构成的系统。科学和技术是密不可分的，科学是技术的基础，技术是科学的应用。正因为科学和技术关系密切，难以完全分割，加之分析科学技术概念内涵也不是本研究的目的，所以我们在这里探讨科学技术时就没有刻意将两者区分开来，只是在一般意义上使用这个概念。

（一）科学技术的一般特征

科学技术就其来源而言，其生发于人类的需要。不同历史时期，人类对生产实践的需求是不同的，人类在解决一个生产需求后，又会产生新的生产需求，科学技术就是在满足人类生产需要的过程中逐渐形成和发展起来的。归纳不同历史阶段的科技发展，我们可以看到科技大体具有以下几点特征。

第一，科学技术是劳动者、劳动资料和劳动对象的统一。科学技术是劳动者所发明或使用的科学技术，科学技术的主体性要素是作为劳动者的人，由于每个人参与生产劳动、接受知识或教育的不同，科学技术的学习与占有呈现出历史性与阶级性的特征。科学技术是与劳动对象紧密结合在一起的，没有劳动对象，也就不会产生科学技术的需要。劳动对象的复杂程度，决定了科学技术的复杂程度。劳动资料是劳动者与劳动对象的中介，也是科学技术的载体，科学技术的有无和科学技术水平的高低也要通过劳动工具呈现出来。因为劳动对象和劳动资料的占有不同，科学技术的拥有者与科学技术或者说劳动产品之间可能会出现分离，导致科学技术的使用者并不能享受科学技术所产生的劳动产品。

第二，科学技术是物质性与精神性的统一。科学技术离不开物质载体，但是，物质载体只是科学技术直观性的方面，科学技术更根本的方面还是其中包含的精神性的内容。科学技术的发明与应用，总的来讲，离不开劳动者对劳动资料与劳动对象的分析与研究。不掌握劳动资料、劳动对象的特性，科学技术便无从谈起。在日常的生活中，可以看到，同样的劳动资料与劳动对象，有的人能比别人创造出更多的物质财富或精神财富，这就说明，科学技术本身是一种带有主观创造性的劳动，本质上更多的是一种精神性的内容与力量。

第三，科学技术是生产力，包含间接生产力和直接生产力两方面，或者表述为静态生产力和动态生产力。当科学技术仅仅表现为某种工具、机器设备或劳动者的某种经验、能力的时候，科学技术就是一种间接生产力或静态生产力，因为此时科学技术的功能改造和控制自然还没有得到体现；当科学技术与生产过程相结合，通过工具、机器设备或劳动者的某种经验、能力现实地生产出某种物质财富或精神财富的时候，科学技术就是一种直接生产力或动态生产力。

（二）科学技术对社会意识决定性作用

马克思主义认为，科学技术是生产力。马克思指出："劳动生产力，是随着科学和技术的不断进步而不断完善的。"生产力的水平，决定了与之相适应的生产关系和社会关系形式。换句话说，人类的技术水平决定了与之相适应的生产关系和社会关系形式，不同的社会生产方式由此定格。科学技术水平不是生产力中唯一的因素，但也是衡量生产力水平的标志。如果生产力发展水平可以观照社会发展水平即社会所处的历史阶段，那么，生产工具确实可以作为观照社会历史发展阶段的参照物。正是在这个意义上，马克思说，"手推磨产生的是封建主为首的社会，蒸汽磨产生的是工业资本家为首的社会"。科学技术水平的不同，反映了人类社会总体在认识自然内部矛盾关系上的深刻程度，实际上决定了人们头脑中对自然界的不同观念。当人类处在较低的科学技术水平的时代，人类对最基本的天体运行现象如日出日落、风雨雷电都不能解释的时候，神的观念和最原始的宗教就出现了。所以，古代中国所谓的雷公电母、风神雨师、盘古开天地神话传说一直流传至今。在不同的生产方式中，人类的总体观念、认识或意识水平也会呈现出差异。考察西方哲学发展史，启蒙运动本身也和科学家技术的发展密不可分的。没有实证科学的进步，就不可能出现马克思历史唯物主义，整个欧洲文明包括中国文明还要在宗教与迷信的迷雾里徘徊若干年。人类的文明程度维系于自然科学和社会科学两大部类的发展水平。所以，未来社会的观念、认识或意识水平，仍然要"取决于一般的科学水平和技术进步，或者说取决于科学在生产上的应用"。从唯物论关于物质决定意识，社会存在决定社会意识的角度看，这一点是再明白不过的。

人们的旧的观念、意识或认识的消除，离不开社会科学的发展进步，同样更离不开科学技术的进步。科学技术的进步似乎有着更为重要的意义。这是因为，人类社会总体存在的旧的观念、意识或认识，首先来自对自然的认识。从哲学发展史来看，都存在一个"认识论"的转向，在人类早期，人类总体首先是要解决人与自然的关系，而不是人与人的关系。人类早期的观念与习惯，更多的是自然界的烙印。总而言之，是人的自然属性的东西占绝大多数，而社会属性的东西占少数。只是随着人类社会的不断前进，人类总体的社会属性的内容才逐渐增多，自然属性的东西才逐渐减少。总而言之，承认人是自然界的产物，自然界存在于人类之先，就不得不承认人类早期的观念中最多的东西必然是自然的东西。因此，人类的进步，首先是要破除对自然的迷信，从这个意义上说，科学技术对于人类总体观念、认识或意识水平的提高起着革命性的作用。实际上，人类社会的生产关系和社会关系所衍生出来的社会观念，其实最终还是需要自然科学的进步才能解决。也就是说，人与人的关系最终的落脚点还是人与自然的关系，比如，关于公平与自由这些古老而常新的话题，一直到今天都没能解决，实际上可以说，没有最公平，只有更公平，这还是要看社会生产力的发展水平。生产力水平提高了，分配的公平性才有物质前提，低水平的生产力，再公平的分配也没有实质上的意义。所以，恩格斯指出："在马克思看来，科学是一种在历史上起推动作用的、革命的力量。"而且"在科学的猛攻之下，一个又一个部队放下了武器，一个又一个城堡投降了，直到最后，自然界无限的领域都被科学所征服，而且没有给造物主留下一点立足之地"。

（三）社会意识对科学技术的反作用

前面考察了科学技术对于社会意识的决定性作用，包括科学技术对一般意识水平的决定性，以及科学技术进步对于推动社会乃至社会意识形态进步的革命性。社会意识虽从根本上受制于科学技术，但它也不是完全消极被动的，社会意识对科学技术是具有反作用的。社会意识对以科学技术为核心的社会生产力具有促进作用和阻碍作用。积极的、革命的社会意识对于社会生产力的发展是起着一种促进作用的，而消极的、反动的意识形态对于社会生产力的发展是起着一种阻碍作用的。这两种情况，在社会历史发展的任何阶段，其实都是对应出现的。科学技术进步推动启蒙运动，启蒙运动使更多的人从神权的束缚下解放出来，从而开启了民智，进一步推动了科学技术的大众化，推动生产力的发展，形成的是一种良性循环；但是，正是因为科学技术的进步不断地从理论与实证两方面确证自己，那么这也就使它从另一方面确证了宗教迷信的虚幻性，显然这是不受宗教迷信之流喜欢的，科学与科学家往往受到"宗教裁判所"的裁判，这实际上是严重阻碍了社会生产力的发展，这在历史上颇为常见，如哥白尼、布鲁诺等。中国古代主流意识形态很注重德行，工商业的发展自然也是不受待见的，成语里有一个词叫作"奇技淫巧"，充分说明在注重德行教化的中国古代社会，科学技术的尴尬境遇。

任何一种性质的社会，都存在一个产生、发展、衰退和消亡的过程。历史唯物主义将这个过程解读为生产力和生产关系的互动、经济基础和上层建筑的互动过程，可以简约化为生产力—生产关系（经济基础）—上层建筑，但从科学技术与社会意识的角度也可以表达为科学技术—经济发展—社会意识。那么，按照马克思的资本的循环与周转思想，这个公式就可以进一步表达为科学技术—经济发展—社会意识—新科学技术—新经济发展—新社会意识，如此循环往复，不断实现螺旋式发展。在每个发展阶段，社会意识的表现是比较发展的。在特定社会历史形态中，一方面有既定的传统社会意识，维持着现有技术发展状态；另一方面随着社会生产实践的发展，又形成了新的社会意识。新的社会意识虽然此时不能成为主流意识，但它正在新技术的推动下萌芽发展，它是新事物新意识，代表精神世界发展的新方向，必然成为社会发展和技术进步的主流意识。总之，社会意识不是消极被动地适应科学技术的发展，它对科学技术具有一定的反作用。

二、网络意识形态化

随着网络技术的不断发展，人们获取信息的方式发生了翻天覆地的变化。托马斯·费里德曼指出："柏林墙的倒塌，拆除了地缘政治的屏障，Windows 系统和 IBM 个人电脑则消除了另一种重要的障碍，使得每个人都可以处理、写作、掌握和传播比以往多得多的信息。"据此，他提出了"世界是平的"概念。于是有人提出，"各国在网络时代都将或迟或早地卷入全球化，人们的社会结构将会发生根本性变化，意识形态的统治将会被打破并日趋弱化，最终化为乌有"。然而，现实情况并非如此，随着网络技术的发展，网络不仅没有终结意识形态，反而以一种新的面孔体现其意识形态性，不断强化其意识形态特性。

（一）网络技术发展历程

网络技术是以计算机技术为基础联合发展起来的，合称为计算机网络技术，是指计算机之间通过连接介质（如网络线、光纤等）互联起来，按照网络协议进行数据通信，实现资源共享的一种组织形式。1957 年，苏联发射人造卫星成功。为了确保美国在军事科技应用开发方面的领导地位，美国设立国防部高级计划研究署，探讨计算机联网技术，主要是为了使国防科技研究能被高层了解。因此，网络技术最早期是为了军事通信，而后才逐渐进入民用领域。最初只有四台计算机联网形成阿帕网（ARPANET），该网络于 1969 年联网成功。随着许多大学和研究机构的加入，阿帕网才逐渐发展成国际互联网。1974 年，为了解决信息的正常交换，阿帕网的鲍勃·凯恩和斯坦福的登泽扶合作，提出 TCP 协议和 IP 协议即 TCP/IP 协议（传输控制协议 / 因特网互联协议），TCP/IP 协议取代了旧的网络控制协议（NetworkControlProtocol，NCP），后该协议被广泛采纳，从而成为今天的互联网的基石。

20 世纪 90 年代初，欧洲核子物理实验室的科学家蒂姆·伯纳斯·李提出万维网（www）的构想，通过超文本结构解决了网络传输只能使用数字代码和简单文本的问题，使得文字、图像、音视频都能直接在网络中传输和下载使用，推动了互联网从军事向民用领域的发展，世界各国开始纷纷加入互联网。计算机网络技术经过 40 多年的不断发展，已经得到了高度的重视和广泛的使用。目前流行于国际计算机网络的信息交换技术就是计算机对等联网（P2P）技术。总的来看，P2P 技术是一种用于不同 PC 用户之间，不经过中继设备而直接交换数据或服务的技术，它允许 Internet 用户直接使用对方的文件。P2P 技术的发展目前已经经过了四个阶段，分别是集中式 P2P、纯分布式 P2P、混合式 P2PI 以及结构化 P2P。Internet 的初衷就是信息交换。时至今日，可以说通过 P2P 技术和 web 技术的不断升级，信息交换的理想得到充分的实现。P2P 技术的优点是计算机用户之间可以直接进行计算机与计算机的点对点信息交换而不需要通过服务器，大大提高信息的传输效率，使得网络上的沟通变得更容易、直接，移动互联网可以说是网络技术发展的新路径。移动互联网是移动通信和互联网融合的产物，即运营商提供无线接入、互联网企业提供各种成熟的应用，它继承了移动通信随时、随地、随身和互联网分享、开放、互动的优势，是整合二者优势的"升级版本"。移动互联网具有"人人在线""永远在线"的特点。在移动互联网时代，人人都可以现场直播，只要有一部移动终端，大众就可以第一时间将社会事件传遍世界各个角落，大众也可以第一时间接收到世界发生的重大事件。移动互联网突破了传统互联网的时间和空间限制，可以借助于移动终端，实现实时在线、时时在线，因而具有"永远在线"的特点。

网络意识形态作为科学技术与意识形态两者逻辑发展与相互作用的产物，必然融通了技术理性。技术理性虽然是资本主义意识形态的衍生物之一，在作为人类沟通工具与呈现手段的互联网发展上发挥作用，但是，一旦技术理性标准发展成价值观念嵌入人们的思想意识并控制人们的生活习惯，成为人们需要遵循的普遍准则时，就超出了正常的适用范围，同样会造成人与自身、人与自然和人与社会的多重异化，互联网从手段变成了目的。本应存在于虚拟空间并发挥作用的技术理性外溢到现实社会，但技术理性本身解决不了意识形态领域面临的道德、法律等诸多本应由价值层面去解释和规范的问题；同时，意识形态领域原有的意义和价值被技术理性重新定义，这种意义和价值如果不能满足技术理性的需要就会在特定场域环境下被阉割，从而造成意识形态的弱化。当前，由于人们对互联网数据程序编码与运行规则的适应和认同，技术理性标准适用范围在现实意识形态中的扩大化已经发生且不可避免，这既是人的内在意识对外部环境的合理反应，也是外部环境对人的内在意识的内化过程。所以，互联网场域本身倒置手段和目的、技术操控价值理性取代意义的特性，会弱化中国特色社会主义意识形态，在一定程度上解构社会主义核心价值体系。技术理性把人精神层面的、抽象意义上的认知对象化为客观的、理性的、可改造的规则，把人类精神世界中的抽象内容及其所承载的文化特征具象化为现实世界中的"物质"，致使人与物、目的和手段倒置，不断贬低人的主体性和重要性。然而，技术和手段上的可改造性与可操作性，并不代表价值和目的上的可行性和实践性；技术的合理逻辑合理也不可能等同于人的需求逻辑。因此，必须在网络意识形态发展演变的过程中积极寻找技术与价值的平衡点。与技术理性的消极影响平行的是网络意识形态所呈现的多元价值取向，多元价值取向在特定历史阶段和一定场域条件下代表着开放与进步的正面意义，是人类社会对抗一元与强权的积极方式。但同时，多元是把双刃剑，多元价值包含的分化与弱化、混合化与灰度化、去中心化与反权威化等消极作用始终与其进步性如影随形。由于网络意识形态的自然属性无法辨别意识形态的价值导向，网络意识形态中多元价值取向的消极作用会冲击马克思主义意识形态的主导地位。

与此同时，应该看到，互联网技术在带来海量信息的同时，也带来了严重的信息不对称。新媒体的发展本来是信息更加完整、清晰传播的方式，但信息在互联网上极速的传播过程中，却呈现出碎片化、模糊化倾向。对于互联网信息来说，与传播速度和数量相比，准确性和质量更重要，信息爆炸带来的信息不对称和失真让网络信息在一定程度上无法满足人们真实的精神文化需求，也无法充分弘扬现实社会正能量、传递主流价值。从媒体角度看，不同利益诉求的媒体在互联网上从不同维度以相互融合，用不同叙事视角把貌似真实、完整，实际却片面化、碎片化的各类信息上传，公众面对这些似是而非的片面信息在难以辨别真伪的情况下，只能先人为主地根据自身经验和价值判断来下结论，自动屏蔽和过滤那些与自己的主观判断不符的，哪怕是主流意识形态的信息，甚至把片面结论当成事实本身，对夹杂在其中的多元意识形态更是难辨真伪，这进一步加深了残缺信息和片面结论附带的意识形态偏见控制公众思想观念的消极作用，加深了公众对社会问题的焦虑情绪，动摇了社会团结共识的基础，混淆了主流与非主流意识形态下对是非的判断，也稀释和弱化了主流意识形态基础上的权威。

（二）技术内嵌的互联网精神

互联网的基本指导思想就是通过硬件的互联互通最终实现信息的互联互通，这种互联网思想与技术实践包含着互联网的基本理念，就是信息交换的自由、平等、开放、共享。作为技术内嵌的"互联网精神"，是一种人的信息需求和技术发展的内在规律的反映，可以认为这是互联网技术形式与生俱来的特性。

1. 互联网内嵌一种自由精神

人类渴望自由、追求自由。在不同历史和技术条件下，人们积极利用一切可能的手段或方式追求自由。实现科技是一种非常重要的手段，如交通工具的不断改进和发展，使人们摆脱了自身自然属性的限制和束缚，大大拓展了活动空间和范围。互联网技术的形成和发展以前所未有的方式实现了人类各方面的自由。互联网使人们在物理空间和思想空间获得了极大自由。传统技术手段在实现人类自由方面会受到时间、地域和金钱等条件的限制和约束，因而人类实现自由的程度是比较有限的，但是互联网技术大大超越了这些物质条件的限制，人们可以随时随地通过网络了解世界各地的信息。此外，互联网技术也使人们在思想空间上获得了极大的言论自由。现实空间的言论自由传播范围有限，即便想借助传统媒体扩大影响范围，也要受到严格的审查。但互联网技术给人们提供了许多发表言论的公共空间，人们可以通过微信、QQ、电子邮件等载体发表和传播自己的想法和观点。

2. 互联网内嵌一种平等精神

互联网技术一方面朝着信息自由的方向不断进步；另一面从其技术架构上看，逐步实现了信息交换的平等化，即从过去信息通道的垂直化、单一化向扁平化、网络化方向发展，从早期集中式的P2P发展成为今天结构式的P2P。从积极的意义而言，这种技术变革革命性地改变了过去由于技术局限、只能依靠单一信息通道进行垂直信息交换的弊端。在过去的旧模式下，信息提供者与信息接收者之间存在主动与被动的关系，作为信息提供者，控制信息的源头及其传播，而信息的接收者，只能被动地接收信息提供者提供的信息。而在 P2P 模式下，信息源与信息的通道有若干网络路径，而且每一个终端既可以是信息提供者，也是当然的信息接收者，旧模式下信息提供者与信息接收者的角色在这里变得双重化。因此，从信息传播过程看，互联网实现了真正意义上的信息平等交流。

3. 互联网内嵌一种开放精神

互联网具有开放性特征，这不是人为决定的，而是网络资源共享的内在要求。所谓的网络开放主要体现在以下几个方面。一是对网络用户开放。网络用户只要遵守必要的网络协议就可以接入网络，上网发布和接受相关信息。二是对信息提供者开放。网络上存在着海量的信息，这些信息离不开大量信息提供者的供给，网络对所有信息提供者开放，便于网络吸收来自各方面的信息。三是对网络提供者开放。互联网之所以为互联网，是因为它借助技术手段将全世界的局域网联系起来，形成网络互联，即是"互相连接在一起的网络"。互联网对这些局域网是开放的，前提是遵守相关的网络协议。正是网络的开放性，使网络呈现生机勃勃的景象。

4. 互联网思维

发展到今天，网络已经无处不在、无所不能，大数据时代悄然而至。维基百科对大数据的定义为："大数据意指一个超大、难以用现有常规的数据库管理技术和工具处理的数据集。"互联网数据中心（InternetDataCenter，IDC）报告对大数据的定义为："大数据技术描述了一种新型技术和构架，用于以很经济的方式，以高速的捕获、发现和分析技术，从各种超大规模的数据中提取价值。"大数据研究的目的是将数据转化为知识，探索数据的产生机制，进行预测和政策制定。建立在相关关系分析法基础上的预测是大数据的核心，通过找出一个关联物并监控它，我们就能预测未来。2014 年全国两会时，"大数据"（Bigdata）第一次在中国政府工作报告中出现，中国政府自此将大数据上升到了国家层面。信息产业发达国家，如美、英、德、日等此前已将大数据作为国家核心竞争力提升为了国家战略。2009 年联合国制订了"全球脉动"计划；2010 年英国发起了"数据权"运动；2012 年美国实施了"大数据"战略，新加坡等国提出"大数据治国"理念，"大数据"时代的序幕由此渐渐拉开。信息化正在全球快速发展，云计算、大数据是一个大潮流。大数据同过去的海量数据有所区别，其基本特征可以用 4 个 V 来总结（Volume、Variety、Value 和 Velocity），即体量大、多样性、价值密度低和处理速度快。

基于大数据产生的互联网思维，就是网络意识形态形成的土壤。一般认为，互联网思维指在（移动）互联网、大数据、云计算等科技不断发展的背景下，对市场、对用户、对产品、对企业价值链乃至对整个商业生态进行重新审视的思考方式，本质是发散的非线性思维。这一概念是百度公司创始人李彦宏 2011 年在《中国互联网创业的三个新机会》的演讲中最早提出的。互联网思维的特点，概括起来就是民主、开放、平等。一是网络让人民当家做主变得更加实际。过去主要是老板说了算，现在员工也能说了算，这是对整个企业运作思维的彻底颠覆。今天，用户在微博、微信等平台上的自由表达和随手转发，可让企业一夜爆红，也可让企业瞬间贬值。在这个用户说了算的时代，必须以用户为中心、全方位快速响应用户的需求。企业必须让更懂得用户情况的一线员工说了算，让他们拥有更根本性的自主决策权。企业内部管理的思维，要相应地从控制思维，变成放权思维。而整个的组织架构和企业文化，必然需要做颠覆性改变。二是网络让传统世界变得更加开放。互联网时代，无论是资源的进来还是出去，都是自由的。所以，未来所有的企业，无论大小，都将是平台型企业，是资源聚散的平台。三是网络让大家的地位更加平等。网络是没有层级之分的，虽然网络上的节点有大小的不同，但是每一个节点，都可以是一个中心。也就是说，每个人都可以是中心。企业和用户的关系，是平等的。互联网时代的用户，不仅仅是产品的购买者和消费者，他们还会参与到包括产品研发在内的整个制造流程当中去。老板和员工的关系，也是平等的。工业时代，员工是从属于流水线生产和金字塔结构的，因为机器比人更重要，团队的纪律性也远比个人的创造性重要。但互联网时代，人的创造性变得空前的重要。

（三）网络传播的意识形态特性

互联网的发展，使其技术属性的互联网精神超越了互联网本身，进入人的精神世界，影响着人们的思想观念，规范着人们的行为习惯，这是互联网精神对人们日常生活的影响。此外，从传播角度看，网络作为一种新的传播技术手段，同样体现着强烈的意识形态特性，它激发出人们对自由、平等和民主等政治价值的追求。

1.网络传播促进人们对自由价值的追求

虽然自由的内涵是历史的、具体的，但这并不影响自由成为人类生活中永恒的主题。自由体现了人的主体性，这种主体性不仅表示人在自然面前是主体，而且要求在人与人之间的关系中，人皆应是主体。人不仅要摆脱自然的束缚，而且要摆脱人对人的束缚。互联网以前所未有的规模和速度向人们提供了从经济生活到政治生活到思想文化生活的便利。网络传播突破传统传播方式的时间和空间限制，大大突破了人们在现实生活中的物质生活和精神生活的边界。人们可以在互联网中自由冲浪，传播和接收各种思想信息，对发生在世界各个角落的事件都能发表意见，产生"在场的奇妙体验，从而让人感觉没有最自由，只有更自由"。

2. 网络传播促进人们对平等价值的追求

互联网创造了一个不同于现实生活的虚拟社会。在互联网世界中，任何主体都呈现出一种数字化的特征，通过信号与数据流的方式表达意义，没有所谓的隶属关系，因而给人一种平等的感觉。这种虚拟环境中的政治生态与现实生活中存在的政治生态迥然不同。互联网突破了政治上的边界，主体更自由地在各种虚拟的场景中穿行，现实生活中政治议题的讨论也会突破政治现实中选民的界限，这种议题讨论与网民行动的自由也让人们开始思考传统政治生活中的不平等。

3. 网络传播促进人们对民主价值的追求

民主的基本含义是人民当家作主。政治不民主表现为专制与霸权，互联网本不谋求专制与霸权，相反，它追求的是开放与共享。互联网也离不开众多网民的主动参与。这种互联网精神与人类社会对民主的价值追求是一致的。互联网说到底是一个手段与平台，必须要有其用户。在经济领域，互联网的思维第一要务就是用户至上。互联网提供的商品与服务好不好，最终由网民说了算。互联网信息交换强调"去中心化"的P2P模式，信息交换打破了旧的中心——控制模式。这些网络传播方式的变化，不仅激发人们对虚拟世界的参与，而且会激发人们对现实政治民主的参与。

（四）网络意识形态对现代政治安全的影响

1. 网络意识形态领域已成为现代政治舆论场的核心区

在现代政治领域，网络意识形态成了现代政治安全的重要"阀门"。意识形态是国家利益的一部分，具有为政治统治提供合法化依据，维护社会稳定等重要功能。网络意识形态作为以数字化网络媒介平台承载和传输的思想观念体系，既有传统意识形态基本特征，又具有鲜明的时代特色。互联网将数据、文本、声音以及各种图像等集合在一起，并且实现了高度的一体化，是全新的信息传播和信息交流互动平台。由此可见，各种各样的新兴网络传播媒介都在网络意识形态建设中得到了广泛应用。随着网络意识形态的逐步兴起和蓬勃发展，各个国家的各个政党，无论是执政党还是在野党，均高度重视对网络意识形态的掌控和利用。纵观全球，互联网已成为政治权力"新空间"，政治主张"发布台"，政治信息"集散地"，政治舆论"播放器"。

网络意识形态的兴起，对不同政治思潮的形成逻辑、聚合方式、表现形式、发展趋势等各个方面都产生了巨大影响。随着工业社会向信息社会的转型迈进，人类社会现实利益格局深刻调整，具体表现在各个国家或地区社会生活的前所未有的重大变革，各社会、各阶层、各团体及以人为单元的各个体的思想意识、思想观念和生活态度、生活理念等都出现了方式更新、渠道更多、速度更快、活跃程度更高等趋势。网络信息技术日新月异的发展、网民群体突飞猛进的增加、网络应用前所未有的拓展，使互联网已经发展成为一种新型的、更为大众所接受和青睐的社会交往方式。在此背景下，网络意识形态对于政治安全的重要性，在一定程度上已超越传统意识形态对政治安全的影响，引起了各国学者广泛关注和深入研究。丁祥艳在《论当代中国社会思潮的鲜明特点》中指出："互联网使社会思潮的传播集文字、图像、声音于一体，已经成为社会思潮的重要传播手段，互联网也就成为当前多样化思潮争夺话语权的重要工具。"连水兴在《网络、虚拟空间与社会思潮的延伸》中认为："现实世界的种种社会思潮，已经跨越了物理意义的时空界限，在现实世界和网络空间广泛传播，并产生了巨大社会影响力。"邱柏生和左超合著的《从社会思潮的影响特征看如何增强思想政治教育吸引力》认为："网络上新闻和消息铺天盖地，许多思潮不需我们自己去发掘，只要浏览与观察，即会被吸收与采纳。"综合国内诸多观点可知，互联网条件下各种社会思潮的表达、传播、扩散空间和阵地都发生了翻天覆地的变化，互联网时代，人们思想观念开始大变革、大转型、大发展，世界各国或地区的政治安全建设也由此而产生了全新的变化。

西方资本主义国家借助先进网络技术和网络平台，强制推销以"普世价值"为核心的政治思想，对以不同文明为背景的政治安全建设提出了严峻考验。例如，美国据有计算机技术发源地的绝对优势，信息技术遥遥领先于世界各国，全球计算机和互联网的核心技术几乎尽在其掌握之中。有文章指出："美国 PC 机世界一流；美国包揽了光纤、CPU、基本浏览器 IE 以及 Netscape 等的制造；英特尔的电脑芯片、思科的路由器、微软操作系统、Google 搜索引擎，互联网产业链上每个关键环节，基本上都由美国公司主宰。"以美国为首的西方发达国家，由于具有先天的网络技术优势，也就牢牢控制着网络管理权，而且对网络的利用和管理力度仍在不断加大，特别是利用网络空间开展政治活动逐步成为常态，通过网络对其他国家进行政治攻击也成为其重要手段。有关统计资料显示，世界四大通讯社——美联社、路透社、法新社、合众国际社都在欧美发达国家，这些通讯社每天发出的信息占全球国际新闻的 80% 以上，而且这些报道具有明显的片面性，将西方国家粉饰成了繁荣、富强、民主、自由的化身，对第三世界国家尤其社会主义国家的报道却集中在战争频发、贫困落后、人权不公、腐败集中、动乱不断、发展粗放、民众素质低下等方面，千方百计对这些国家或地区的执政党及政治理念进行抨击甚至颠覆。当今世界，以社会主义和资本主义为主的东西方不同政治思想体系，对网络政治意识新空间、网络政治建设新手段、网络政治安全新屏障的争夺已经到了白热化的程度，如何争抢和占领网络政治话语"制高点"已成为对执政党的重大考验。

2. 网络意识形态给现代政治安全建设带来的新困难

一是维护主流政治思想的统治地位面临重重困难。信息社会里，互联网发展既是人类社会技术革命的直观反映，又是人们社会实践方式转型升级的直接体现。由社会存在决定的社会意识形态与社会实践相互作用，即社会实践既是社会存在的主要内容，又是推动社会存在不断改变的动力，社会意识形态对社会存在也具有反作用力。政治意识同样如此，不同国家或地区，甚至是不同阶层的群体，都是根据自己的社会实践体验来选择自己崇尚的政治信仰。在网络世界，各种政治思潮的发布者或传播者可以利用多种形态的互联网平台同时发布信息。加之微博、微信等交互性媒体的快速发展，与各种政治思潮相关的观点信息一经发布，就能够在第一时间被不同阶层的不同群体感知或接纳。网络技术的兴起与发展，也为不同阶层的不同群体表达政治诉求提供了便利条件，只要是网民，只要掌握了最基本的网络工具和网络技术，就可以摆脱统治阶级的控制，自由发表自己的言论和观点，对现有的政治制度、政治主张、政治价值等进行点评。无论是在理论上还是在实际操作中，在网络空间里，普通民众和一般知识阶层与统治阶级抢占政治话语表达权的机会和能力都有了很大的提升，而且呈现逐渐被拉平的趋势。

更为严峻的是，在网络高度发达的信息社会，统治阶级政治思想的强制性、独占性、正统性、精英性、一致性、完备性都受到了极大挑战，以普通民众为主体的草根阶层，也可以通过网络直接否定或影响统治阶级的政治思想观念。张国祚在《论多样化社会思潮的引领》中认为："互联网网民急剧增加，迅速扩大了以高开放、大流量、快速度、易互动、难管控为主要特征的新兴媒体的覆盖面，加上已有的广播、电视、电话、图书、报纸、刊物等信息媒体，使社会思潮的传播、衍生、扩散、变异成倍增长，各种噪音、杂音的传播更加难以掌控。"在网络社会，由于主流政治思想观念的宣教和传播方式都发生了根本性变化，人们政治信仰选择的自由度也不断增长，统治阶级维护政治意识形态统治地位的难度越来越大，需要投入的人力、物力、财力也越来越大。

二是不同政治思潮的网络泛滥对主流意识形态导向作用产生了极大的负面影响。有学者一针见血地指出："信息爆炸和信息污染容易造成传受失衡和信息疾病。网络信息容量一味地猛增也导致了信息爆炸和信息污染。"连水兴在《网络、虚拟空间与社会思潮的延伸》中指出："现实世界的种种社会思潮，已经跨越了物理意义的时空界限，在现实世界和网络空间广泛传播，并产生了巨大社会影响力。"各类不良的、负面的、消极的政治思潮和政治信息在网络上自由、散乱、无序传播，更容易引起天生具有好奇心理的人们的关注，主流政治意识引导性功能被极大地消减。例如，在网络社会里，许多网民先是带着猎奇的心理，总想采取"翻墙"等不法手段去窥探域外信息。由于国家或地区间的政治争斗，各国各地区的网站对自己的报道都是以正面为主，对竞争对手特别是敌对方的报道又都是负面的。而大多数网民对千篇一律、充满说教的正面报道十分反感，很少去研究和关注，但对负面报道却津津乐道，广泛传播。再加之，网络政治舆论环境监督管理难度较大，网络负面报道、负面舆论、负面思潮等大行其道，网络正面舆论空间被大幅度挤压，主流政治意识形态逐渐式微，主流政治意识对公众世界观、人生观、价值观的影响力也逐渐弱化，现代政治安全建设风险却日益增加。

业界学者广泛认为，互联网时代也是信息"碎片化时代"，其基本特征就是通过各种网络媒体和短小的信息量来表达着自身的情绪。政治信息在互联网世界里的"碎片化"现象也十分复杂和突出。政治信息被网络"碎片化"，就极大地消解了主流政治思想的统治地位。微信、微电影、短视频、短信、微博、新闻跟帖等网络多样化的传播媒介、网民自媒体等，将一直被统治阶级掌控的传统主流媒体垄断地位彻底打破，主流政治思想传播不再是一个声音、一个途径、一个范式。主流政治意见引导力的削弱，主流政治思想也被网络"碎片化"，导致网民对主流政治意识产生了极大的迷惘感甚至是反感，主流政治意识形态价值导向体系也因网络的发展而变得支离破碎。

三是网络政治意识形态安全建设的非对称性难以打破。正如前面所探讨的，由于以美国为首的西方资本主义国家牢牢占据着世界互联网霸主地位，通过现代网络技术对现代政治安全建设的掌控也就具有得天独厚的优势。自1978年以来，美国先后出台了《电信法》《通信内容端正法》等130多项涉及互联网管理的法律法规，明确规定美国政府有权对涉及国家安全的内容进行审查，要求不得利用互联网宣扬种族主义、恐怖主义等言论，不得在互联网上传播威胁到总统和国家安全的言论。但从利用社交网络推动西亚、北非动荡和乌克兰事件等事实表明，美国对互联网采取利则用、不利则严控的相机管理方式，强权和霸权色彩十分浓厚。管克江等在《"谷歌事件"，陈腐偏见的恶性发作》中指出，美国所谓的网络信息自由流动，本质上是按照美国需要的自由流动方式让互联网信息自由流动。他还认为，根服务器就像是全球互联网的"114查号台"，如果哪个国家所奉行的政策或者价值观与美国的相冲突，美国的网络当局就会以这些国家违背"网络自由"、不尊重人权的名义停掉这个国家的域名，导致这个国家无法通过域名来访问网站，造成网络的大面积瘫痪。从发展中国家和欠发达国家来看，由于互联网技术的落后，利用网络宣教和传播主流政治思想和政治价值的手段、方式、渠道等，还远远落后于美国等西方发达国家，尚处于被动挨打阶段。

三、网络时代的主流意识形态建设

（一）网络意识形态背景下政治思想建设的新趋势

人类社会由工业化时代进入信息化时代是不可逆转的发展大势，现代网络技术的普及与发展必将成为重要推手。纵观人类社会，互联网技术的广泛应用，对人们的生产生活方式产生了前所未有的影响。在网络意识形态迅速兴起的潮流背景下，政治意识不但具有网络意识形态的特征，其发展还呈现出了自身特有的新趋势，引起了世界各国各阶层特别是统治阶级的高度关注。

一是空间容量无限化。网络体系的建设，打破了传统意义上的地域与地缘政治界限，世界各国各地区各民族思想在互联网上交流、碰撞、斗争，为意识形态建设开辟了新空间，而且由于网络的虚拟性特征，这个虚拟的新空间在互联网技术的支撑下，理论上可以变得无限广阔。恩格斯指出："技术在很大程度上依赖于科学状况，那么，科学则在更大得多的程度上依赖于技术的状况和需要。社会一旦有技术上的需要，这种需要就会比十所大学更能把科学推向前进。"网络意识形态的兴起，为各种政治意识形态建设提供了充满想象的理论与实践"新阵地""新容器""新平台"。在互联网时代，可以依托新媒体，不断拓展政治意识形态工作空间，增加政治意识形态工作的吸引力、感染力与凝聚力；可以将各种传统主流媒体、理论学刊与网络结合起来，创新政治意识形态建设的方式方法，让长期高高在上、高不可攀的主流政治思想更加接地气，焕发出全新的活力；可以通过与网民的互动交流，充实主流政治意识形态建设内容与理论，既可以扩大网民话语空间，也为政治意识形态工作者及时了解、引导、监督网民思想动态提供了新平台、新场所、新途径、新条件。

二是建设方式互动化。从意识形态建设本身来看，主要是意识形态主体与客体之间互相作用过程。互联网时代，互动已经成为意识形态建设的重要推动力量，离开网络互动，意识形态建设的作用和效果就会被削弱；加强网络互动，则可以有效推动意识形态建设的发展。网民是网络时代重要的社会力量，众多的网民可以在网络平台上自由表达、扩散自己的意见，这也被称之为"网络民意"。网络民意的产生，改变了公众被动表达政治见解的局面，拉近了网民与主流政治意识形态之间的距离。网络舆论事件层出不穷，已经成为互联网时代的新常态，每个国家或地区都不可避免，这既是挑战也是机遇。站在统治阶级角度，各国或地区的执政党，同样可以借助网络提高社会管理与政治思想工作水平、建立网络引导机制，充分发挥网络这个"永不落幕的新闻发布会"，在第一时间发布社会信息，保障信息权威性，防止虚假信息流通，为社会媒体提供正确的舆论导向，让广大民众在第一时间了解真相。站在民众角度，网络的出现，极大地改善了群众政治参与技术手段，推动了公民与政府之间直接的、即时的、平等的、自由的交流沟通，极大地提升了民众在社会管理和政治思想建设中的参与度、活跃度、深入度，有效地改变了社会政治参与模式与结构，传统的"管理者说、老百姓听"将转变为"管理者边说边听、老百姓边听边说"，政治思想和政治安全建设的交互性特点充分体现。

三是舆情演进全球化。从国家管理角度讲，舆情信息是反映现实社会的"晴雨表"，而互联网时代的网络舆情是现实社会舆情的重要反映，其间就自然而然地包含着极其重要的政治舆情。网络上的政治舆论虽然只能代表一部分社会群体的政治意见，但在统治阶级做出重大决策、国家发生重大事件、民众对统治阶级产生重大疑虑时，就会吹起响亮的网络舆论"集结号"，复杂地影响人们对国家政治的态度与行为。由网络意识形态的主要特征可知，一旦政治舆论事件从网上散开，就会迅速扩散至各个网络空间，在全社会形成广泛而深刻的影响，从而成为引导社会舆情走向的不可忽视的强大力量，这也是给现代国家政治安全带来或利或害、或进或退、或大或小影响的新生力量。

随着互联网的大范围使用，全球网民数量也飞速增长，世界各国都已全面参与到了互联网时代的历史发展进程之中，这就为各种政治思潮、政治主张、政治价值的交流交锋和蔓延扩散带来了极大的便利，这也让现代政治进入了名副其实的百家争鸣、百花齐放的全球化时代。在一个无限开放、自由和创新，而且还会不断发展的现代网络体系里，各种政治学派都在积极地面对新时代的新变化，通过网络平台吸收和采纳来自不同地域、不同文化、不同民族的人类文明优秀成果，努力加快自身的发展壮大步伐。"坐地日行八万里"变成了"转瞬通向全世界"。各个国家的政治制度和表达形式虽然各不相同，但通过网络这个神奇的载体，某国或地区政治决策和政治事件可以在极短的时间内传遍全球，这个国家或地区的民众意见、社会反响、舆论走向都会在最短的时间内引起全球性的关注，支持的、反对的力量都会随之浮出水面，对当事国家的执政党形成全球性的舆论攻势，形成强大压力和影响。毫不夸张地讲，信息网络化发展打破了禁锢人们传统思维的高墙，打破了阻碍人们思想走向世界的壁垒屏障，网络意识形态领域已成为全球现代政治意识形态的必争高地。

四是政治信仰自由化。从自由的概念来看，本身就类属政治哲学范畴，不受限制和阻碍，或者说限制或阻碍不存在是其最基本的含义。中国古文将"自由"解释为"由于自己"，就是不受外力阻碍的自己作主。欧洲文字里的"自由"含有"解放"之意，主要是指从外力制裁之下解放出来的自己作主。当然在不同的学术派别，对自由概念有着不同的见解。而政治信仰是现代社会的重要组成部分。站在主流政治思想建设角度，在互联网时代，过去"填鸭式灌输式"思想政治宣传方式已经不再有效，政治信息的传递方式也发生了极大的变化，普通公众对政治信息的获取已经变得十分简单，人们选择政治信仰的渠道也变得更加宽阔多样，政治信仰由"被动接受"时代走进了"自由选择"时代。在互联网上，只要轻触鼠标、敲击键盘就可以轻松获取到包括政治信息在内的各种信息。各国各地区的思想政治工作者通过开辟网络阵地，营造个性化学习环境，及时与公众进行互动交流，极大地改变了传统政治思想僵化机械的教育形态，让网民政治生活更加贴近社会、贴近生活，更加接地气，增强了政治感染力和号召力。

站在非主流政治思潮角度，网络构建了各种政治思潮由"现实场所"到"虚拟空间"的通道，为非主流政治思潮的发展提供了比现实世界更大、更灵活的机会，其传播方式更加丰富、传播渠道更加多样、传播效果更加显著。非主流政治思潮传播者通过电子邮件、QQ、微博、微信等现代网络通信工具，不但可以对潜在对象进行日积月累、滴水穿石式的浸透，还可以及时准确地了解到受众思想状况，采取相应措施，影响网民思想建构，让各自的政治价值由"单向接收"转变为"双向互动"。由此可见，网络时代推动人们的政治信仰由"被动接收""单项选择"转型升级为"主动出击""多项选择"，这也为主流政治思潮与非主流政治思潮的交锋较量、交互撞击、交错发展提供了广阔舞台。

（二）我国网络意识形态工作的主要成就和经验思考

在中国共产党的坚强领导之下，马克思主义在整个国家中的指导地位、社会主义意识形态的凝聚功能不断加强，网络意识形态安全工作取得了阶段性成就，为以后工作发展提供了很多有益经验。

1.网络意识形态安全工作取得的主要成就

作为马克思主义的执政党，中国共产党历来重视各个时期的意识形态工作。近年来，党对意识形态工作的领导在不断加强，网络意识形态安全阵地建设取得了显著成效。通过不断完善网络相关法律法规、制度规章，网络空间的制度化建设越来越得到了提升。通过采取各种有力手段，马克思主义的引领作用、社会主义主流意识形态的感召力得到了极大提高。具体来说，主要包含以下几个方面的内容。

（1）主流媒体的旗帜引领作用得到有效发挥

随着互联网的快速发展，我们党越来越重视网络意识形态工作，不断坚持和巩固党对意识形态工作的领导。随着宣传内容和宣传形式的不断创新发展，人民网、新华网、中国网、光明网等主流媒体参与引导社会舆论的力量越来越强大。一方面，它们主动利用网络平台开展与网民的互动，听取民意；另一方面，它们还主动在网络空间发声，对社会舆论热点焦点问题进行具有权威性的引导，坚持以人民为中心的立场和原则，有效发挥主流媒体的正向作用。

（2）网络意识形态工作的主体责任进一步压实

新形势下，党和国家把意识形态工作摆在了十分突出的位置，大大加强意识形态工作的主体责任，当然也包括对网络意识形态工作的管理。这样，一方面使得各部门各单位从上到下都能够在思想上紧绷一根弦，将网络意识形态工作摆在重要、突出位置，夯实了网络意识形态工作的主体责任；另一方面，推动了意识形态工作与日常管理等工作的紧密结合。从上到下，各部门、各单位都不同程度地加强网络阵地建设，力求通过网络空间加大宣传，发挥引领功能，有效提升了网络空间主旋律的传播力和影响。

（3）网络思政工作的影响力得到广泛扩展

加强思想政治教育作是做好意识形态工作的关键环节。我们党历来重视思想政治教育工作，近年来，思想政治教育的范围、层次、深度、广度、实效性、影响力都得到了进一步提升。网络空间思想政治教育的传播力度在加强，思想政治教育的实践促使意识形态工作的新发展。人们可以通过网络平台观看各种思政大课，聆听专家的讲解与知识分享，这保证了思想政治教育内容的科学性，扩大了思想政治教育的受众对象，也提高了思想政治教育的影响范围。目前，思想政治教育正在实现着线上与线下的有机融合，尤其是高校更加明显。思想政治教育工作越做越细、越做越精，思政课程与课程思政同向而行、协调发展的思路日渐清析，协同育人效果更加明显。

（4）网络空间治理能力逐步提高

长期以来，网络空间存在大量欺诈性行为，严重影响了人们生活及社会健康发展。我们一直在探索中国特色的治网之道。党中央历来重视依法治网，条重要原则。习近平总书记在全国网络安全和信息化工作座谈会指出："互联网不是法外之地。利用网络鼓吹推翻国家政权，煽动宗教极端主义，宣扬民族分裂思想，教唆暴力恐怖活动，等等，这样的行为要坚决制止和打击，决不能任其大行其道。利用网络进行欺诈活动，散布色情材料，进行人身攻击，兜售非法物品，等等，这样的言行也要坚决管控，决不能任其行其道。"近年来，国家不断加强网络空间立法。党的十八大及三中、四中、五中全会对推进网络依法规范有序运行提出了明确要求。在党的十八届四中全会通过的《中共中央关于全面推进依法治国若干重大问题的决定》中提出，"要加强互联网领域立法，完善网络信息服务、网络安全行为"；党的二十大报告中提出要"健全网络综合治理体系，推动形成良好网络生态，从而为全面推进网络空间法制化擘画了蓝图"。"目前我国网络空间法律体系，已经涵盖了网络安全立法、互联网基础设施与基础资源立法、互联网服务立法、电子政务立法、电子商务立法以及互联网刑事立法等各个方面。"对于网络违法犯罪的行为，党和政府有关部门坚决维护国家、民族、人民的根本利益，旗帜鲜明地予以批判和反驳，网络安全相关职能部门也对各种网络违法犯罪行为依法进行了严厉打击，使网络的消极影响得到了一定程度的遏制。

（5）风清气正的网络空间环境正在逐步形成

面对网络思想舆论对社会主流意识形态的冲击和排斥，"通过借助网络空间法治建设的实施、网络信息技术应用的优化、网络空间思想宣传工作的创新以及社会主义核心价值观念的广泛传播，使主流意识形态的话语权力得到显著增强，主流网络媒体的权威性获得网民群体的广泛认可"。与此同时，随着网络自媒体的出现和发展，更多的人关注网络社会，成为网民，这其中有很多世界观、人生观、价值观"三观"很正的人，在网络中发挥了正能量作用，产生了积极影响。在网络空间，"产生了一批自觉拥护和支持主流意识形态的民与网络意识形态安全策略间意见领袖"，通过他们的宣传与支持，进一步扩大了社会主义主流意识形态的影响范围，这对于营造风清气正的网络空间环境起到了重要作用。

2. 网络意识形态安全工作的经验思考

在党和政府的高度重视和改革创新下，网络意识形态安全工作取得了显著成绩。实践表明，只要我们高度重视网络阵地管理，加强互联网内容建设和治理，网络意识形态领域是可以实现有效治理的。

（1）高度重视现代网络的重要作用

现代社会是个网络迅速发展的社会，以互联网为代表的信息技术，把人类的活动带到一个新范围和新空间，同时也为国家治理带来了新挑战。习近平总书记指出："随着世界多极化、经济全球化、文化多样化、社会信息化深入发展，互联网对人类文明进步将发挥更大促进作用。"一方面，我们注重发挥互联网的这一重大作用；另一方面，我们也充分认识到互联网领域内的问题日益凸显，"世界范围内侵害个人隐私、侵犯知识产权、网络犯罪等时有发生，网络监听、网络攻击、网络恐怖主义活动等成为全球公害"。所以，我们一直强调，互联网对于整个国家的安全与稳定具有重大影响。互联网的发展关乎国家各方面安全，其作用不容忽视。"网络空间综合治理能力及水平将是影响综合国力竞争的重要因素。将互联网作为国家战略资源，是对网络主权原则的合理性及合法性的充分肯定。"尊重网络主权，是推进全球互联网治理体系变革的一条重要原则。国家对本国互联网事务拥有独立自主加强管理和坚持治理等方面的权利，可以采取各种有效措施应对外来思想文化的侵蚀、渗透行为。面对网络发展大势，我们要实现互联网战略资源自主而不是依赖，安全而不是威胁，可控而不是失控，大力建设网络强国，维护国家总体安全。

（2）关注并引导网络舆论朝正方向发展

网络舆论反映的是百姓的呼声，对持有不同观点的网络舆论表现，我们应该给予足够的重视，关注舆情走向。"舆情是种民意情况，是公众对社会生活中各个方面的问题尤其是热点问题的或显或隐的反应。"网络舆情大概能体现网络中的呼声是什么，主要是指在网络空间，民众围绕一定的社会事件的发生、变化，对公共问题和国家管理者等持有的相应态度、看法、观点。如何引导、治理好网络舆论十分重要，关系社会稳定。这需要我们进一步提升对网络意识形态论争问题的科学认知和判断能力，综合考虑社会各利益主体的需要，严格区分，不同对待，从而采取具有针对性的不同的治理之策，引导网络舆论朝着正确的方向发展与推进。

（3）坚持走依法依规治理网络空间之路

习近平总书记指出："要加快网络立法进程，完善依法监管措施，化解网络风险。"互联网绝不是法外之地。网络空间要想风清气正，必须加强法治化建设，实现法治化治理。尤其在网络空间一些不法分子通过各种手段进行网络诈骗、网络攻击、网络恐怖等，这都需要依法加大对网络空间的治理，以法治化建设推进网络空间健康有序发展。

（4）发挥网络主流意识形态风向标作用

主流意识形态导向作用发挥得好与不好，直接关系着网络空间"生态"直接关系着广大人民群众的利益。习近平总书记指出："网络空间天朗气清、生态良好，符合人民利益。网络空间乌烟瘴气、生态恶化，不符合人民利益。"要想网络空间天朗气清、生态良好，需要加大主流意识形态的导向作用，以正确的政治方向、积极的舆论导向、科学的价值取向引领向上向善的文化氛围。这就需要进一步加强党政媒体的权威性和公信力；创新主流意识形态网络宣传的方式；打造支党和人民信得过、水平高、业务强的优秀宣传队伍；培育积极向上的"网络意见领袖"，凝聚共识，形成网上网下的"一根绳"，在党的领导下，积极作为，为国家强大、民族进步不懈奋斗。

第三章

网络社会的发展及其对大学生意识形态的影响

一、网络社会的兴起

（一）网络社会的本质

1.网络社会产生的信息技术基础

近几十年来，信息处理技术和信息传输技术都取得了日新月异的发展。信息技术（InformationTechnology，IT）指获取、传递、储存和处理数据的技术，包括硬件（计算机网络、服务器、储存设备与桌面计算机）、系统软件（操作系统、程序语言工具）以及应用软件等。信息技术中两项关键技术：一项是数字化技术，另一项是芯片及光纤技术。数字化技术就是用0和1两个数字编码来表达和传输一切信息的技术。它可以使信息以光速传递，由此人类社会从原子时代进入比特时代。芯片技术使数字化技术找到了物质载体，获得了物质依托，从而使超高运算成为可能。光导纤维通信使计算机得以联网，实现高速宽带通信。芯片技术的快速发展使微处理器性能不断更新，并服从摩尔定律（Moore's Law）不增加任何成本，芯片能力每18个月翻一番。而在今天，人们每隔3—4个月就会看到一代新产品问世，微处理器速度一直以每5年增长10倍速度发展。在信息处理技术领域，新的计算机元器件技术在微型化的同时，性能有了大幅度提高。由于硬件技术的进步，使得信息设备处理能力更为强大，设备价格大幅度减少，设备体积缩小，运行成本降低，普及更为容易。软件技术前进的步伐大大超过人们的想象。应用软件功能强大、界面友好，操作更加方便。与此同时，计算机系统正向智能化、集成化、综合化发展，把原有的管理信息系统（ManagementInformationSystem，MIS）、决策支持系统（Decision-makingSupportSystem，DSS）、各种计算机辅助系统（Computer-aidedSystem）、专家系统（ExpertSystem，ES）提高到一个新的水平。新的网络技术和数据库技术实现了硬件、软件、信息资源更好更快捷的共享，实现了更大范围的信息综合协同处理。多媒体的诞生，使得计算机可以处理图、文、声、像多种媒体形式的信息。经此技术支撑形成的超级文本（HyperText）、超级媒体（HyperMedia）等功能，使得人们获取信息更方便、更直观。特别是互联网的发展使世界范围的计算机联在一起，并实现远程教育、远程医疗、合作研究、协同制造、电子商务等。在通讯技术领域，各种物理信道的通信技术和通信方式，如地面通信和卫星通信、有线通信和无线通信、铜缆通信和光缆通信等，都得到很大的发展。宽带、高速、大容量已成为现代通信信道的主要特征。以数字化技术为基础，通过数字数据网、综合业务数字网等方式，能对图、文、声、像等各种信息进行准确、方便的传输，提供服务。程控交换技术、分组交换 PAC 技术、异步交换 ATM、光纤通信等技术等日臻成熟，信道和复用率大大提高，通信成本大幅度降低。通信技术与计算机网络技术的结合，极大地改变了硬件资源、软件资源和信息资源的利用效率，开辟了人类信息利用的新时期。信息技术为信息化提供强有力的技术手段和工具，成为当代信息化的巨大推动力量，为网络社会奠定了技术基础。

2. 互联网的产生

信息技术革命可分为两个阶段——信息时代和后信息时代。信息时代，个人电脑的普及使得信息技术行业（IT 行业）获得了飞速的发展。后信息时代以 Internet 发展和普遍应用为标志，我们称为网络时代。网络时代，电脑技术的运用在 IT 业的地位开始逐渐被网络技术的运用所替代，Internet 的发展速度超出了大多数人的想象。20 世纪 80 年代中期，美国国家科学基金会（NationalScienceFoundation，NSF）为鼓励大学和研究机构共享四台非常昂贵的计算机主机，希望各大学、研究所的计算机与之连接。最初 NSF 曾试图使用 DARPANet 做 NSFNET 的通信干线，但由于 DARPANet 的军用性质，并且受控于政府机构，这个决策没有成功。于是他们决定自己出资，利用 ARPANET 发展起来的 TCP/IP 通讯协议——这种把不同网络联结在一起的新技术，建立了名为 NSFNET 的广域网。在 NSFNET 的基础上，产生了人类有史以来影响最深刻的计算机网络——互联网 Internet。它正在向全世界各大洲延伸和扩散，不断增添吸收新的网络成员，已经成为世界上覆盖面最广、规模最大、信息资源最丰富的计算机信息网络。使许多学术团体、企业研究机构甚至个人用户进人并逐步把 Internet 当作一种交流与通信的工具。20 世纪 90 年代，Internet 扩大到世界范围。从 Internet 的覆盖地区来看，现在全世界已有 240 多个国家和地区接入 Internet。Internet 事实上已成为一个"网际网"，因此又被称为互联网。Internet 是人类历史发展中的一个伟大的里程碑，它是未来信息高速公路的雏形，意味着人类正由此进入一个前所未有的网络社会。

3. 网络社会产生的社会基础

（1）世界各国信息基础设施竞相发展

世界历史经历了一个漫长的进程进入全球化的历史新阶段。许多国家尤其发达国家注意到这一发展趋势。不少国家为了适应全球经济——体化趋势，在世界经济贸易活动中争取主动地位，提高竞争能力，纷纷把获取信息资源、在信息化潮流中抢占有利位置作为一个重要的战略目标。1993年，美国前总统克林顿刚上任就提出了建设"信息高速公路"即《国家信息基础设施》计划。该计划提出：建立一个能给用户随时提供大量信息的，由通信网络、计算机、数据库以及日用电子产品组成的无缝网络，为民众提供"普遍服务"。1994年，美国还提出建立"全球信息基础设施"计划，其目的是通过地方、国家、区域和全球的联网，促进经济增长，创造就业机会和改善基础设施。1996年，美国动用5亿美元实施"下一代互联网计划"（NGI），其目标是在"全民服务"的基础上，使连接各大学和国家实验室的网络提高速度（比现有的互联网快100—1000倍），以支持医疗保健、国家安全、远程教育、能源研究、生物医学、环境监测、制造工程，以及紧急情况的应急反应和危机管理等。NGI计划的目标不仅是技术的，也包括经济的，甚至军事的和政治的目标。世界上众多发达国家、新兴工业化国家乃至发展中国家都把信息化和信息经济的发展提到重要战略位置，并相继制订了本国的信息化计划。

（2）社会需求普遍提高

互联网的发展将世界连成一个紧密相连的整体，即正在把地球变成一个小小的村落。网络开辟了一个不同于物理空间的网络空间，也称赛博空间（Cyberspace）。人们利用网络空间从事以前在物理空间中进行的物质活动和精神文化活动，如贸易、经商、订货、购物、交谈、娱乐……网络改变了人们的工作方式、生活式、教育方式，并将潜移默化地改变人们的传统思维方式，也将导致意识形态领域意义深远的伟大革命。

在工业领域，工业自动化已经发展到系统自动化乃至网络自动化的程度。整条生产线甚至整个工厂可以按照事先编好的程序，实现无人化柔性生产。在不久的将来，可由消费者直接通过计算机网络，把自已需要购买商品的特征、尺寸等数据信息输入进去，由在线付款之后，启动柔性生产线，就可以实时为消费者生产所需的商品，最后由社会化物流配送体系直接送到消费者手中，从而实现真正意义的零库存生产。一种虚拟公司正在悄然兴起。它是基于信息通信网络的一种新型企业合作关系，其主要特点是柔性、敏捷性和精益性的生产制造系统、准时制的管理经验、创新性的组织结构和独特的管理环境。虚拟公司的实质是根据自组织原理建立起来的众多小企业之间的新的竞争、合作、协调机制，使原来分散、无序的生产企业自发变为网络组织形态的、有序的动态公司。信息技术是最具活力、最为先进的一种生产力，它在改造传统产业和激活现代工业活力中发挥了越来越重要的作用。当代生产过程中的快节奏与市场需求的快速多变促进企业努力去获取市场信息、产品信息、金融信息、技术信息、原材料信息，以保持或加强企业在竞争中的地位。为了更便捷地得到大量实用信息，企业已不满足传统的信息传递媒介，开始追求更为先进的信息手段和途径。信息技术在辅助企业生产经营的巨大作用已经成为企业推动信息化的强大动力。

互联网技术的发展使研究员还可以通过网络共享资源，也可以访问异地大型计算机系统，获取研究数据，这样使科技人员之间的优势互补、合作研究成为可能。在社会各个领域，对信息的需求越来越大，这种对信息技术普遍的社会需求构成了当代信息化的社会基础。

4. 网络社会的实质

网络社会这种新型社会与现实社会最大的、最根本的、最首要的区别，就在于它的虚拟性。从虚拟与实在的角度判断，网络社会与农业社会、工业社会，或传统社会、现代社会相对应的实质，正是"虚拟"与"实在"的对应，是现实社会的延伸和拓展。"虚拟"本身是一种真实，但"虚拟社会"毕竟有别于现实社会；同时，从人类社会发展进程来考虑，虚拟的网络社会也不能取代真实的现实社会，即不能判断出：人类社会正由"现实"走向"虚拟"。

（1）信息与网络

网络社会生存和发展的物质基础是网络。网络是一个全球性资源、媒体、社会联结的整体（人类新的生存环境），也是一种客观的社会现象。它的生存和发展直接引发了现实社会生产方式的革命性变革、创造着人类全新的生存方式与生活方式。当"信息"日益成为人类生存与发展最基本、最主要的资源时，现实社会变迁将在三个层面上展开：一是在传统生产方式下人们结成的政治统治关系和在生产资料"占有"关系基础上形成的经济依附关系，将受到冲击并发生改变；二是人类现有的生产方式和生活方式，因信息资源的利用和开发具有可持续和永续性的特点，其生产和生活的条件与"环境——物质基础"与空间，将发生改变；三是由此导致人们的行为方式、价值观、社会心理与生活态度发生改变。网络社会对现实社会重组与再造的根本原因在于：当信息形态由模拟式转变到数字化，具体事物便可能成为虚拟（Invented）。在虚拟环境中，信息作为一种资源，流动和使用越快、越多，其再生性越强，这与传统生产方式中对实物资源的流动和使用的结果恰好相反。人类通过"社会数字化"的过程，产生出"网络信息时代"的结论，是依赖于网络实现的。把握网络的特质，是揭示网络社会结构、性质、运行机理的钥匙，是描述网络社会特征与运行状态的关键。要把握网络的特质，就必须具体考察和区分"信息"与"网络"的互相关系。信息与网络的相同性是什么？两者在什么关系上交叉、重叠？从社会学理论考察信息与网络，提供了三个理论界域：一是从人类社会生存与发展的条件来判断，信息是一种资源，网络也是一种资源，两者具有相同性；二是从人类社会生存与发展的互相关系与结构来判断，信息是流动的"点"、是"个化"的，网络是无数"流动点"整合的"面"，是"整体"的；三是从人类社会运行机理来判断，信息是网络社会生存与发展的"内容"，网络是网络社会的运行结构和基础；前者在后者结构内或基础上流动、交互，后者为前者提供社会整合（资源整合）的物质基础和技术基础环境和条件。

（2）信息与网络的构成

"信息"一词运用在不同的学科中有不同的含义。信息论奠基人美国数学家申农（C.E.Shannon）认为：信息是组织程度，能使物质系统有序性增强，减少破坏、混乱和噪声；而控制论创始人维纳（NorbertWiener）认为，"信息是有序的度量"；苏联科学家认为，信息"是一种普遍联系的形式，它同物资、能源一起被称为现代科学技术的三大支柱"。"网络"是信息场中的技术基础，由信息设施、通信设施、计算机设备构成。可见，信息与网络的构成是有区别的。关于网络物理的、理论的构成还需补充的是：网络业的先驱、美国太阳微系统公司（SunMicrosystems）早在 20 世纪 80 年代初，就提出了"网络就是计算机"的命题。而有人从网络的作用上解释说，"网络不管是什么名称，全都完成同一目标——在地理上散布的计算机之间迅速而可靠地运送信息。网络的目的与邮政系统的目的相似——把信息运送到适当的目的地"；于是有人就说，"Internet 是网络的网络"。但"严格说来，Internet 是一个技术媒体"。这种"数字媒体带有树状组织、逻辑跳跃性质、储存复制性质"，如此等等。人们从网络构成的物理要件、作用上把握其特征无可厚非，但要指出的是，他们不是从社会学的视角认识虚拟社会的物质基础与空间环境网络。如果人们从社会学的视角来理解网络的"构成"，那么它就是一种整体联结、结构、关系和环境。"网络作为整体，远远大于部分之和"，因此，得出的判断是：网络"大于"信息，是信息生产、使用、分配的虚拟环境和空间，对人类自身而言，它是虚拟社会的物质基础。无论是信息、还是网络本身，二者都是真实—现实社会的构成资源。因此，并不因为网络的发展——全球网络化具有创造"虚拟社会"的基础作用，而得出"信息与网络"是虚拟的判断。同样，因为网络而发生的网络社会—虚拟社会，也不能改变"信息"与"网络"的本质真实。

在这里，网络社会的虚拟性，不是决定"信息"与"网络"是真实还是虚拟的前提；确切地说，因网络而结成的网络社会—虚拟社会，作为人类生存与发展的环境和空间，才具有虚拟性。

（3）数字化与现实社会

对未来社会的理论研究，由于运用理论的差异性而有所不同。当信息日益成为人类生存与发展最重要和最首要的资源时，信息产业的发展使许多人对未来社会特征的把握，更热衷于"信息时代"的概括。所谓"信息时代"，从某种意义上说，它是由"社会数字化"过程产生的一种"社会现象"。虽然社会的数字化过程，是信息资源、信息技术在现实社会中广泛运用并培植出信息产业的社会整合过程，并且这一过程表现出"信息时代"的特征，但是，从社会学理论来考察"信息时代"的理论命题，它并不能准确地反映未来社会，即虚拟的网络社会的运行状态、结构、关系与环境。马克思说，"社会是人们交互作用的产物"，而"交互作用"的考察子项，应包括结构、关系、运行状态与环境条件。"信息时代"的核心或基本特征是"数字化"。而"数字化"一词是描述性的。需要做出两种质辩：第一，人们一般认为，数字化社会最突出的特点是，"自然界的一切信息都可以通过数字表示""计算机只是用数字1和0处理所有这些数据"，如此等等，如果从这样的理论表述来揭示和描述"信息时代"的方法是成立的，那么数字化社会最终特征的归结应当是"网络社会"（NetworkSociety）。因为在这里，通过"计算机处理信息的方法"、"通过跨越空间运送1和0把信息传送到各处"，正是因为当计算机和通信这两项顶级技术联手时，孕育了一根支柱——联网（networking）；这是一切信息基础结构的基础。第二，有专家指出，所谓数字化，包括"集成电路技术所构成的信息设备、装置和原材料；通信网络，它负责联结总体系统中的各子系统，将它们组织成为一个复杂的巨型系统；计算机智能系统，它是数字化的指挥、计算协调和运筹中心"。这样的理论认识和判断，恰好是对"网络化"特征的把握。这是对未来网络化社会物理的、物质的构成的揭示，是突出的社会联结、管理、信息整合过程，以及控制环境等。所谓网络化，包括信息流、计算机和通信技术、组织管理、人际互动、社区、网络控制等。因此，人们关于"数字化"的特征的认识和揭示，与其说是"信息时代"的特征或特点，还不如更确切地说是网络社会的特征和特点（因为它揭示的恰恰是结构、关系和环境）。所以，从社会学视角来判断未来社会，"网络化"比"数字化"更准确地揭示和体现了虚拟社会的特征。

（4）网络社会与现实社会的分野

网络社会是虚拟社会，或者说"虚拟性"是网络社会最重要的特征。从网络社会的生存着特征，它是现实社会的"延伸"并"依存"于现实社会。这表明它吻合马克思的"社会是人们交互作用的产物"的理论命题。从现实社会审视，虚拟的网络社会不是现实社会的"翻版"，因为"依存"的前提是各事物之间发展的非对称性。因此，考察网络社会与现实社会的分野，首先要把握"延伸"与"依存"的实质。"延伸"的实质表现在网络社会对现实社会结构、关系以及人类生存与生活环境的重塑和再造过程中，"依存"的实质表现为网络社会虚拟环境和条件下形成的"经验的东西"都将通过现实社会检验的联系（转移）。其次，当网络社会的"信息交互"转变为其他方式或形态时，人们的互动（交往）便回到现实社会中，即超越网络社会的"界域"，所以，研究网络社会必须是在与现实社会的联系中求"真"。

一是网络社会的生存是以信息的生产、分配和使用为条件的；当信息形态由模拟式转变到数字化，具体事物便可能成为虚拟。而"虚报化已经改变了经济世界里的替换代谢作用，改变了体制、组织的形态和可能的关系"。因此，网络社会的生存使许多事物的外围（形式）统一到数据流上——跨越国家传统政治疆界的越境数据流（Transboderdata），而不再具有丰富多彩的时空表现时，事物的核心（内容）却可能在最大限度上得到反映。

二是网络社会是虚拟的社会，也是"真实"的社会。它拓展了人类生存与发展的横向空间，并提供多样性选择。埃瑟·戴森说，"这是个人们相遇、交谈、做生意、发现事物、营造群体、传播语言……的地方，它的某些特征不同于真实的世界……"。所谓"不同"，在于网络社会提供的实践环境有别于现实社会的实践环境。人们在网络社会虚拟的实践条件和环境中形成的判断和观念，按照马克思主义认识论的轨迹，必须回到现实实践中去考察和检验。正如网络社会虽然为未成年人的早期社会化提供了难得的条件，即虚拟的实践环境为"交往"提供了法律与社会规范在一定程度上可以容忍的"虚假"（匿名性与隐私权），但是网络社会在化解未成年人"交往"风险、缩短其进入现实社会周期的"实践"过程中，并不能取代人们进入现实社会和接受现实社会实践的检验。

三是网络社会提供了人类生活的不同环境。一方面"网络自有其独到之处：它消灭了许多时空上的后勤障碍""即是数字化世界使人类挣脱了时间、空间的限制和束缚"；另一方面，"数字化世界的根本特征，是'真正的个性化'。这里的个性化，不仅仅是指个人选择的丰富化，而且包含了人与各种环境之恰如其分的配合"。在网络社会的发展中，"人不再被物役，而是物为人役，在数字科技的运用上，人再度回归到个人的自然与独立，不再只是人口统计学中的一个单位"。

四是网络社会虚拟的环境为人们的互动关系提供了"自由的"空间。一方面，意味着现实社会人们交往环境与空间的"转移",即"扩大"又"缩小"。"扩大"表现在人们生存与生活方式的多样性选择上;而"缩小"的可怕在于它引起的诸多社会问题。另一方面,网络社会是开放的、公正性的,是现实社会民主发展的新环境;这种"公开性"是开放市场的基础,它也是干净的政治,无论是在网络内还是在网络以外的一个基础;最后,它还是信任的一个基础。因此,网络社会"像任何一个家一样,它有自己的规矩,但也有一定的准则,即使没有人强迫我们,我们也知道该怎样表现"。

(二)网络社会的发展

在互联网络这个虚拟世界的初创和原始阶段,互联网主要是用来交流科学、军事、经济类的数据,它们是不带人类感情的。经过短暂的发展,当人类意识中的情感开始注入虚拟世界时,虚拟世界开始发生了质的变化。当越来越多的人加入到虚拟世界中并将自己的情感汇入信息的洪流之中时,虚拟世界终于诞生了一个人类梦寐以求的新的人类社会——虚拟社会。

1. 虚拟社会的诞生

现实社会植根于地球的大自然中,在客观物质的基础上才能产生和发展,社会产生的必要条件必须是人类的群居,有人类的群居才能产生人类社会。要精确地定义Cyberspace(赛博空间)非常的困难。一方面,这是一个尚在发展的空间,并随着信息科技快速的发展,不断在转化其面貌;另一方面,随着计算机和网络使用人口的增加,不断变迁的网络文化也一直在重塑网络空间的特质。网络是由大大小小的计算机互联而成,由此而形成了虚拟社会产生的物质基础即虚拟世界。但这只是个空洞的世界,有点和宇宙空间差不多。当我们编制的计算机程序输入到网络中的时候,虚拟世界中就有了虚拟物质,虚拟物质在虚拟世界中形成了一个"自然"环境,就像有了地球和大自然一样。虚拟人在虚拟世界中的出现,使寂静的虚拟世界中开始有了生命的活动。虚拟人就是生活在虚拟世界中虚拟物质上的生命体。虚拟世界中有了虚拟人就有了虚拟社会诞生的必要条件,但这个时候还没有形成真正的虚拟社会,因为还差一个社会产生的充分条件——群居。必须是虚拟人和虚拟人的群居才能诞生真正的虚拟社会。刚开始时,网络开始可以发送信息(E-mail),人们可以互相自由交流,但这不是群居,这只不过是个通讯手段的进步,可以更方便地进行个体间的双向交流。

不久,能够承实启虚的电子公告板(BulletinBoardSystem,BBS)出现。它的出现,带给虚拟世界一个崭新的面貌,带给虚拟人一个崭新的去处。物以类聚,虚拟人开始纷纷涌向各个 BBS，选择各自喜欢的公告板、新闻组等地方。在那里，人们可以自由地表达自己的思想、发泄情感、传达信息、讨论问题等。"人类"终于进入了荒芜原始的虚拟世界，开始了群居的生活。一个类别的公告板聚集了一个群体，一个新闻组聚集了一个群体，许许多多的群体又组成了一个网站的大群体。由这许许多多的、各具特色的群体共同组成了一个虚拟世界中的崭新社会——虚拟社会。在 BBS 这个原始的虚拟社会中，大部分是从事计算机的专业人员和与电脑事业沾点光的人，也就是我们常说的"精英社会"。刚开始的时候，他们在 BBS 中交流的大部分是专业方面的东西。随着时间的发展，交流的范围逐步扩大，扩大到人类思想领域内的所有方面。

在这个原始的虚拟社会中，虚拟人团结合作，为了虚拟世界、虚拟社会的生存和发展而努力奋斗。原始虚拟社会最大的特点就是信奉共享主义，信息共享、资源共享、思想共享、研究成果共享、软件共享等。创始者和先行者们共同的愿望，就是要把网络建设成一个全体人类共享的资源宝库，建设成一个人类共有的欢乐家园，建设成一个没有剥削没有压迫的理想社会。这个时期，虚拟社会由于刚被人类创造出来，还带有强烈的现实社会身影，有点像报刊杂志，或是某学校的黑板报，其最具原始特征的是它的非即时性。网络传递的速度是电和光的速度，这种不及时性在现在人的眼里看来是不可想象的。但不管怎么说，虚拟社会的雏形已经形成。

2. 虚拟社会的发展

随着科学技术的高速发展，虚拟物质也在飞速发展，越来越多的人加入进来。人们已开始不满足于简单地发发信，发发帖子了。在人们的共同努力下，一个真正意义上的虚拟社会被人类创造出来，那就是即时聊天。聊天室的出现，使虚拟社会向前大大的迈进了一步，已经开始摆脱了真实人的影子，产生了组成虚拟社会员基本的细胞——虚拟人。当虚拟人跨进聊天室大门的时候，一个崭新的世界出现在我们面前。在聊天室中，不管你来自地球的四个角落，都可以自由地交谈，自由地表达思想，自由地发泄在真实世界中不敢发泄的情感；可以谈情说爱，可以广交朋友；可以谈古论今，可以吟诗对词。虚拟人开始了我们人类从未有过的新生活——虚拟生活。平等、独立和自由是人类追求了几千年的梦想，这个理想在人类历史上还从未有过像聊天室中那样得到如此的实现。不管在现实的世界中你是个富人还是穷人，总统还是平民百姓，白种人还是黄种人，老人还是孩子，男人还是女人，来到聊天室大家都是带有 ID 符号的虚拟人，彻底的平等了。从上面的描述可以看出，在原始虚拟社会，无论是在 BBS 上还是聊天室中，都体现了共享主义，体现了人类从未有过的平等、独立和自由，体现了人性的彻底解放，体现了一种柏拉图式的崭新生活。只可惜的是，这段时间太短暂了。随着原始虚拟社会进入中、后期，虚拟社会不仅带来了人性的彻底解放，也将人性中丑恶的一面展现出来。欺骗、谩骂、黄色、黑客等丑恶行径也蜂拥而入，纯净的世界开始有了灰尘。从某种意义上讲，人类的发展史就是一部正义与邪恶、美好与丑陋、光明与黑暗的斗争史。

再后来，一些聊天室开始进行等级划分。刚来的人，是过客，来多了再慢慢地升级；级别越高，能使用的功能就越多。这样，虚拟社会开始有了等级制度和权力，也使虚拟人开始有了"欲望"，原本平等的社会不平等了。网管是虚拟社会等级最高的人，有绝对的权利，掌握着自己部落中人的生杀大权，是最尊贵的人。在网管的下面是具有踢人权利的高等管理人员，他们负责维持虚拟社会的日常治安。但是，虚拟社会的民主气氛也比较浓，他们可以通过投票的方式产生或者罢免那些滥用职权的高等级人的权利。另外，有一些等级比较低的人为了能早日爬上高等级的位置，开始采取不正当的手段和行为，利用自己的计算机知识弄虚作假等。更有少数人对网管和高等级的人阿谀奉承、吹牛拍马、大走后门，理想的社会不再理想了。

3. 网络社会的建立

随着科学技术的进步和人对美好生活的向往，虚拟社会大踏步地向前迈进。1999 年末，原始虚拟社会开始逐渐走向没落，一种新的虚拟社会形式在各地相继出现，这就是虚拟社区社会。这是一个从原始虚拟社会基础上发展出来的新社会，它将是一个功能十分齐全的社会，一个民主的社会，一个商业的社会，而且还将是个虚拟法制逐步健全的社会。从此以后，虚拟世界不再是个绝对自由和绝对平等的地方，既有正义的社会维护者，也有非正义的社会破坏者。一个以网络信息构筑而成的新社会，不管人类原不愿意或准备好了没有，已以雷霆万钧之势，不断冲击、挑战传统社会。人类又将面临一次社会大变革。因此，值得社会学者深思的现象是网络社会之所以能够被发展成型，并作为一种新社会结构的浮现，主要是由于有大批既热情而又有创造力的执着网民（通常称这一群人为"网虫"）的辛苦工作，而网络社会之所以能够持续成长壮大，则是因为这是由大多数位居底层的网民所共同掌握与享有的最佳"民主"场所和实现民意的工具，而不是像传统社会那样，是由少数统治阶级所控制。大多数网民的共同奉献与创造，则又成为网络社会发展主要力量。总之，这一强有力的网络信息浪潮的冲击，对人类的生活体验而言，规格是空前的。例如，以网络为基础的"虚拟社区"生活与以人际关系为基础的"现实社区"生活之间的相生相克（当然相辅相成也是可能的），这种关系虚中带实、实中有虚，虚虚实实、变幻莫测。这两个不同性质社区的生活体验，对人类而言，将是寻求生命意义的最重要的参考点。至于最后将是虚拟社区生活体验一统天下，还是真实社区生活体验进行绝地反击，以目前状况而言，仍是混沌未开，尚还言之过早。但至少对于社会学课题研究而言，这将是一个千载难逢的大好机会，新的社会形态，新的视角和层面，课题将有千千万万。无论是"隔山观虎斗"，还是亲自加入网民行列，社会学者必定都会有所收获，成为人类社会历史发展关键阶段的见证人。当科学家们在讨论信息时代这一新社会的下层结构的演化时，不应只注重其技术（Technology）层面，社会科学家们更应该着重下层结构的转移所传达或透露的有关伦理道德（Ethics）、价值取向（Value）、法律（Law）甚至社会学（Sociology）的含义，因为这一切现象（网络、虚拟社区，等等），完完全全都是虚拟社会的发明（Socialinvention）。只是令人惊奇的是，面对具有这么丰富社会学含义的人类社会大变迁，有关的社会学研究仍如凤毛麟角，理论远远落后于实践，这种现象在当代东方社会尤其明显。在面对计算机技术到底为我们的社会带来什么？是福还是祸端？是社会不平等的缩小，还是扩大？是促进社会更民主化，还是反其道而行之？等等宏观的问题；以及计算机技术对个人而言到底是更大自由空间的解放还是更多心灵的禁锢？是个人前途发展的助力，还是绊脚石？是个人追求幸福的承诺，还是人们将经历更多灾难的预言？等等微观的问题，我们仍一无所知。在计算机信息网络技术浪潮不断地冲击国际社会之际，社会学界应责无旁贷地肩负，起"观其所由，考其所以，测其所向"的历史重任。

综上所述，根植于信息技术的网络，就像工业革命时期的能源一样重要，已成为现代社会的普遍技术范式，重组社会的方方面面。在人类历史上，每一次关键技术的突破与普及都会导致社会结构的转型与重构，而互联网正是这种具有突破性意义的新技术。在某种意义上甚至可以说，互联网对社会结构的革命性影响，将比历史上任何一次技术革命都远为深刻。现在，网络技术将世界上各个国家、各个地区的人连成了一个整体，形成了一种人机互动、虚实相生的特殊物质形态和社会组织形式，出现了一种崭新的社会形态，人们把它形象地称之为"网络社会"。

（三）网络的社会化

1.互联网重构了人类的生产方式

生产方式是指社会生活所必需的物质资料的获得方式，是一切重要历史事互联网变革了产业形态。伴随着互联网的普及，每个行业都终将被互联网重构和改变，导致社会生产的新业务、新模式、新业态不断涌现。"互联网＋"意即"互联网＋各个传统行业"，就是利用信息通信技术以及互联网平台，让互联网与传统行业进行深度融合，创造新的发展生态。当前大众耳熟能详的电子商务、互联网金融、在线旅游、在线影视、在线房产等都是"互联网 +"的杰作，都是互联网与传统行业融合的产物。以电子商务为例，它克服了生产者和消费者之间的时空障碍，减少了商品流通的中间环节和渠道，一经问世就深受消费者的欢迎。随着生产智能化的应用，一些拥有人类智能的机器正在替代人从事繁重、单调或者肮脏、有害、有毒等危险环境中的工作，并且逐步取代更多的人类劳动，导致产业的变革。现在，人工智能已经进入一些曾经被认为是专属于人类的行业，如新闻报道、语言翻译、审案断案、诊断疾病、写诗绘画等。

互联网变革了生产的过程。在传统工业社会里，大媒体发布什么，消费者就看什么；大工厂生产什么，民众就买什么。而在互联网时代，生产者和消费者已经开始融合，普通民众也被赋予了参与生产制作的职能，消费者可以很容易转变为设计者，成为整个生产体系的一部分。小米手机在问世之前，设计师把自己的想法放在了网络上，不厌其烦地询问消费者想要一款怎样的手机，希望自己的手机拥有怎样的配置，最渴望智能终端上哪一款应用。很快，关于小米手机的畅想汇聚成了一个拥有 1.8 亿帖子的专门论坛，被称为"米粉"的"发烧友"就多达 60 万人。这些发烧友既是小米手机的设计者，也很快成为小米手机的消费者和市场扩张的推动者。近年来，随着"移动互联""大数据""云计算""物联网""智慧城市"等为代表的新一代互联网技术的出现，德国政府率先提出了"工业 4.0"概念，也就是提出了"以智能制造为主导的第四次工业革命时代"。"工业 4.0"的目标是建立一个高度灵活的个性化和数字化的产品与服务的生产模式，主要分为两大主题，一是"智能工厂"，即智能化生产系统及过程以及网络化分布式生产设施的实现；二是"智能生产"，主要涉及企业的生产和物流管理 . 人机互动以及 3D 技术在工业生产过程中的应用。在这种模式中，制造业将从集中生产、统一生产、模块化生产向智能化、分散化、个性化转型。

互联网改变了生产要素的结构。生产要素指进行生产经营活动时所需要的各种社会资源，工业时代主要包括劳动力、土地、资本、企业家四种。随着科技的发展和知识产权制度的建立，技术、信息也相继作为独立要素投入了生产领域。不断发展的互联网对生产要素的配置起着优化和集成作用，也使得创造力成为信息、技术要素的核心，在生产过程中发挥的主导作用日益凸显。"当世界是平的时候，世界就只有高创想型和低创想型两种国家。"因此，区分世界的关键已经不再是发达国家和发展中国家，而是哪个国家能够促进更多的创新火花。"著名风险投资家、领英网联合创始人里德霍夫曼（ReidHoffmnan）说过："在硅谷，我们崇尚创造力。你需要关心的事情只是能做什么、能创造什么以及在这方面有多擅长。如果你擅长某样东西，就会有人想要了解你，然后和你一起工作。"

互联网凸显了个人智慧的重要性。在互联网的世界里，个人智慧与巨量资本有同等甚至更高的地位，智慧的火花可以创造出不可思议的价值。1971 年，软件工程师汤姆·雷森试图通过网络与朋友聊天，催生了世界上第一封电子邮件；1991 年，剑桥大学的一些学生想要随时了解楼下的咖啡壶里是否还有咖啡，于是出现了世界上第一个网络摄像头；1995 年，热恋中的皮埃尔·奥米迪亚（Pierre Omidyar），为了帮助女友实现搜集糖果盒的愿望，设计出了世界上第一家拍卖网站——易贝；与传统的 dos 命令操控的浏览器不同，网景公司推出了鼠标操控的浏览器，短短 4 个月内便出现在 600 万台连接互联网的电脑上，市场份额从 0% 暴增到 75%。

2. 互联网重构了人类的生活方式

生活方式是一个内容广泛的概念，包括人们的衣、食、住、行、劳动工作、休息娱乐、待人接物等诸多方面，可以理解为一定历史时期内社会成员的生活模式。在历史唯物主义的视野中，作为先进生产力水平体现的互联网，不仅规定着社会生活的本质特征，而且对某一时代生活方式的特定形式发生直接影响。

互联网缩短了时空的距离，方便了人们的沟通。"烽火连三月，家书抵万金"是家喻户晓的诗句，它形象地说明了因联络的困难而使得亲人之间的通信更加弥足珍贵。网络使世界的距离变得越来越小，哪怕远隔重洋，但只要是在互联网覆盖的地方，轻轻触动键盘就可以了解亲人的最新信息，对亲人嘘寒问暖。据腾讯 2022 年年报显示，2022 年，微信及 Wechat 用户达到 13.13 亿，QQ 移动端月活用户达到 5.72 亿。这些惊人数字说明了人与人之间的沟通更加方便，人与人之间的联系更为密切。

互联网改变了知识承载的方式，美国国会图书馆的所有馆藏还不到现在人类一天所产生数据量的万分之一。互联网还能够提供电子健康档案、医疗信息查询、疾病风险评估、在线疾病咨询、电子处方、远程会诊及治疗等多种服务，有效保障了人类的健康。近年来，随着电信网、计算机网和有线电视网的三网融合，互联网在为用户提供高清晰的电视、数字音频节目、高速数据接入服务的同时，也搭建了可视化办公的信息服务平台。

互联网扩展了教育的途径。2004 年，沙尔曼可汗（SalKhan）将自己制作的一个教学视频放在了 YouTube 网站上，没想到短期内拥有了数十万观众。后来他辞职成立可汗学院，把视频教育当成自己未来的事业，在三年的时间里拥有了一亿网络用户。2012 年，斯坦福大学的吴恩达（AndrewNg）和达芙妮·科勒（DaphneKoller）教授创建了名为"Coursera"的在线教育平台，旨在同世界顶尖大学合作在线提供免费的网络公开课程。麻省理工学院、哈佛大学和清华大学等 100 多家世界知名高校在此开设了优质的视频课堂，使得普通人也能便捷地接受世界一流的高等教育。可见，互联网成了文化传承的崭新平台，人们可以通过网络搜寻到自己需要的知识，可以通过慕课、微课、翻转课堂等方式进行在线教育，使自己获得充实提高乃至取得相应的学历、学位。互联网是世界上最大的商品集散平台，顾客能够在线订购车票、机票，能够购买、享受价廉味美的食品，能够根据自己的消费偏好获取自己想看的电影。换言之，在互联网上你能够购买自己所需要的任何商品，足不出户就可以解决生活中的诸多难题。·

3. 互联网改变了社会成员的交往方式

交往对于社会的建构有着重要意义，互联网为网民的交往活动提供了宽广的平台，使得网民的交往方式、交往权利、交往意识、交往原则与传统交往有了显著区别。互联网提供了交往实践全球化的共在场域，电子邮箱、即时通信软件等平台提供了新型的网络交往工具，人们可以摆脱物理时空的限制自由交往。网络的世界里没有中心、没有阶层、没有等级关系，每个人都可以平等地发言，与现实社会中的人际交往相比，网络交往保障了所有网民的话语权，在人类历史上第一次将个人从中心到边缘的组织模式中解放出来，成为人际关系的平等一员；网络信息的全球交流与共享，使不同的思想观念、价值取向、宗教信仰、风俗习惯和生活方式在网络空间的并存、冲突与融合成为可能。这种文化的多元和多歧既给网民提供了多元的选择，也容易产生偏离社会正常交往规范的观念；网络交往是以间接联系为主，以符号为表现形式，隐去了现实社会中的姓名、性别、年龄、工作单位等身份特征，交往行为也因此呈现出虚饰、匿名、奔放等新特征。每个人既可以隐匿自己在现实世界中的部分甚至全部身份，还可以选择一个甚至多个公众性的交往社区，扮演不同的角色，同时展开若干不同的人际交往；传统社会的人际交往有着明确的原则，"人的社会生活之所以可能，是因为个体按照某些规制行事，随着智力和知识的增长，这些规制从无意识的习惯逐渐发展成为清楚明确的表述，同时又发展成更为抽象的且更为一般性的陈述。"而网络社会的交往规制尚未成熟，还处在从无意识的习惯发展成为清楚明确表述的过渡期。

4. 互联网改变了社会组织的运行方式

人类自出现以来就以群居方式生存，成员的生活方式相比较其他物种更依赖群体和组织。组织是人们为了执行一定的社会职能、完成一定的社会目标而编制起来的具有明确规制的社会集团，社会成员得以在其中工作、交往，是构成社会的基本单元。网络时代的社会组织与传统组织有四点区别。

一是工业时代的社会组织与机器化大生产相适应，组织结构呈现出科层制的权力矩阵关系。组织成员所处的层级位置越高，个人的权力越集中；所处的层级位置越低，个人的被支配、服从特征越明显。这种制度化的支配关系是社会成员加入组织必须付出的代价，社会成员也正是用这种代价换取组织支付给他的利益和报酬。"组织就是一种社会关系，是一种对外界封闭或限制的社会关系，它的规则受特定的领导者或领导群体所掌控。"网络社会中的组织结构是基于信息网络的扁平关系，由地位平等的"节点"依靠共同目标或兴趣自发聚合起来的，网络组织中只有独立的"节点"而不存在必然的上级和下属，组织中平面结构的伸展和等级结构的消解导致了组织内部和组织间支配关系的减少，增加了基于共同目标和平等交流的合作关系。

二是传统的社会组织具有明确的界线规定，成员加入或退出都要经过严格的程序，履行一定的手续。网络社会组织的形成依赖于社会成员彼此心理上的接受，加入或退出无须特别的手续，所有游离在外的节点都可以自愿加入组织，原有的成员也可以随时退出。

三是传统社会组织有着明确的分工体系，每个人在社会组织中扮演什么角色、承担什么任务有着明确规定。社会组织不是在同类意识和共鸣原则的基础上形成的社会关系，而是在意识到功能上存在相互依存的强制必要性的基础上形成的社会关系。网络社会组织的分工是自发的，不存在强制性。以维基百科为例，维基百科是一个基于维基技术的全球性多语言网络百科全书，是一个动态的、可自由访问和编辑的知识体。并且这一浩瀚工程的实现完全是基于网民的自觉自愿而不是强制性的分工规定。

四是在工业时代社会组织的运行模式中，问题的解决是沿着等级阶梯逐层上报，直至具有问题解决权力和能力的那一层级给出解决方案方终止。同时，指令信息的传导是自上而下的，传递过程中经历过多的层级，较高层级与较低层级间无法直接沟通，文本中隐含的信息往往无法得到有效解释，往往给组织的运行带来阻碍。网络技术的使用改变了信息原有的传递方式，组织内部间沟通正在由等级制下单维度的垂直沟通向多向度的水平沟通转型，从而导致了组织的运行架构发生了质的变化。

5. 互联网带来了新的社会问题并催生了新的社会规范

当社会内部矛盾发展到一定程度成为一种明显普遍的社会现象时，就会产生社会问题。社会问题包括四个联结递进的要素："有一种或数种社会现象产生失调情况；这种失调影响了许多人的社会生活；引起了社会多数成员的注意；必须用社会力量才能予以解决。"现在，网络应用已经成为大多数社会成员日常生活的重要组成部分，网络空间的开放互通、匿名隐迹也使得网络社会问题不断涌现：计算机病毒是隐藏在可执行程序或数据文献中具有自我复制和传播能力的干扰性电脑程序，往往造成计算机工作不正常、死机、数据毁坏甚至计算机硬件损害等严重后果。有组织的网络攻击和个体的网络黑客都会侵入特定的计算机系统，破译系统的密码并把其中的重要资料向外界传播或占为己有、为己所用。恐怖主义、分裂主义、极端主义等势力利用网络空间的便利，煽动、策划、组织和实施暴力恐怖活动，直接威胁人民生命财产安全、社会秩序；网络盗窃、网络诈骗、网络洗钱等新型犯罪活动，都严重伤害了社会有机体的正常运行；在互联网上发布攻击性、煽动性和侮辱性失实言论的网络暴力行为，侵害了当事人的人身权利，也触犯了社会道德底线；相当数量的青少年沉迷在网络游戏和网络互动中，严重影响了个体社会化的进程。网络规范是网络社会运行中的基本要素，既是人们网络行动秩序的象征和意义的传达者，也是网络文化价值的载体。如果说网络技术、网络行动者的网络资源在网络社会运动中更多地扮演一种推动者的角色，那么网络规范则是更多地以一种约束者的面目出现，通过各种途径和方式引导、协调和控制人们的网络行动来实现约束作用。自我国接入国际互联网以来，已经先后颁布实施了《中国互联网络域名管理办法》《网络交易管理办法》《互联网用户账号名称管理规定》《关于网络游戏发展和管理的若干意见》《网络出版服务管理规定》《网络安全法》等几十部法律法规。

二、网络时代的大学教育变革

（一）互联网时代教育的新使命

美国著名未来学家阿尔温·托夫勒说："谁掌握了信息，控制了网络，谁就拥有整个世界。"随着"网络"及其有关概念越来越深地进入寻常百姓生活，网络给人类生活带来了巨大变革。今天的教育如果不从这样一个时代特征出发，今天的教育理论如果不是对这样一种时代所提出的教育问题的回答，那么就不是在从事今天的教育，所研究的也就不是今天的教育。使用昨天的教育方法和教育理论，来进行今天的教育或思考今天的教育，就不会获得什么积极的成果。

1. 网络教育的挑战

世界的网络化，这是时代对于我们的巨大挑战。这个又一次起源于西方的科技革命，使得我们再一次面对西方文明发展的优势。我们不能忘记，在上一次现代科技的发展中，西方领先东方进行了工业革命。在那一次西方的挑战面前，中国所经历的失败及其带来的巨大痛苦，是决不能忘记的。这一次我们必须自觉地迎接挑战。在战胜这一次挑战中，教育应当发挥何种作用呢？当前西方发达国家正在致力于教育与网络整合的发展计划。亚洲经济发展较快的国家和地区，也深刻地认识到了这一时代提出的挑战，正在致力于建设教育网与教育信息上网的工作。网络当然是要有物质性的技术基础的，因此有关教育网络化的问题就不是仅仅在理论上就能解决的。但是，信息时代的科技发展与上一次即工业革命的科技发展的一个最大不同之处，就是上一次科技革命是以有形机械设备等巨大的生产规模为标志的，而这一次用阿尔温·托夫勒的话说，叫作"信息炼金术"。今天的主要资产，是所谓"无形资产"，即信息。由此可见，信息时代的教育变革，恐怕也不仅仅是以有形计算机、光缆、人造卫星，甚至像电话线这样的物质设备，仅有这些东西，还不能成为真正信息意义上的网络。所以，网络化时代的教育变革，一个很重要的方面是与信息时代相应的教育思想观念。把这样一种教育思想观念称之为"教育新概念"。

2. 教育的新使命

网络社会是由人所拓展了的另一个生存空间，人是现实社会的主体，也当成网络社会的主体。网络社会是一个自然历史的过程，由人类自己所创造的，它的出现，表明了"人的无机身体"已经扩大到历史上任何时刻都不可能比拟的领域之中，表明了人创造了一个能满足他所需要新的空间和新社会。为此，网络社会充分反映和体现了人的全本性—主体性的存在。同样，也可预期网络社会可能成为促进人的主体性的更高水平上得到的发展社会。但是，也应当承认：如同在现实社会中一样，主体性的网络社会也不会自发，自然地形成和发展社会的，已经存在于网络社会也不会是自发、自然地形成和发展的，已经存在于网络社会中的各种异化现象，足以说明创造者和被创造者之间的主体与客体的倒错，"反客为主"也完全是不可能的。网络社会中的人——主体完全可为他们所创造的技术、符号、信息以及各种关系所控制、操纵，导致主体性的丧失。网络社会中的主体性的发展与提升必须是一个人的自觉性的过程。在这过程中教育的个人是万不可少的，教育面临着培养网络社会行为主体的崭新的任务。网络社会的出现带来了人类发展的新时代，处于这个新时代的中年、青年、少年，能否进入网络社会，成为这个社会的一名积极成员，关系到他们的生存发展，关系到下一代能否立足于世界，能否成为促进时代发展的主体等问题。进入网络社会受到各种条件的制约，其中，包括物质的、经济的、技术的，以及文化意识等方面。就教育而言，要促成"网络新生代"成长，它的作用主要表现在技术及文化意识等方面。在普及计算机知识、操作技能以及相关的信息技术的同时，对数字化时代，网络社会的出现所具有的深刻社会意义，它们对人的生存发展能产生的历史性的影响等方面的教育远未得到重视。教育如果对计算机、信息、网络等，只停留于技术、知识层的传授，不去关注这些知识技术的人文内涵。人的主体性，这种意识的滞后可能导致网络社会中的人和人的主体统摄，这种意识的滞后可能导致网络社会中人和主体性的失落，操作计算机的人会成为计算机的奴隶，进入网络的人也会成为"网络动物"。为此改变教育中的技术主义至关重要，要学会使用网络。在网络社会中，当信息汹涌澎湃从你身边过时，它不会就此使人成为信息的奴隶。

首先，对人有用的信息和无用的信息同时并存，如果人们不具相应的审视和判断能力，就会为一大堆信息垃圾所淹没。

其次，信息有别于知识，信息需要加工才能成为知识。知识对信息的有意识和有目的应用与归类，只有通过人的活动才能把握信息加工成为真正的知识，赋予它实际意义和使用者具有某种因果的联系。为此有人提出"知识只存在于其使用者身上而不存在于对信息的集合中"。使用者对信息的集合及其方式才是最重要的。美国的西奥多·罗斯托克强调，没有观念就没有信息，是观念建立信息而不是相反。由此说明，要使信息具有归属的性质，转化为知识，其关键在于人，在于人所具有相应的信息加工能力和思想观念。

最后，在信息时代中，信息成为人所面对的主要客体，只有通过对信息的掌握，人才得以更为有效的地把握客观的物质世界。这个时代人所面对的主要客体是当代教育的重要功能。由网络社会不断发展，增加数据和事实的可能性，教育在使每个人都能利用种种信息、收集、选择、整理、管理和使用这些信息。基于这种功能的转换，教育在人的发展中所要承担的任务是使受教育者学会认识，这种学习更多的是为了掌握认识的手段，而不是获得经过分类的系统化知识。通过教育使人的各种能力包括注意力、记忆力、思维能力以及判断，想象力都得到了发展，才能在汹涌而来的信息潮中作出理解、判别、筛选和选择，更重要的是才有可能运用信息进行创新，创造出新的知识、新的思想和观念，正是这种知识创新才充分体现人的主体性，充分体现人在信息面前的主体地位。

如前所述，新的知识并不是在信息的单纯集合中，也不是从所得数据的简单归纳中产生的，只是由于信息与人类认识的能力的结合，才导致知识的产生，它是一个运用信息创造某种行为的对象的过程。最后，教育所赋予的判断能力，不仅可以使人辨别真伪，有用、无用、以自身的主体性征服信息垃圾的包围，更重要的它也是从事知识创造的必要能力。德国马尔科教授说，知识可以创造行为能力，可靠的信息又是它的前提，但是只有富有意义的正确判断才能唤醒其活力。总之，只有通过加工，信息才能转变为真正的有用的知识。只有教育才赋予人这种能力。教育是使人成为网络社会主体不可缺少的关键。

3. 教育的新生产力基础已经形成

社会生产力是社会发展的基本动力这个观点，是历史唯物主义的基本观点。今天教育的生产力基础已经发生了巨大的变化，这个新生产力在一定意义上可以说以计算机为基础的信息网络为主要标志。既然社会生产力已经有了新的发展，那么信息时代的教育观念必然会有很大的转变。今天，马克思给我们的一个基本思想方法，将仍然是教育新观念的基础。这就是人类社会的发展是建立在社会生产力基础上的。可惜的是，我们始终牢记的历史唯物主义的这条基本原则，却并不总是能使我们自觉地思考今天的教育。至少在今天的教育界，还很少有人注意到今天的社会生产力，已经发生或正在发生根本性的变革。这种变革之所以说是根本性的，是因为它是划出历史学家们努力寻找的划分历史时期的根本性界限。信息时代，社会发展建立在信息利用的基础上这一事实告诉我们，对于接受教育的人来说，最为重要的是获得运用信息和创造信息的能力。没有这样能力的人，根本不能够在信息时代生活。从一个国家来说，如果我们的教育不能够培养出会运用信息和创造信息的人，我们也就不能建立一个信息时代的现代社会，我们的国家就有可能再一次落在世界文明发展的后面。我们就可能再一次失去赶超西方文明的机会。帮助学生学会运用信息和创造信息，也有两种不同文明的差别。在工业文明时代，也讲究发明、创造。但是工业文明时代的发明创造，是建立在印刷技术信息交流方式基础上的。而信息时代的运用信息与创造信息，则是建立在现代信息网络基础上的。两者在内涵上有一致性，但是在使用的方法手段上有所不同。为了培养在信息时代会运用信息和创造信息的人，我们必须为受教育者创造学会运用现代信息手段的条件。

在信息时代，"信息"或在一定意义上说"知识"，成为社会生产力的最重要的成分、给处在经济尚不发达地区的教育，或者那些所谓"薄弱学校"带来了福音。信息在改造世界中的力量的增强告诉人们，学校质量的提高，主要在信息资源获得条件的优化。只要我们能打破学校间信息封闭的状况，建立起有效的学校间的信息交流通道，学校的现代化发展，既能够用较少的钱办较多的事，学校的现代化建设也抓住了实质性的内涵。

（二）大学教育环境的网络化发展

新时代，互联网已成为公众思想意识交流最重要的空间和平台，网络意识形态因此也就成为影响现实社会意识形态的最关键环节，其自然与社会双重性质对现实社会意识形态的影响也必然是双重结果。因此，维护主流意识形态安全必须时刻关注网络意识形态的主要价值取向，看其是否有悖于中国特色社会主义意识形态，是否符合社会主义核心价值体系的建构，是否有利于巩固马克思主义在我国现实社会意识形态领域中的主导地位。现实中，既要防止互联网技术理性标准适用范围在现实中的扩大化，又要防止价值理性多元化带来的现实主流意识形态的弱化冲击。当前，我国正处在朝经济市场化、政治民主化、文化多样化进一步深化改革的社会转型期，社会转型期往往是利益调整期，利益调整期往往会形成矛盾凸显期，心理的失衡容易带来评价的偏颇，为偏激情绪的扩散和极端主张的流行提供空间。而互联网的普及繁荣，使得社会舆论的传播扩散机制发生了根本性的变化，受到群体理性缺失倾向的影响，这种分散型低门槛的话语权分布格局与负面声音具有天然的亲近感，因此网络也在某种程度上充当了社会消极情绪的扩音器。

在这样的时代背景下，高校自身的育人环境也受到越来越深远的影响。首先是育人氛围的社会化，互联网进一步打通了社会与校园之间的界限，这一方面使得在校师生的心态和校园舆论环境容易受到社会消极情绪的影响；另一方面也将高校的一举一动完全、直接、即时地呈现在社会公众的视野里，这种高曝光率极大地增加了高校开展探索、推进改革的成本。其次是育人工作的立体化，全过程育人的理念要求高校摆脱单一的教书育人模式，实现课堂育人、管理育人、服务育人的有机统一，这无疑对高校育人工作提出了更高要求。再次是育人目标的复合化，在知识经济的大潮中，人才是核心竞争力，而新时期对人才的要求已经从专业型向复合型转变，这就要求高校不断更新自身的育人理念、育人模式以满足时代要求。最后是育人成效的显性化，在这个资讯无比发达的信息时代，各种类型的数据统计、排行榜单已经成为普通公众衡量高校乃至高校衡量自身人才培养成果的重要依据，而教育是一个百年树人的过程，这就要求高校在社会评价和教育规律之间有所平衡，处理好育人的短期效应与长期效果之间的关系。

校园网等实际上是网络技术在大学校园的具体使用，一般称作局域性质的校园互联网，简称校园局域网。几乎每所大学都建有校园网，通过与外部的互联网相链接，为学生和老师提供服务。网络时代带给大学生的深切感受就是：自由度、自主度提高和"一切皆有可能"。利用网络，大学生可以很方便地查阅自己专业知识方面的有关信息，可以"网上冲浪"，了解校内外状况甚至国际国内形势，可以借助校园网了解学校、国家的相关政策和大家所普遍关心的一些热点和难点问题。网络好比大学生与社会之间的一条信息通道。网络的出现，突破了传统意义上的学校与社会之间的围墙，突破了地域和时间的限制。网络凭借先进的电子技术手段适时地向学生传播全人类的优秀文化遗产、价值观与行为规范，把学生带入到没有地域、国界、时空限制的广阔天地。借助校园网，大学生可以在第一时间了解到有关学校的学术动态、教学科研等情况，可以将自己的意见和看法通过网络及时传递给老师和学校。通过校园网与国际互联网的链接，大学生足不出户，也可以尽知天下大事。网络为大学生更多地关心国家、了解社会开启了一扇理想的大门。网络对于促进大学生成长具有明显的作用。首先是有利于促进大学生独立意识的发展。网络上的双向或多向信息传递方式，使得学生可以独立地参与讨论、自由地访问所需要的站点、主动了解各种信息资源，从而能够接受来自不同角度的建议，经过自身的判断整合形成自己的观点。其次是有利于促进学生开放精神的树立。网络时代跳跃式、非线性的思维方式有利于培养大学生的发散性思维。网络上丰富的信息资源好比一个"仓库"，上网学生长期置身其中，不断地获得养料，完善知识结构，或者学习发达国家的科学技术、管理模式和先进经验，并借助世界各地的专家、学者、技术人员甚至普通人的力量发现问题、解决问题。最后，网络既虚拟又现实的基本特征为学生提供了传统背景下难得的实践的舞台，只要学生敢想，一切都可以在这里大胆尝试、不断验证。

"育人者"作为引导受教育主体学习已知、更新旧知、开掘新知、探索未知的重要群体，提升高校的育人工作水平离不开对育人者群体的分析研究。网络化背景下，育人者群体呈现出两个鲜明的特点。一是育人主体的多元化。这种多元化，首先表现为主体类型的多元化。也就是说，如果将"育人者"作广义的理解，即一切能够对受教育者的"三观"形成、知识积累施加影响的个人或机构，那么网络社会中面向高校学生的育人者范围将突破原有的课堂教师的范围而得到大大的拓宽，网络公开课的讲授者、报纸杂志的撰稿人、社交平台上的意见领袖乃至我们身边的某个普通个体，都可能加入育人者的行列。这种多元化，还表现在主体观点的多元化上。改革开放以来，学术研究逐渐冲破了"姓资姓社"的思想藩篱，思想争鸣、观点交锋日益活跃；而在21世纪的网络社会中，育人者自身也是网络的使用者和影响受众，网络既拓宽了原有的学术争鸣阵地，也在对一些公共性话题的讨论中模糊了学科界限促成了不同学科之间的对话争论，这在潜移默化中使得育人者自身的立场、观点的多元化倾向更加普遍。二是"传道"途径的多样化。在原有的教育体系中，传统的大学课堂是育人者传授知识、解答困惑的主要渠道。但在网络化的社会和网络化的高校中，育人者的"传道"途径被大大拓宽。仅就高校自身运用网络开展教育工作的实际可能性而言，就包括：通过统一教学网平台的运用，实现在线资料共享等，延伸课堂教学的触角；通过线上兴趣小组的建立，拓展学生的学术视野和研究范围，培养学生独立钻研和团队协作的能力；通过校园网络论坛的建设，使其成为学生参与学校建设的重要渠道，培养学生参与公共事务的兴趣和能力；通过育人者个人在各类社交平台上与受教育主体的友善互动，增进师生之间的亲近感，在潜移默化中完成学生对教师认同感的确立。

在改变高校育人环境和育人者群体的同时，网络化的时代背景对受教育主体的影响则更为深刻，这主要是因为相对于教育环节中的其他主体，青年学生的初次触网时间更早、用网频率更高、用网范围也更为广泛。正是因为有了这样的特点，伴随着互联网成长起来的这一代人成为社会公众眼中的"网络世代"。"网络世代"的成长困局首先体现在其与社会的互动关系上。当前中国发展转型阶段既处于重要战略机遇期，又处于社会矛盾凸显期。特殊国情和特定形势下，互联网作为思想文化信息集散地和社会舆论放大器的作用被过度发挥，形成了众声喧哗、乱象丛生的特殊现象。而网络社会的崛起重新界定和构建了青年的社会地位和影响。人与人之间的互动关系对社会地位、个人财富的依赖与依附日益衰微，社会权力开始向青年流动和分散。青年学生由于知识储备和技术基础等因素，构成了网络社区的主体，数量上的优势使青年从社会生力军向社会主力军转变。因此，相对较高的文化层次、比较乐观的社会地位预期与不算成熟的群体心智、不算丰富的人生阅历纠缠在一起，使得青年学生比较容易成为某些社会问题的批评者、发难者，某些社会思潮乃至社会事件的发起者和参与者，从而动摇他们对社会、对学校、对传统权威的逆反否定，为高校育人工作的开展增添难度。教育信息泛滥是网络社会面向"网络世代"提出的又一道难题。网络传播日益快速、透明、无边界，网络舆论环境高度自由，生活中信息接收的资源空前丰富和便利。然而掌握公共话语权主体的日益增多所带来的消极影响也不断显现，一些质量参差、真假不一的信息不断填充着网络空间。对于热衷使用互联网获取信息的青年学生，其在Web2.0时代对信息的选择缺乏传统教育、传统媒体的教化与引导效应，条目排名的网络竞价制度加大物了信息检索难度，资讯泛滥的网络信息现状加大了信息选择难度，真假难为辨的网络舆论生态加大了信息甄别难度，这些都给青年学生的求学、生活等带来了困扰。

另外，在日复一日的网络使用过程中，"网络世代"的行为习惯也悄然发生着改变，从而在某种意义上为高等教育的开展增添了阻力。从外部过环境上看，网络大众媒体的行为缺乏约束市场化的媒体具有强大的经济动力，娱乐休闲和猎奇非主流表达等内容的比例不断增加，人自身的欲望在网络空间被不断强化，道德虚无和溃败的威胁日益加剧，在这个过程中，青年学生的关注焦点也会因受到大环境的干扰而转向。此外，当前网络空间声像化的表达倾向还容易从思维方式上瓦解青年学生的思辨习惯。每天浸染在由图像和声波组成的世界里，缺乏对长篇文本的研习揣摩，思考问题的耐心、方式、角度，也容易流于肤浅，呈现出直观化的特征，当前青年学生群体中流行的"浅阅读"现象就是这一弊端的典型例证。

（三）网络背景下高校德育现实样态与实践重构

现代青年一代将是网络的最大受益者，他们能够方便有效地享用来自网络上的各种信息资源，还能够非常容易地成为信息的制造者和传播者。他们在信息的接受和传播过程中，一方面可以了解现实社会政治、经济、军事、科学文化等各方面的最新变化，从而把握自己所面临的社会环境，为自己的决策、行为提供依据。另一方面能增长知识，青年对于来自网络中的知识有种天生的好奇心，为了满足好奇心他们会不遗余力，如饥似渴地汲取知识。但是这种好奇心已经或者可能会导致青年坠入低级趣味"网络游戏"的魔窟，受到信息污染，病发为一些"网络综合症"。另外，由于网络为人们提供来自世界各地的文化、体育、生活等各种各样的娱乐节目，人们通过它可以体验情感、丰富自己的情感世界、享受审美情趣等，而且由于网络一改传统大众媒体的单向传播的弱点，实现信息的双向沟通交流，使得网民可以参与到节目中去，获得各种新鲜的感受。

随着网络越来越多地占据青年的闲暇时间，其他活动，如串门访友、外出娱乐、体育锻炼、甚至于休息睡眠的时间必然相应减少。只有当我们追溯和回忆人们在信息时代到来之前的生活方式的时候，我们才会惊讶地发现计算机的使用让我们每个人的生活方式发生了巨大的变化，改变了我们对于闲暇时间的使用，并改变了我们的业余文化生活。可以毫不夸张地说，计算机在不知不觉中重新安排了我们的生活，成为改变我们生活方式的魔术师。

当代青年与现代信息媒体结下不解之缘，他们从现代信息媒体那里感知和了解到各种社会生活信息和科学文化信息，学习了许多从父母、教师和教科书里学不到的人类经验和知识。由于现代信息媒体不像父母和教师那样摆出教导人的样子，不指定作业或检查作业，更不进行考试，而是让人在娱乐中受到启迪，受到教育，因此不但不会引起青少年的抗拒心理，反而会产生巨大的吸引力，强有力地占据着青少年的内心世界，所以网络已经成为当代社会中最具吸引力和影响力的传播媒体。

1.德育的互联网挑战是一种功能性挑战

网络社会虚拟性与现实性之间的互构关系，决定了网络时代的教育和文化变迁面临前所未有的重大挑战。如前所述，互联网已经成为大学生获取信息的主要和主流渠道，因此也就重构了青年学生公民意识形成和校园生活建构的基础环境，使得当代德育面临全方位的功能性挑战。

（1）网络的通达性，改变了大学生群体思想观念的相对独立和稳定的状态，和德育的内容构成直接竞争

互联网使得现实中的校园围墙在观念世界形同虚设，网络的大众媒体性质使得青年学生深深卷入一般大众信息场域，通俗文化和特殊亚文化的影响前所未有，削弱了"象牙塔"中理想信念教育、道德法制教育的效果；互联网分享精神、教育资源的市场化和当代互联网盈利模式的免费趋势，分别以不同的形式将商业的和非商业的、独创的和协作的诸多信息内容注入知识和信息的共有领域，通过正面的内容竞争，对教育者的权威角色和垄断地位产生了剧烈冲击，稀释了单向灌输的内容；网络亚文化中的消极因素，则通过对一般风气的侵蚀，对教育内容和效果产生了逆转和阻碍。

（2）网络的信息互动颠覆了德育的形式

网络占据主要信息渠道，根本改变了传统德育工作的效果和格局，生活中的信息传播相对课堂教育和家庭教育历史性地占据了优势地位。青年学生一方面具有较高的科学文化素质，关心社会变迁、公共事务，对一部分社会问题更加敏感；另一方面其社会经验和思考方式的局限性又使得他们容易受到极端思想和民粹主义的诱导，产生不切实际的观念和行动。这些因素构成了青年学生德育过程中的复杂性，并在互联网时代得到了空前的放大青年学生的信息来源、知识渠道更加开阔，社会公共舆论空间更加复杂和庞大，同时网络舆论的民粹倾向和混杂趋势也逐渐增强。这些都导致网络时代的言论环境日益复杂，德育面临的不再是对个体偏差的观测和矫正而是对整体挑战的应对和化解。

（3）网络环境下青年学生的互动特点得到加强，加重了德育工作的现实任务

校园次生网络社区作为网络社区的一部分，具有实时性和交互性，同时又和现实存在的校园生活社区高度重合，具有极大的特殊性。校园现实生活中的物理群聚，本身就具有议题集中、快速扩散、易于转化为行动、社会影响较大等因素。在网络媒介时代，爆炸式扩散和舆情事件更易形成，相关部门对流行议题乃至集体行动的掌控能力出现明显的下降。网络社会的到来和产生的影响，既是全球化浪潮的产物，也扮演着信息社会发展驱动力量的核心作用，教育事业关于成长成才的内容、设计和目的虽然具有一定的连续性和稳定性，但不可能单独脱离社会现实和经济基础的变迁，必然在变迁的社会背景中安排和发挥作用。因此，德育工作面临的功能挑战，也必然蕴含着更为结构性的和本质性的背景，这一无法回避的客观现实要求高校思政工作和网络管理教育工作必须具有战略性、统筹性的长期设计。

2.德育的互联网挑战是一种结构性挑战

在网络社会视域下，高校网络工作逐渐、也必然要求全局性、前瞻性的考量。从工具层面的"涉网""用网"来看，很多国内高校延伸和发展了围绕校园网络舆情和内容监管进行的工作统筹和组织建设，或者成立信息化网络建设的校内协调单位。这些组织形式有的是对监管工作的机械延伸，有些则主要在校内主要系统、单位沟通协调层面开展工作，以虚体单位的形式总揽高校网络工作。显然，随着网络社会逐渐深入现实、成为现实，这样的组织形式在面对复杂、专业的网络工作时，不免捉襟见肘、力不从心。特别是这些机构和部门长期以应对网络信息和舆论事件为主，监督和管理功能突出，容易出现管理与服务、控制与引导、行政与教育之间的不平衡，也不擅长校园网络文化的建设和发展，不能从全局、发展和教育的角度来统筹网络工作。譬如，越来越多的高校通过校园网络应用的开发来改善和推动校园生活的信息化、丰富网络文化渠道，但要么严重依赖少数具有相关技能的学生，要么依靠商业购买和开发，延续性、稳定性和针对性不强；网络工作和与青年学生日常密切互动的基层辅导员工作之间的交互、协作与联动尚没有形成。

究其原因，从教育的基本逻辑来看，在传统信息流动格局中，组织化的教育者掌握了信息传播的主导权、信息解释的话语权，从而垄断了教育的实施框架，将信息版图和信息渠道统一控制在现实的教育组织中，具体表现为个体对组织的排他性依附关系。在互联网尚未兴起的时代，这种组织优势能够确保教育作为一个社会化系统的基本稳定和大致封闭，从而使得其下的各种功能——包括德育得以有目的、有安排地进行和发挥。但随着互联网的兴起，信息流动的全球化赋予了用户空前的主动权，特别是在青年学生对自身需求初步了解的情况下，能够自行寻找和组织各种同自己的发展和利益密切相关的信息，甚至在特定领域超越具体从事日常教育的教育者本身。在网络公开课"慕课"（MOOC）等的发展过程中，许多资源缺乏优势、不够灵活的专业知识教育安排甚至都相形见绌、危机四伏。信息生产、传播管理是社会意识的本质载体和体现，这个过程必然促使多元的价值观念的碰撞和交流，随着高校扩招带来的学生社会阶层、自我意识多样化、多元化，青年的个体自主意识逐渐溢出传统教育模式下的稳定范围和固定框架；由于信息垄断的格局已经在现实中被根本颠覆，青年自组织和自发动员的趋势也日益明显，从校园活动到青年创业的广泛领域，都存在着青年学生主要依靠网络工具和由此联结的外部力量自发行动和自我管理的趋势。

在价值与资源供给的"计划经济"制度被根本打破的情况下，传统德育工作者面临的问题，就不再单纯是内容与形式的日常创新和持续投入所能涵盖和解决的。由于德育工作者面临前所未有的"青年在哪里""青年在思考什么"的问题，他们也自然难以解释青年为何如此思考和行动，从而被动地陷入脱离现实、脱离青年的困境。作为观念教育的德育，本质上是基于社会现实和相对应的主流社会意识形态的阶级再生产教育，其作用有为青年学生社会化唯一途径的地位受到根本改变的现实，正是包括德育在内的青年工作效果不彰的结构性根源。简言之，组织的失灵不仅削弱教育者教育的效果，而且削弱教育者进行教育的能力，如果对这一结构性背景缺乏认识、缺乏主动和积极的应对和调整，就只能在恐慌中坐失良机。

3. 互联网为青年思想道德文化建设开辟新途径

社会文化因素，特别是大众传播媒体对大学生的政治思想道德素质的影响，远远超过了学校的思想政治教育的影响，由此可见，加强和改进学校的德育工作，必须借助网络这种超级大众传播媒体的影响力。

在各种现代的大众传播媒体中，影响力最大的是电子媒体。计算机技术的发展，特别是网络在世界普及，使得传播媒体和传播形式更先进、更多样和更复杂，世界也变得更小。网络的广泛运用，使现有的传播媒体结构发生不同程度的改变：一是导致大众传播媒体日益国际化、全球化；二是大众传播媒体日益区域化、个性化；三是人们进行社会活动时，对现代信息媒体的依赖程度越来越高，如果离开现代信息媒体，就有可能一事无成。网络时代的到来，导致大众传播和教育向四方面发展变化：一是信息电子化，网络信息载体将取代目前的大部分信息载体，电视与计算机的界限正在消失，4C 融合（即消费电子、IT、通信、内容 4 方面的融合）已成定势。二是信息网络化，将使人们接受新闻信息、知识信息以及接受教育的渠道将由单一变得多样，内容由简单变得复杂，方式由单向变成双向，速度由快捷变得超常。三是教育技术革命化，广播电视和网络教学的出现，使得远程教学成为现实，复杂烦琐的计算易如反掌，大大解放了教育生产力，而多媒体的出现，将导致教材的彻底改革。四是文化多样化，计算机多媒体的广泛应用，特别是网民的增加，将会有全球的信息源供人们共享。随着交互网络向社会方方面面的渗透，越来越多的报纸杂志以电子出版物的形式出现，电影电视也将逐步上网，网络上文化气息越来越浓，网络逐渐成为人们得到文化信息的主要途径，中西文化的交流以从未有过的高速直接的方式进行，由于西方文化在网络中的先天优势，它对中国传统文化的发展所提出的挑战远非历史上的文化交流所能类比，这一挑战是十分严峻的。

网络向人们提供图文并茂的人机交互方式和演示、游戏、微观世界、个别化、协商讨论等多种教学模式，可以激发学习兴趣，学生可以根据个人的兴趣、爱好、知识经验、学习任务来选择确定学习路径、内容和选择老师，从而有了主动参与的积极性。另外，网络提供的多种感官外部刺激，有利于知识的获得和保持。这种新的教学模式充分发挥了学生的认识主体的作用，调动了教师、学生两方面的积极性，大幅度提高了教学效率，最终达到教师教得轻松、学生学得愉快的目标。信息技术在教学中的应用，将触动以教师为中心的传统教学模式；信息技术在思想道德文化建设中的应用，将使传统的信息单向传播模式变为双向沟通与交流的传播模式，以往的思想道德文化建设的手段和方法将面临全面变革的时刻，而且任重而道远，我们别无选择。

4. 网络对当代青年的教育功能

网络中多媒体、电子图书馆、电子出版物、远程教育等手段和工具的发展，将给我们的工作和社会生活带来极大的方便，同时也可能给我国青年思想道德文化建设带来契机。我们应当抓住机遇，充分发挥网络的信息传输速度快和影响范围大的优势，以及青年对新技术新知识的满腔热情，组织各方人力，在信息高速公路上传播对青年进行思想道德文化教育的信息，形成一个高科技化的社会教育环境，强化现代信息媒体的教育功能，同时分析研究并摒弃来自网络的不良信息，使得广大青年在享用网络给人们带来的诸多好处的同时，又能免受不良信息的侵害，健康和谐地成长。

网络对人们的最大用途是通过其获取和享用信息，人们坐在家中能够通过电脑浏览世界各地当天的报纸，查阅各地图书馆声像资料，开展电子政务，进行电子购物，点播录像带，调阅病历，电视远程会议等。多媒体教育手段形象直观，趣味性强，符合青少年的心理特点，易于理解和接受，有利于培养学生的探索精神和创造能力；它还改变了传统的"老师讲、学生听"的被动教学模式，代之以"人机交互式"的教学模式，使学生可以不受时空和教学进度的限制，使用多媒体技术可以更好地利用教育资源，便于获得最新的资料。电子出版这一融合众多高科技为一身的新出版物不但将给传统图书馆带来革命，而且将像纸张发明、活字印刷那样推动社会的巨大进步，改变人类的生活结构和文化习惯。我们当前要做的工作是研究如何利用现代信息技术为青年思想文化建设服务，大力开发这方面的电子出版物，占领传播媒体的新阵地，充分发挥大众传播媒体的主渠道作用。

三、"互联网+"大学思想政治教育工作的困境与方向

（一）社会主义主流意识形态在高校的主导性地位受到冲击

随着科学和技术的发展进步，互联网信息化的发展成为当今时代的主流，特别是网络

新媒体的影响力越来越大，其具有双向性、即时性、公平性、开放性及广泛性等优势。网络的普及和应用深刻影响和改变着青年的思维模式和生活方式，给他们的生活和学习带来了极大的便利；但新媒体中不良信息的传播也在一定程度上恶化了社会风气。当前，大学生是主要的网络使用者，其社会心态在潜移默化中发生着变化，这使得社会主义主流意识形态在高校的主导性地位受到冲击。

第一，党和政府的意识形态控制能力受到挑战。网络信息数最早起源于西方国家，以美国为首的西方发达国家掌控着网络技术的控制权，新媒体的发展水平居于世界前列，其控制的网络信息技术遍及全球、具有极强的渗透力。西文发达国家掌握着国际舆论的话语权和主导权，在国际任的新闻事件中，西方媒体比我国媒体反应速度快，并垄断着新闻信息的来源，决定着新闻的内容和形式，引领着新闻媒体舆论导向的发展；中国的新闻媒体由于时间、实力等条件的限制，往往间接地翻译西方媒体发布过的新闻。虽然我国媒体发展近几年有所提高，但因其特有的特点使得人们在网络中仍处于一个自由状态，人们不再单方面地听从并追随主流意识形态的观点，这增加了政府管理和控制舆论的难度。在西方新闻媒体借助信息技术掌控国际舆论的复杂情况下，我国社会主义意识形态的建设工作面临着严重的挑战，维护社会主义意识形态的工作难度必然越来越大，对新闻舆论与意识形态舆论的控制工作必然受到冲击。

第二，对舆论监督机制的挑战。新媒体与传统的舆论相比具有更强的传播优势，它实现了大众传播的可能性，提供了交流思想和发挥想象力的空间，其强大的及时性和交互性基本可以让一个信息可以在一夜之间传到世界的每一个角落。在互联网世界中，由于网络技术的便捷性、普及性和平等性，网民参与网络舆论讨论的门槛低、任何人都有平等自由的机会借助网络来传播自己的思想；此外，人们还可以在网络中寻找自己的同盟军，通过众多的网络同盟军制造强烈的网络舆论，使自己的建议受到重视，从而满足自己的归属感。但这种有意识寻找的组织可以根据社会结构的变化而变化，不受现实的约束，在决策时更易做出风险较大的行为、也更容易受群体的影响。公众作为网络舆论的主体，在匿名的网络环境中可以畅所欲言，有正能量传播的同时也存在消极颓废的内容；难以控制的网络舆论给监督机制带来了极大的挑战。

第三，对高校思想政治教育工作实效性的挑战。思想政治教育是中国传统教育当中一门终身学习的课程，是社会主义精神文明建设的首要内容，也是解决社会矛盾和问题的主要途径之一。思想政治教育工作对高校大学生的健康成长非常关键，但在思想政治教育实施的过程中存在一定的难度与复杂性：尤其在中国特色社会主义市场经济全面转型的时代背景下，网络技术的快速发展所带来的社会问题和西方意识形态的不断入侵，使资本主义意识形态在网络世界中不断蔓延，使当前高校教育思想政治工作不适应社会各方面发展的要求，其实效性和有效性受到挑战，这给我国高校思想政治教育工作带来了严峻的挑战。

（二）高校思想政治教育环境更加复杂多变

在网络信息技术普及的今天，网络已成为大学生学习、工作及生活中的一种常态，对大学生社会心态的形成、发展及变化产生不容忽视的影响。网络既有获得信息、自由发表言论、娱乐身心的优点，也存在着庸俗的、落后的、消极的不健康内容的弊端。这些弊端造成大学生群体的空虚浮躁、焦虑和追新求异的生活态度及不和谐的人际关系，世界观、人生观和价值观甚至都是畸形的。网络发展水平的高低对大学生影响的大小是有一定关系的，网络发展水平越低，对大学生的影响力越小，网络环境比较干净和纯洁；但随着网络的发展和普及，网络环境鱼龙混杂，黄色垃圾、欺诈、血腥、恐怖甚至是各种暴力信息和游戏充斥着各大媒体网络，污染着网络环境的安全，如果不对大学生进行引导和监督，必然会产生不利的影响，会使大学生荒废学业甚至是误入歧途。但对大学生甚至是整个社会成员影响最大的莫过于各种社会思潮的侵袭，这种复杂的社会意识形态的盛行具有新媒体时代鲜明的特征，是当代社会心态与思想理论的结合，必然对国家和整个社会造成冲击，甚至会爆发极端的思想运动，动摇国家和社会的治安稳定。此外，我国正处在社会转型期，在经济飞速发展的同时，各种社会政治制度和规章等也在逐步地发展和完善，包括国家对人人平等、机会平等、权利平等的支持，对贪污腐败现象的严惩等。但是，在各方面平等的大原则下，仍存有一些问题没有彻底解决。随着市场经济的发展，许多大学生感到了就业形势的严峻，生活、工作的压力也越来越大，"毕业即失业"不仅仅是句玩笑话，多半包含了大学生对前途的迷茫和对现状的无奈，也包括了对社会分配不公现状的不满，尤其媒体对官员贪污腐败、以权谋私等现象的报道，使大学生对党和政府的领导、对马克思主义思想、对社会主义道路产生怀疑，这种思想通过网络的飞速传播所带来的后果是非常严重的。因此，高校思想政治教育工作对大学生的意识形态的培养至关重要，要重视对大学生意识形态的培养。

（三）新时代大学生网络意识形态教育的审视与思考

对于大学生来说，网络意识形态带来的挑战主要表现在以下三个方面。一是互联网技术在设计和学习环节就已成为各方利益的角力场。由于科技设计本就是由人来设置和选择的，是为满足一定的政治、经济需求，需要服务于一定商业利益或特定价值判断标准，其结果也往往关涉一定群体或阶级的利益，但是技术设计环节并不像互联网终端一样是开放的，其设计通常不会对外公布，只有拥有核心的编码和设计技术的国家与财团才能掌握此环节，要学习这种核心技术也只能遵守这些利益集团早已设定好的游戏规则。二是基于互联网的大数据和人工智能等新技术在价值内核上只是人和社会的延伸，还缺乏价值规范和引导。目前，互联网企业针对网络信息爆炸的情况都设计了一定算法，通过大数据搜集和人工智能的深度学习，可以根据用户的上网习惯和兴趣爱好定向推送个性化信息，从商业角度说，这种推送提供了更加精准的信息或广告服务，但同时造成用户信息接收领域的狭窄化，这又造成了与信息芜杂相对立的另一个极端——人只能看到自己想看到的单一世界，并在这个世界中越走越远，以至于无法了解不同的领域、立场和看法。对于大学生来说，多彩的世界和多元的理念是实现自我、完善自我、增进理解、不断成长的重要途径，如果长期仅获取个性化信息，对社会、对他人的认识将越来越偏狭，并可能逐步丧失整体思维甚至走向极端。三是虚拟场域的开放特征使西方各种误导性意识形态思潮有了可乘之机，以各种不同的形式、观点、意见或版本出现在我国网络空间，其中裹挟的消费主义、拜金主义、享乐主义、虚无主义等思想观念趁机大行其道，搅乱和消解大学生正在形成的价值观念。由于网络信息互动的交互特性，网络的进一步影响也就集中地反映在互动方式的改变上。不同阶层、不同群体的互动方式逐渐发生了从代际有序到扁平、互构的去中心化转变，而这一过程的持续发展，实际上改变了青年在互动中的地位。传统的层级式、中心化、高度可控的社会化方式日益失灵，青年出现了成为各类互动中真正平等主体的趋势和可能，也就造成了社会结构在观念和意识层面的根本重组。这一过程具体地表现为多种关系的变化甚至逆转。

1. 青年在意识互动中受到更少的制约

网络社会的便捷性和创造性，使得作为后来者的青年能够弥补自己在经验和社会资本方面的弱势，发挥超越前辈人的影响力和创造力。在传统社会，科技发展和知识增长的速度相当有限，个体的成长主要依赖知识和经验的传承，这与随着年龄增长增加的社会资本共同构成了长幼尊卑的基础之一。随着现代化进程的加深，知识和信息的更新换代速度加快，这种秩序中的代际差异也不断缩小。作为现代化、全球化当代产物的信息技术革命，使得青年人能够通过网络迅速地积累和获取其所需要的信息；由于他们的成长环境拥有浓郁的互联网氛围，因此他们更擅长和习惯于在互联网空间进行表达。这就造成网络社会中的年轻人、后辈一方面在知识和信息方面相对于过去具有突出的优势，和传统上处于教育者地位的师长之间的差距逐渐缩小；另一方面更加善于、敢于表达，在网络空间产生更加大量和丰富的信息，借以表达自己的偏好和观点。这种优势和劣势的变化乃至倒转，使得青年人在当下社会的意见表达和意识形态层面的建构过程中，发挥着空前的重要作用，而基于历史和传统获得合法性的人群和观念，其重要性不断地受到冲击。这一现实反映出了某种更深层的变化，即人在网络社会中能够一定程度上从现实社会中的角色剥离出来，基于当下的网络资源和网络工具进行在当下意义重大的社会互动，越来越少地依赖于教育者和管理者的意识，依靠虚拟世界和虚拟事实为自己构建社会存在创造自在的当代史。网络社会的虚拟性和匿名性，使得它一定程度上超越或规避了现实社会意识形态的限制，具体来说，摆脱了现实规范、道德和法律的约束。虚拟现实和虚拟社会的内容固然不能脱离于现实社会和物质世界的基础和限制，但虚拟互动和虚拟内容本身不仅便于展现人们的欲望本体和潜意识，而且对其缺乏制约；虚拟世界对人类个体意识的全息展示，使得反社会反文明的要素同样大行其道，发挥在传统社会无法发挥的影响；网络传播过程对这类信息的纵容甚至鼓励，就导致网络社会成为对固有意识形态的反动土壤。这就从消极方面造成青年社会化不充分、不完善的部分以过去从未有过的方式表达出来。

2. 外部因素在青年意识形成和表达中的影响增强

网络社会的现实性和发展性，使得网络社会的价值观念和发达资本主义国家意识形态密切吻合、协同发展。网络传播影响力空前提升，效果极端放大，极度强调新闻媒体的结构功能和新闻自由的社会诉求；社会化自媒体削弱先前社会资源和地位对意识表达和传播的影响，突出权利平等、藐视权威的观念；网络平台便于细分群体和小型自组织强化认同、密切交流，为亚文化的酝酿和发育提供倡导和尊重多元价值的氛围；网络舆论空间的喧哗折射到现实生活中，往往对应或鼓励公共参与和群体行动，并通过整个互联网范围内的同情和声援巩固表达效果。这些观念、理念变化，本质上是后工业信息化社会资本主义国家的自由主义发展的必然要求，也自然成为西方自由主义意识形态全球化扩展的前沿阵地。网络社会的分散性和扁平化，使得社会成员面对社会发展中的矛盾，更易于在舆论环境中发挥和表达，构成对主流秩序的对立和批判。互联网的商业化、市场化动力，促使迎合一般大众喜好和旨趣的商业传播主体日益崛起，建立从传统媒体到网络传播链条的"媒介帝国"，并出于商业流量、市场关注等经济原因，刻意制造三俗、猎奇、反智的文化产品，戏谑传统和主流，消解严肃和秩序；作为自媒体的意见领袖也具有充足的动机和资源阐发非主流的意识形态和言论，谋求受众的认同。这些思潮对教育过程尚未完成的青年学生来说迷惑性、诱惑性较强，其传播主体也重视对青年受众的培养，为网络社会时代的青年思潮注入了浅薄和功利的外在影响。

3. 主流意识形态嵌入网络青年亚文化

由于青年在网络社会具体实践和意识表达的过程中越来越摆脱从属的、客体的、被动的地位，网络社会的整体气质也会随着青年的特点和变化相应地产生深刻的变化。网络化在青年社会化过程中发挥着越来越大的作用，改变青年的意识形成过程，同时改造青年及其思想意识的社会地位，最终使得网络社会自身具有浓郁的青年特质，这种特质本身也是当代青年网络运用实践的产物。

首先，网络社会的发展过程天然迎合青年一代的偏好和特质。网络化改变了青年学生受教育和社会化的过程，也必然受到经过这种改造的青年群体作为社会成员来活动的反作用。具有较高教育程度的青年学生和毕业生，是中青年为主体的当代网民的主体，相对于其他年龄组和社会群体，在网络互动和意见表达中处于极为强势的地位，其偏好和声音压过了非青年群体；另外，作为朝阳产业的当代互联网应用和开发以青年人才为主，互联网精英整体年龄更低，互联网的发展和实践本身就是迎合和表达青年喜好的过程。由于在网络社会发展的环境下，青年受传统角色规定羁绊的程度日益削弱，网络社会的气质本身也就向当代青年靠拢。

其次，由于网络社会中的社会互动相对传统方式来说，更加不依赖传统社会资本和资源，使得网民在表达观念时能够摆脱从属和被动的地位、进行观念表达。网络社会的这种特性鼓励青年积极学习、拥抱创新，借助信息获取和表达优势在信息化社会中发展自身。这个过程必然促进互联网使用者重视个性、蔑视权威的特质，这种特质与网络空间的平等、自由表达、表达自由特性之间相适应、相结合、相激励，构成网络社会表达和审美趋势的总体变化。无论参与主体是否是一般意义上的"青年"，都会不同程度地产生这些传统上更集中地表现在青年群体身上的特质，造成网络社会参与主体的整体"青年化"。

此外，由于网络虚拟空间提供的互动和聚集便利，过去数量稀少或分布零散因而无法形成组织的团体，逐渐得以通过虚拟空间的交流产生虚拟共同体，进而以网络平台实现内部的资源动员，在主流文化圈中以亚文化圈子的面目扮演不同的角色。除了具有政治或社会表达意愿的群体之外，诸多过去无法发展壮大的兴趣团体得以发展自己的圈子和文化，并通过内部认同的强化，形成对主流来说难以理解、世界观高度冲突的群体。在"前互联网时代"，青年亚文化与主流文化之间的碰撞本质上仍然是青年社会化的矛盾对立过程，"往往可以觅得清晰的'冲突—抵抗变异'轨迹"，但在互联网基因的影响下，却能够产生"具备组织性和在场特征的'异托邦'（Heterotopia），来自主流文化的束缚和规训在这个异度空间被全然消解，让位于其中的青年自我表达、自我满足和自我成长。"青年亚文化因而具有了更加坚实的基础，并将随着社会整体的青年特质的发展，日益促进社会的多样化、多层次趋势，极大地丰富社会意识和社会文化的内涵，而不同亚文化的影响从长远来看，则并不明朗。

第四章

新时代高校网络意识形态工作的机遇与挑战

一、新时代高校网络意识形态工作面临的机遇

"办好中国特色社会主义大学，要坚持立德树人，把培育和践行社会主义核心价值观融入教书育人全过程；强化思想引领，牢牢把握高校意识形态工作领导权。"这是习近平总书记在全国高校党建工作会议上反复强调的。高校培养的是高水平高技能人才，同时也是意识形态工作的重要阵地。高校的意识形态工作始于科学研究，贯穿于人才培养、文化传承等不同环节，这些都是影响高校办学的重要因素。新时代背景下，高校意识形态工作不仅面临着前所未有的机遇，也迎来了严峻形势和诸多挑战。高校意识形态工作担负着艰巨且光荣的任务，因此，高校要承担使命把意识形态工作当成战略性任务来落实。近年来，党中央重点强调意识形态工作，不断加强党和社会理想信念和理论素养，不断净化互联网空间，不断巩固党和人民艰苦奋斗的共同思想基础，不断提升高校文化环境舆论氛围，为高校意识形态工作提供了坚实的工作基础和优良的整体环境。同时，大学生思想政治素养、法治素养不断提高，快速发展的信息化、多媒体、大数据等技术等为网络意识形态工作带来了前所未有的机遇。这就要求高校做好主流意识形态弘扬和继续蓬勃发展的工作，肩负复杂且任重而道远的重要职责。因此，高校各个组织要用发展的眼光看待网络，不断推进媒介融合，高效率地通过网络意识形态阵地开展思想政治教育，发挥其重要的传播功效。

（一）互联网为高校网络意识形态工作提供了丰富多样的宣传平台和载体

网络作为信息交流互动平台，具有强大的信息传播功能，任何网络传播媒介都可以成为意识形态建设的渠道与手段。传统的思想政治教育主要以课堂、报告会、社会实践等形式进行，网络的普及和发展无疑给大学生思想政治教育注入了新的活力，开辟了新的途径。网络具有信息量大、资源共享、快捷运行等特性，网络庞大的信息量为思想政治教育提供了丰富的资源，使得思想政治教育者无需从大量的报刊、书籍当中寻找信息，可以有

针对性地从网络上查询到自己所需要的思想政治教育信息，下载音频视频，运用于教学。网上授课、网上展览、网上讲座等都可以成为思想政治教育的载体。高校的思想政治教育部门也可以及时地为大学生提供多方面的信息，使大学生能够及时迅速地获取教育信息，大大提高了思想政治教育的实效。网络已经成为大学生思想政治教育的好帮手。

国外的一项测试表明，大约有37%的学生是通过触觉学习，34%的学生是听觉学习者，而只有29%的学生是视觉学习者。这就是说，大多数的学习者是习惯于用单一的感觉方法学习。如果大学生可以调动感官进行全面学习，那么就会收到事半功倍的效果。传统的课堂教学无异于一种模式：从教师到学生；教师授课、学生听课这种模式也叫作"填鸭式"或"满堂灌"。这种传统的教学模式仅限于说教，学生获取知识也仅限于听说，无法调动学生的学习兴趣，学生学习处于被动状态。

网络正是一个集声音、文字、图片、视频为一体的综合性媒体。网络为思想政治教育提供了音、像、文相结合的媒体辅助教学，调动了大学生的积极性，活跃了课堂气氛，把严肃死板的教学变成活泼有趣的互动，使教学活动更加形象化、生动化、具体化。将网络运用到思想政治教育过程中，有利于向大学生传输正确、科学的信息，有利于增强思想政治教育的吸引力、感召力，提高实效性，有利于培养大学生正确的世界观、人生观、价值观。俄国教育家乌申斯基在《人是教育的对象（教育人类学试作）》一书中认为，如果教育工作者想支配一些心理现象，就得研究这些心理现象的规律，就得凭着对这些规律及其应用的实际情况深思熟虑去做工作。在过去，大学生在学习、生活中，情绪上出现波动起伏、思想上出现困惑疑问、生活上遇到困难等情况，总是诉诸现实、寻求现实的帮助。随着网络的普及与发展，大学生遇到这类情况往往选择网络。在网络中，大学生可以搜寻解决问题的方法途径，如在个人微博、朋友圈发表文章抒发感情等。由于网络是开放的、自由的，大学生可以在网络上自由、真实地表达自己的真实想法。思想政治教育者可以在网上与学生直接对话聊天，浏览学生社交软件内容等途径来及时掌握大学生关注的热点问题、思想状态、生活困境，从而及时对其进行教育、引导，更有针对性地开展思想政治教育，解决大学生的切身问题，避免了思想政治教育的盲目性。

高校思想政治工作的发展模式在不断完善，形成了理论与实践结合、线上与线下互补、课内与课外融合的新型教育模式。将主流意识形态教育贯穿于学习生活的全过程。在课堂教学过程中、生活生产过程中、社会建设过程中持续加强对主流意识形态的传播与弘扬，发挥高校教育阵地的传播力和影响力，形成可复制可推广的有效方案。通过新媒体弘扬正能量在高校中营造积极向上的舆论导向。充分发挥高校意识形态教育重要阵地的突出优势，与当前高校实际相结合，加强理论创新，推出一系列具有理论价值和实践意义的学术成果。充分利用舆论引导力量，创作一系列弘扬正能量、传播主流价值观的优秀产品，增强主流意识形态的渗透能力。

（二）网络促进了大学生思想观念意识的更新

1. 形成了信息化的效率观念

网络以其运行快捷和资源共享的特性，在一定程度上超越了时间的限制，并在空间维度上实现了不同国家、地区人们的互联，织就了一个庞大的信息网。信息通过网络，四通八达，瞬间就可以传输到每一个终端。大学生只要拥有一台连接了网络的电脑，就可以马上了解最新实时动态和各种最新信息。大学生是使用网络的一大主体，在使用网络的过程中，受其运行快捷性的影响，形成了较强的效率观念。

2. 提高了参与意识

随着技术的更新和应用的普及，网络日益成为大学生表达民意最便利和广博的途径，成为大学生政治参与的一大平台。当前，大多数大学生倾向于参与网上互动活动。通过上网，大学生对世界的风云变幻，我国经济、政治、文化、科学、教育和卫生等方面的情况有了一个较全面、客观的了解和认识，并表达自身的看法，积极参与其中。由此可见，网络提高了大学生的参与意识观念。

3. 强化了平等观念合能力

网络的自由开放打破了信息垄断，人机互动带有极大的平等性和自愿性，使得网民享有相同的权利。大学生完全可以根据自己的意愿与兴趣，随时上网阅读消息、参与论坛讨论、下载学习资料或休闲娱乐。此外，网络人际交往也完全遵循自愿平等的原则。在互联网面前，每一个网民都是一个相对独立的个体，不存在等级差别。网络的这种自愿平等性，强化了大学生的平等观念。

4. 重塑了开放的观念

网络的出现，打破了时间和空间的局限，给大学生展示了一个丰富、广阔的世界。过去的学习仅限于书本，现在网络像一本百科全书，学习资源应有尽有；过去同学之间的交流仅限于班级、院系，现在与大洋彼岸通信已是常事；过去组建协会、社团往往受到空间地域的限制，现在整个世界形成了"地球村"。

5.扩大了高校意识形态教育的空间

由于网络的超地域性特点，意识形态教育超越了空间限制，出现了广泛的传播途径，高校"围墙"的概念将逐步消失，不同地点的高校学生，既可通过网络共享意识形态教育资源，又可在网上自由地交流和探讨，除了师生之间的对话，还可以利用丰富的社会资源，做好大学生的意识形态教育工作。这样就使狭义的教育空间变成了全社会的、开放性的教育空间。

6.增强了主体意识

互联网的便利、快捷、有效，有助于调动大学生参与学校教育教学、服务管理校园建设的积极性，增强了大学生的主人翁意识。有了网络，大学生可以根据自己的兴趣爱好浏览信息或休闲娱乐；遇到困难可以直接求助网络，寻找解决问题的办法，而不必事事靠教师；大学生还可以根据个人实际情况，下载资料或在线学习。

7.丰富了意识形态教育手段

随着现代科技的发展，意识形态教育的手段除了过去常用的一些形式，如听报告、读报纸、看电影电视、听广播、开会、谈心等之外，又增加了新的方式，以计算机、多媒体、虚拟现实技术为手段，以图、文、声、像等表达教育内容，不仅增加了教育的信息含量，也使意识形态教育的感染力和吸引力大大增强。网络技术给意识形态教育工作注入了新的活力，主要体现在：一是形象；二是生动；三是逼真。计算机模拟现实，让人身临其境，得到切身体验，使事与理、情与法、形与声等有机地交融在一起，以丰富多彩、生动活泼的形式给受教育者造成鲜明清晰的视觉印象，这是以往传统的意识形态教育工作载体所不能比拟的。通过对互联网大数据等先进工具的综合利用，我们可以及时了解到高校学生群体关注的时事热点和社会动态，可以通过统计分析有侧重地引导高校学生树立正确的价值观，提高对网络负能量的辨别能力。

（三）网络思想政治教育有利于全面提高大学生的思想道德素质

在网络条件下，人的社会角色和道德责任都与物理存在很大的不同，人与人的交流、联系和依赖相对弱化，学生行为的自主性和隐蔽性空前提高，学生思想问题的个性化日益突出。当前，高校校园网建设水平逐渐提高，计算机普及也达到一定程度，电子阅览室、机房等都配备了计算机，许多学生宿舍也安装了计算机。成为课堂之外今后学生学习的一个主要途径，很多宿舍更是人手一台计算机。"校园网民"日趋增多，国际国内的新闻要闻、社会千姿百态的各种现象都在网络上一览无余。大学生不必按照传统的方式在规定的时间到规定的地点接受育，一台计算机就可以让学生足不出户了解天下事。然而，大学生的思想意识比较单纯，在众说纷纭的世间万象和国际舆论面前很难做到准确筛选，沉迷于网络不能自拔、被错误信息所侵蚀的现象也屡屡发生。

在这种新形势下，高校现行的教育模式和学生管理体制已经凸显滞后。要保证在网络环境大趋势下大学生保持良好的思想道德素质和健康的人格，必须运用网络思想政治教育这一手段。高校大学生思想政治教育者可以借助于网络载体，把思想政治教育的内容贯穿于网络多媒体的教学，使之更直观、生动、富有感染力，从而对大学生思想道德培养起到潜移默化的作用。高校思想政治教育者可以把网络当作宣传思想政治教育的基地，通过网络把思想政治教育传达到每个大学生。这种教育模式有利于提高学生的自主教育和自律自省程度。通过网络这一宣传阵地，使大学生学会正确筛选信息，不被错误的信息所侵蚀，并通过人为地筛选信息，将正确的科学的信息发布于校园网络，使学生积极接触正面的科学信息，从而全面塑造大学生的健康人格，形成良好的思想道德。

（四）网络提高了大学生的综合能力

1. 网络提高了大学生的知识文化素质

网络环境下，科技的发展突飞猛进，知识的更新也在不断加速。网络的开放性和资源共享性使得全世界的政治、经济、文化、艺术等信息汇聚一起。网络资源极其丰富，信息更新也非常迅速，这部为大学生增长知识、更新观念、开阔眼界提供了有利的条件。通过网络，大学生可以了解国际国内要闻，掌握社会发展最新动态和人们普遍关心的热点问题；通过网络，大学生可以下载查询到自己相关专业的知识、资料，从而提高自身专业素养；通过网络，大学生可以在各大网站、微博上发表自己的看法、观点，或者针对某一专题展开讨论。网络的出现极大地丰富了大学生生的信息资源，激发了大学生的求知欲。

2. 网络提高了大学生辨别问题的能力

网络是一个信息冗杂的海洋。大学生根据自身需要获取信息的过程本身就是一个对这种冗杂信息的检索、筛选、加工、整理的过程，这个过程的锻炼提高了大学生的主体意识，有助于大学生辨别能力的提高。

3. 网络提高了大学生的创新能力

网络的出现使得大学生可以随时随地自由平等地获取信息，打破了传统的课堂教学中教师与学生地位的差异性。在网络环境中，大学生可以根据自己的兴趣和爱好浏览信息，并可以运用自己所学的知识针对某一问题、现象发表自己的见解，这都极大地促进了大学生创新能力的提高。

4. 网络提高了大学生拓宽知识的能力

网络是一个庞大的信息库，打破了图书馆的"垄断地位"。在过去，大学生获取知识的一大途径就是通过图书馆来借阅各类书籍。网络的出现使得大学生只要打开计算机进行检索，就可以轻松地获取信息。

（五）高校主流网络意识形态宣传教育手段更加多样

1. 网络拓展了主流意识形态的传播路径

网络技术在弘扬思想、价值观引导、正能量传播等方面发挥着不可替代的作用。网络及新媒体的快速发展为高校思想政治教育和意识形态工作的拓宽了发展的道路，为主流意识形态传播打开了新的思路。国家机关、高校通常使用微信、微博等建立公共平台，通过网络媒体建立相关网络交流平台，弘扬主旋律，解读新思想，推动主流意识形态快速传播。例如，《人民日报》《光明日报》等官方媒体都会建立自己的微博、微信公共平台，弘扬传播党的政治理论和重要指导思想。如此一来，普通民众在日常生活之中就可以了解到主流意识形态的主要内容；同时，主流意识形态的传播路径更加多样化且贴近人民群众的生活。网络媒体具有互动性的属性，这也为人民群众提供了表达心声的平台，为大家相互交流、思想碰撞提供了机会。随着抖音、快手、微信公众号等网络新兴媒体不断涌现，人民群众日益成为主流意识形态的参与者和传播者。

通常，高校弘扬主流意识形态工作采用线上线下结合的传播方式，形成线上思想引领与线下思想政治教育工作相结合的舆论宣传与思想引领并行的格局。互联网平台已然成为弘扬主流意识形态的主阵地，同时，其他的思想舆论也会在新媒体平台中出现、渗透和传播。高校各级组织需要不断完善网络宣传公共平台、官方网站、官方微信和微博平台，积极努力开拓网络思想引领阵地，充分利用高校校园网、官方微信和微博平台，积极开展主流价值观、主流意识形态工作的宣传教育和价值引导。高校各级组织充分开展思政课教学网络课程，创新教育教学形式与理念，开展学生喜爱的思想政治教育讲座和示范性的思想政治教育报告，发挥网络在引领校园文化、主流意识形态传播方面的重要作用。

2. 网络拓展了主流意识形态传播的丰富资源

"意识形态是一组系统的、关于现实生活的观念体系和信条，依据这样的观念体系和信条，人们可以认识、理解和分析现实社会，选择适合自己的生活方式，并试图采取行动来改变现实社会。"由此可见，网络能够为人民群众提供贴近生活和丰富多彩的信息资源，而且已然成为当今国人特别是大学生获得信息的重要途径，成为生活中必不可少的一个方面。现阶段高校意识形态的斗争形式主要体现在理论方面，固守理论阵地、锻造理论工具、丰富理论武器，决定着意识形态斗争的成功与否。高校作为重要的学术科研阵地，通过网络平台加强理论领域的建设和管理，解决目前及潜在的错综复杂的问题，必须加强马克思主义理论教育与发展，必须提升高校师生的思想政治素养，必须巩固抵御错误思潮的政治鉴别基础。全网同行推进主流意识形态的发展与创新，选择优秀的学术论坛、讲座进行充分学习和推广。互联网作为新媒体传播的渠道之一，本身就是一个丰富的信息资源平台。它包含了图片、文字、音频和视频等多种形式的多媒体资源，内容涉及国际国内时事、社会热点问题，不仅丰富了大众生活，也传递着多元的价值观。随之而来的网络新媒体已经成为与人民群众日常生活紧密相连的主要信息传播途径，对于新媒体的监管是筑牢意识形态阵地重要内容。我国政府先后颁布了相关律法规及文件规范对新媒体信息传播的管理，并成立监督管理机构。因此，对于高校新媒体网络的监督管理，必须要进行严格的网络舆情分析和会商制度，并准确分析。

3. 有利于高校意识形态工作的创新

在网络媒介快速发展的视域下，高校师生信息获取和交流方式呈现新的特点。高校主流意识形态的传播平台、话语体系和传播方式都需要推陈出新，强化高校主流意识形态的渗透力。网络信息化背景下的主流意识形态传播，需要根据不同的传播对象进行调整，使思想引领和理论传播转变成更贴合师生日常生活的模式、更通俗易懂的内容，使晦涩难懂的理论转变成指导性实践性强的思想。通过高校师生便于接受的形式，弘扬主流意识形态，引领社会热点思潮。通过新媒体，普罗大众可以更好地聆听时代的声音，回应时代的呼唤，人民群众能够认真地研究社会的热点、紧迫的问题，我们可以真正地把握住历史脉络、寻找到发展的规律，由此可见，高校通过网络媒介推动理论创新非常重要。

4. 有利于高校主流意识形态工作队伍与时俱进

高校凝聚着重要的人才资源和强有力的科研队伍，肩负着主流意识形态传播和思想政治理论创新的历史使命。当前，绝大部分高校都已经成立了马克思主义学院，少数高校成立了习近平新时代中国特色社会主义思想研究中心（院），为推动中国特色社会主义思想研究、传播和创新等发挥着至关重要的作用。高校已经实现为主流意识形态理论创新的重要场所，使中国特色社会主义理论不断焕发新的风采。高校大学生也承担起学习、研究、传播和实践主流意识形态的生力军。互联网与高校主流意识形态教育的融合已经成为弘扬主流意识形态工作的重要形式，越来越深入地走向实践领域。高校各个部门的管理人员、一线的任课教师和承担党务工作的组织员等承担公文写作、党务宣传、主流意识形态传播工作，工作中需要利用新媒体平台正面发声，形成具有广泛影响力的主流意识形态教育。思想政治课理论教师和各个学院辅导员老师具备一定的思想政治教育理论水平和颇为丰富的理论实践经验，包括日常教育教学、课题研究、公开发表科研成果、理论与实践研究等一系列的工作，来有效地传播主流意识形态。在高校中活跃着许多青年学者、教师，他们的努力与付出逐渐成为新媒体平台的强大声音，逐步成为新媒体网络意识形态教育的主要力量。由此可见，我们需要重视对高校教师群体进行网络媒介素养和网络知识的培训，提升他们对不良信息的识别能力，让更加坚定且优秀的声音被广泛传播，从而推动良好的网络环境的构建。

二、新时代高校网络意识形态工作的挑战

近年来，我国社会加速转型，中外思想文化和意识形态密切交流，高等院校学生群体的思想意识日益呈现出开放化、多元性、包容性和个性化的时代特征，为高校意识形态工作带来新的困难与挑战。以计算机、手机为主要传播载体的新媒体日益发展壮大，已然成为传播意识形态的主渠道，是意识形态领域研究不可或缺的因素。网络意识形态以其独特的传播发展方式成为人们关注的重点，也成为理论学术界研究的热点。近年来，网络意识形态发展呈现一种前所未有的新形势，其对党和国家主流意识形态的巩固发展来说是一把"双刃剑"，机遇与挑战同在，价值和威胁并存。习近平总书记指出："很多人特别是年轻人基本不看主流媒体，大部分信息，都从网上获取。"他强调："必须正视这个事实，加大力量投入，尽快掌握这个舆论战场上的主动权，不能被边缘化了。""要利用各种时机和场合，形成有利于培育和弘扬社会主义核心价值观的生活情景和社会氛围。"此外，西方腐朽思潮和新形势下出现的"中国威胁论""唱衰中国论""英雄丑化论"等多股恶浪，也对包括大学生在内的网民精神和灵魂产生了极大的毒害作用，很多网民的价值观受到误导、侵蚀。在虚拟网络空间，马克思主义的主流意识形态在大学生当中有逐渐被边缘化的趋势，争夺网络意识形态阵地之战趋紧，网络思想政治教育工作任重道远，必须专注于此，须臾不可离开，更不能因为做了一些工作和创新，认为整体形势尚可便不再紧密关注。

（一）文化和网络阵地的意识形态主导权受到干扰

1. 某些文化传播对当代大学生的思想意识带来了消极的影响

某些文化在某种意义上说降低了主流意识形态的主导作用，对当代大学生的思想意识和观念带来了负面的影响。民众市井文化与社会主流文化表现为既不充分合作，也不完全冲突的特征，是一种体现在日常生活中的丰富的文化活动，其目的是展示其自身的创造力与活力，主流意识形态被其稀释后，通过大众群体的传播，其呈现方式更易被当代大学生所接受，时时刻刻渗透到大学生生活的方方面面，这其中不乏低俗、粗糙、带有负能量的内容，对大学生的身心健康带来了危害。在我国影视剧市场中，日本的动漫、美国的好莱坞巨制大片以及韩国的偶像剧，深受国内青年尤其是青年大学生群体的追捧，但这些影视作品背后隐含传递的价值观念的优劣却是青年大学生群体所难以把握的。好莱坞大片中一般都刻着浓厚的资本主义文化印记，这些电影中充斥着崇拜个人英雄主义、宣扬暴力主义和推崇幽默的自由主义等价值观念和思想意识的情节。随着《花木兰》《功夫熊猫》等电影的上映，很多中国元素被加入到美国好莱坞电影中，虽然这些影片表面上是在呈现中国的传说和故事，而实际上却是在宣传和传递西方的资本主义的价值体系。此外，以美国为代表的西方资本主义国家一直披着文化交流和融合的外衣，通过推进文化交流、学术科研与学术资助等方式，利用文化霸权加快资本主义意识形态和价值观念向我国社会尤其是青年大学生群体的渗透。

以美国为首的西方资本主义国家文化，以各种形式在世界范围内强制推广与渗透，对全球多数地区的文化发展带来了较大的冲击。侵略、控制、征服与剥削是帝国主义的实质特征。现今的文化帝国主义"就是西方发达国家基于优势的物质条件之上，运用经济和政治的力量，宣扬和普及自身文化的种种价值观、行为模式、制度和身份，以达到重塑被压迫人民的价值观、行为准则、制度和身份，使被压迫人民服从帝国主义阶级的利益。""文化帝国主义"其实是一种霸权式的意识形态的征服，西方资本主义国家把"西方世界的所谓自由主义民主思想和实践"看作"具有普适性权威"的绝对标准，认为"只要是不符合西方，尤其是美国人权观念的国家和政权都是非法的和专制的"。随着经济全球化在世界范围内不断扩展和深入，来自西方的暗藏着西方资本主义所谓自由、平等、民主意识形态的商品、技术、知识等，已经在通过移动互联大面积扩散，并迅速传播开来，充斥于各种影视、新闻个性化的网站、自媒体等媒介中。其对全球各个地区的多样化、本土文化的延续和传承产生了空前威胁和冲击，对多个地区的社会稳定造成不利影响。

2. 对网络环境的影响估计不足

互联网是 21 世纪信息科技变革的重大成果，为全球信息传播和交换带来了革命性变化。互联网的出现打破了国家、地区间的物理和地缘屏障的限制，给不同国家、不同民族和不同信仰的人们交流带来了前所未有的便捷性。但也必须意识到，互联网作为承载信息的最为便捷的传输媒介，使信息传输效率呈几何级核爆式增长，正被西方资本主义世界锻造成为推行文化霸权全球化、意识形态渗透的最具冲击力的"新式核武"。可见，如何应对互联网这一"新式核武"冲击，保持独立自主的意识形态的纯粹性和主导性，继承和发展本土意识形态的传统功能，是任何一个发展中国家需要解决的迫切问题。随着网络时代的来临，各种以网络为基础的新型媒体经成为当今大学生日常生活中获取信息必不可少的途径。相关调查问卷显示，认为互联网对在校大学生思想意识形态的影响日益增大的人数占 80%，而认为"互联网对大学生思想意识形态的影响主要是消极影响的"仅占 20%，可见大学生并不认为互联网新媒体对大学生意识形态会产生的负面影响。但实际上如果以互联网为基础自媒体成为了社会舆论热点的源头和主要传播途径，一旦网信监管体系出现盲区，这些新媒体就会被不怀信息就会在线上好意的势力所利用，一些承载了与核心价值观不符甚至相悖的和线下的群体中不断传播，在移动互联网的催化之下，有可能会形成更大范围的舆论浪潮。一旦被域外势力利用舆论演变的趋势则会出现失控风险。近些年，在重大公共事件发生时，部分势力通过水军来诱导不明真相的网民，误导我国网络舆论和舆情的形势和走向，借机煽动价值观尚未成熟的青年学生，把舆论事件演变为"街头政治"。一旦大学生群体在网络舆论的战争中被洗脑，充当敌对思想的扩音器，势必会对核心价值意识形态的安全造成威胁。

（二）信息技术对网络意识形态阵地建设和管理的冲击

1. 网络的开放性导致意识形态更加开放

全球网络系统的形成，把世界各地紧密地联系起来，人们的交往扩大到全球范围，形成了世界性的普遍交往，各国、各地区在政治上的联系日益广泛，意识形态将随着经济开放而更加开放。网络使国界和地域的概念逐渐消失，经济的国际化与政治的国际化相互促进，各国在政治上的联系日益加强，不同社会制度的国家相互依存，国家政治与国际政治逐渐融为一体。网络作为政治斗争的锐利武器将无情地导演着不同国家之间的冲突，而世界各国结合自身的特色，也努力在网络上开辟本国意识形态的一席之地。意识形态建设和斗争对网络技术和资源的依赖性使意识形态活动和斗争变得越来越复杂和多样，将更多地跨越国界、地域，在政治上相互渗透、相互依赖、相互影响。在网络时代，只要借助全球网络系统，西方强国就可以以无纸、无物资消耗、无人员牺牲的方式对他国进行侵略、颠覆、讹诈、威慑、施压、封锁、制裁、人权干涉，对他国的国家安全、经济利益、政治利益构成严重威胁，并在全球范围内不分远近24小时不间断地进行，从而也使得各国意识形态对各种网络的反应要更为灵敏，并通过网络快速地进行决策，做出相应的反应。

2. 网络技术的意识形态性逐步显现

根据网络和网络资源的性质，我们可以把它分为两类，一类是如艺术、道德、政治、法律、思想、宗教、哲学及大部分社科类的社会意识形态类的网络和网络资源。这类网络和网络资源是社会经济基础和政治制度的直接反映，是为特定的经济制度和政治制度服务的，其阶级性表现的最直接最鲜明。另一类是如社会科学、思维科学、自然科学及商品网络等非意识形态类的网络和网络资源。这类网络及其网络资源并不具备作为社会经济基础和政治制度反映社会意识形态的本质特征，因此这类网络及网络资源没有意识形态性，或意识形态性表现得不鲜明，但这类网络及其网络资源可以被一定的阶级所利用，并为它服务。可见，网络技术的发展和网络资源的利用使意识形态斗争更为直接尖锐。现在世界各国已将"以微电子技术为基础、网络和通信技术为主体的网络技术"看成一个国家经济建设、社会变革、国家安全乃至国家发展的一项重要战略技术。将网络技术和资源作为重要战略技术，使它为国家和阶级服务是顺应网络的发展的。同时，不可避免地，对网络技术和资源的利用使网络的意识形态性表现得更为突出。

3. 网络民主给意识形态教育带来冲击

由于网络政治的无国界、无地域、无地区的特征，使得全球各地相同目标、兴趣相近的个体，都可以通过网络进行交往，参与民主政治的各项活动。它使人们在家里甚至在当地社区就可以参与讨论或者参与民主政治过程，这给传统政治理论带来了深刻的影响，更给现实政治特别是意识形态控制带来了严峻的挑战。长远来看，随着网络技术发展和师生参政与社会民主政治和学校管理意识越来越强烈，现在对社会民主政治的重大决策，将随着新的体制和新的技术的出现和师生民主意识的提高以及网络远程式民主的广泛运用和网络政治的出现与发展，而不得不进行重新审视。同时，这种网络的快速、便捷、廉价，大大降低了师生参与管理的社会成本。所以，不论是大众参与的需求方面，还是技术和成本方面，网络民主意识的增强，都对现实意识形态教育带来了挑战。

（三）互联网改变了高校意识形态教育的方式

传统的社会主义意识形态教育的基本方式是理论灌输，即在党的领导下，有组织、有计划地对干部群众系统地进行马克思主义理论的教育和宣传，以提高他们的思想政治觉悟，更好地改造他们的主观世界。具体做法包括学校的政治理论教育、广播电视报刊的理论宣传、作报告、开大会等。传统意识形态教育方式的主要特点包括：意识形态教育者相对于受教育者来说，具有明显的权威性；传统的意识形态教育场所具有实体性、有形性和有限性；传统的意识形态教育过程具有单向性、正面性和导向性；受教育者意识形态的形成具有强制性与不可选择性。而网络时代的到来，使得这种教育模式受到了剧烈冲击。

1.意识形态教育场所的虚拟化弱化了意识形态教育的可控性

在家庭、学校、单位等传统的意识形态教育场所，意识形态的教育是比较容易控制也是较易获得良好效果的，因为一切尚有明显的踪迹可寻，一切尚有确定的时空特征，一切也都有相应的规则和约束力。但是，互联网具有虚拟化的特点。在网络上，我们看到的和听到的文字、形象和声音变成了数字的终端显现，甚至人也变成了一个符号。教育场所的虚拟化使个体在互联网上的活动好像是进入了一个无踪迹可寻的黑暗世界。意识形态教育者对整个构建过程的控制程度及传统意识形态教育过程本身的强制性也大大降低。在传统意义上，由于民族国家的普遍存在，在国家安全和经济利益与公民自由之间一直保持着一种紧张关系，当公民的自由超出国家安全和经济利益的限度，或者是国家出于某种特殊的考虑而认为有必要时，国家就可以利用其行政管理机制对公民的个人行为实施完全意义上的控制。然而，互联网协议的开放性和管理方式的非中心性、离散性决定了其信息的传递和交流是完全自由并在相当程度上不受政府管理与控制的。在互联网面前，国家既没有控制的权利，也没有控制的实际能力。这对于高校意识形态教育来说，过去依靠组织权威进行意识形态灌输的优势就没有了，意识形态的教育方式从直接的现场教育转化为虚拟的非现场教育，这样，传统的意识形态教育者在时间、空间及行为方式上均不能控制受教育者。虽然意识形态教育者可以将大量的包含主流价值观的内容放到互联网上，但是由于网民有自主选择信息的权利，他们会因失去现场控制而不去点击意识形态教育者提供的内容。

2.互联网上信息内容的复杂性汉化了传统意识形态教育方式的正面性原则

由于互联网上传播的信息具有不可控制性，这使得青年学生只要通过一台联网的计算机，就可以接受或传播各种信息，其过程无须登记，完全匿名，其个体行为难以控制。而且，通过网络传播信息的人来自不同的国家、地区，有不同的政治态度、价值观念。这就使网上信息一方面呈现出无限性；另一方面又表现了相当的复杂性。上传信息五花八门，什么都有，真的、假的、虚的、实的；有用的、无用的；正面的，反面的信息充盈着整个网络空间，对高校意识形态教育方式的正面性原则提出了挑战。面对这些复杂的信息，不要说普通的青年学生，就是对许多意识形态教育者、传播者本人而言，在信息的甄别和选择上经常也是无所适从、难辨良莠。在互联网成为现实之前，占统治地位的统治者的思想观念和意识形态很容易被人们接受，因为他们控制、垄断了信息的传播，一般人们所接受的信息是经过特定阶级或集团特别是经过由他们所掌握的大众传媒过滤过的信息。现在有了互联网，哪怕是在世界上的一个小小的角落发生的小小的事件，哪怕是高度神秘的禁区，都可以及时在网上找到相关资料。面对互联网上大量的信息，高校意识形态的教育者如果仅仅只坚持正面性原则，回避问题，回避冲突，不谈缺点与错误，恐怕会在网络空间的信息海洋中孤鸿难鸣。

3. 互联网的信息共享与网民自主挑战意识形态教育的方法和手段

传统的意识形态教育是在一元价值与信息垄断的社会背景下进行的，个人几乎没有什么自主性。但在网络时代，由于信息的多元传递与良莠并存的全息景观，出现多元文化与多元价值观。互联网信息的共享性使意识形态的教育者与被教育者、宣传者与受众之间的信息不对称的情况日益消除，意识形态教育的难度越来越大。师生了解信息的渠道更宽，接触面更广，接触不同的观点更多，其信息摄取行为也日益个体化、隐蔽化，接受信息的自主性也越来越强。一方面，他们对网上信息的理解变得多角度化，他们不再简单按照教育者制定的目标去理解信息；另一方面，理解信息变得更加主动。他们会将各种信息、观点摆到一起，运用自己的判别力，选择自己认为正确的，再转化为自己的思想，进而指导自己的行动，而不像以往那样被动地接受教育者的灌输和安排。那些不能引起网民兴趣的信息永远不会被点击阅读，那些不能吸引用户注意力的意识形态宣传教育网站起不到任何作用，甚至必将关闭，这就向传统的意识形态教育模式提出了挑战。

（四）网络环境下大学生思想政治教育工作面临新问题

1. 传统思想政治教育工作受到冲击

第一，对大学生思想政治教育工作者的挑战。网络的出现对传统思想政治教育工作者提出了更高的要求，对其知识结构提出了严峻挑战。网络中丰富的资源展现出巨大的吸引力，在赢得思维活跃的大学生群体青睐的同时，却使得教育者的主体地位呈现出相对减弱的趋势。教育者应当认识到网络的重要性，不能忽视网络对大学生的影响，更应及时更新观念，学习网络技术，适应新形势的发展，利用网络更好的开展工作，这样才能充分取得学生的信任，切实解决好大学生网络思想政治教育中出现的各类问题。

第二，对大学生思想政治教育方式的挑战。网络的出现使传统思想政治教育方式受到一定的威胁和冲击。随着网络技术的快速发展，信息资源的传播也不断加速，这在一定程度上减少了信息本身的模糊性。在网络中获得的信息增加了大学生的知识量，相对地弱化了教师原有的知识优势，这使得思想政治教育面临着严峻挑战。互联网已经渗透到大学生生活的各个方面，他们在接触了网络上各种新颖内容以后便不再轻易接受传统的灌输式教育甚至产生排斥和逆反心理。网络的平等自由实现了人与人之间随时公开交流的可能，这使得大学生对由老师单方面灌输的教育方式产生抵触情绪，他们寻求的是一种可以平等对话交流的机会，这也使得思想政治教有工作的权威性遭受重大考验。

第三，对大学生思想政治教育内容的挑战。网络文化可谓是琳琅满目、异彩纷呈，在各种丰富的信息交汇融合的同时也伴随着杂乱无章、千头万绪的特点。网络文化虽然给大学生思想政治教育带来了十分丰富的教育资源，但这些资源却需要整理与取舍，那些不健康的信息很容易误导大学生，引发思想观念的混乱，使其受到一些不良文化的侵蚀，甚至导致其思想的异化与扭曲，也在一定程度上助长了大学生网络暴力、网络犯罪行为发生的趋势。在这种情况下，大学生思想政治教育工作面临着严峻的挑战，如何利用好网络的教育资源，如何把握好大学生思想意识主流方向，掌控好网络环境下大学生心理的最新动态，使大学生不受不良网络信息的干扰与侵蚀，都是网络环境下大学生思想政治教育工作需要解决的问题。

2. 道德意识弱化引发信任危机

在不断增强诚信教育的当今社会，信用度对于评价个人品质所占的比重已越来越大，然而一种新的信任危机却在网络中悄然蔓延。网络的虚拟性使得外界很难采取行之有效的措施进行监管，此时传统社会道德规范中原有的约束力相对被弱，上网者可以不必为自己的行为承担责任，这在一定程度上弱化了道德意识、社会责任感以及自控能力。目前，不少大学生为了张扬个性或达到个人目的，选择在网络中大展身手，甚至不惜以损害他人利益为代价，这种在网络中追求所谓的个人利益的行为造成了当前互联网领域的信任危机。信任危机的蔓延严重影响到公众对互联网发展的信心，更质疑当代大学生们的整体素质与未来发展趋势，这也使得高校思想政治教育面临挑战，如何引导学生正确利用网络完善自我，如何走出信任危机构建网络道德，都是当前大学生思想政治教育工作者需要深入思考的问题。

3. 信息混乱垃圾泛滥

网络上的信息虽然丰富，却存在着五花八门、良莠不齐的现象，对于那些学术信息、科普信息、文娱信息我们可以欣然接受。一些大学生热衷于网上交友，有的甚至发展为网恋，将一切美好的幻想寄托于网络，脱离了真实生活，荒废了学业；一些大学生终日沉迷于网络游戏中，不但浪费时间与精力还浪费了父母为他们辛苦积攒的血汗钱；一些大学生酷爱网络中的凶杀暴力情节，并尝试着在现实生活中模仿，最终酿成恶果，走上了违法犯罪的不归路。网络信息的庞杂，还容易造成大学生的心理疾病，他们对人际交往日趋冷淡，逐渐脱离了集体生活又对现实生活表现得孤僻、冷漠，有些不良信息更造成大学生政治理念和思想观念的动摇，腐蚀了他们的思想，降低了他们的社会责任感，弱化了他们的道德意识，严重地影响了年轻一代的健康成长，最终将冲淡大学生思想政治教育的社会主义主流意识，使大学生思想政治教有面临严峻挑战。

4. 西方文化渗透误导大学生的价值取向

在浩瀚的网络世界中，各种思潮纷纷涌现，各种社会组织、社会团体都想在网络中占据席之地，多种文化、思想、价值观念也汇集于此，大学生作为网民中的一员可以毫无束缚的接触到任何思想文化以及政治观点。虽然不同的国家其国家意志和意识形态也各有不同，但互联网的发展却为西方资本主义国家提供了便利的条件，使其对我们进行着无形的意识形态渗透。他们打着民主自由的旗号大肆宣扬享乐主义、个人崇拜主义，强调所谓的个人利益高于一切，漠视集体利益，这些观念很容易对我国大学生的思想产生影响。由于社会阅历不足，在校大学生的政治辨别能力以及是非判断能力相对较弱，一些不良信息不仅容易蒙蔽他们的双眼，也会影响其价值取向，甚至使他们迷失了应有的理想和信念。因此，西方文化的渗透给我们当下的大学生思想教育工作带来了极大的挑战。如何在这种多元化的网络环境中保持中华民族的传统文化和社会主义制度的优越性、坚定社会主义核心价值取向，使大学生的民族自信心和自豪感不断增强，已成为高校思想政治教育工作者要认真思考并努力解决的课题，这也是关系到国家和民族前途命运的重大问题。

三、新时代高校意识形态建设存在的主要问题及成因

（一）新时代高校网络意识形态建设存在的主要问题

1. 主流意识形态主导力与影响力削弱

随着网络信息技术的飞速发展和全球化进程的加速，世界范围内的"资""社"意识形态之争呈此起彼伏、暗流涌动的态势。受西方资本主义思潮影响，各种敌对势力奋力叫嚣，网络空间主流意识形态面临着价值多元、文化多样、思想多变的诸多挑战，斗争呈现白热化、胶着状。马克思主义作为党的指导思想和社会弘扬的主旋律，在网络空间的传播中受到了诸多挑战。网络的虚拟性、开放性和去"中心化"，加之马克思主义的中国化、时代化、大众化水平不够，与生活实际黏合度不高，"青年化"程度较低，在思想活跃、价值多元、行为多样的网络空间，其主流意识形态应有的主导力、影响力和吸引力更是大打折扣。网络空间纷繁芜杂的价值观、多元多样的意识形态，甚至一些自由主义、无政府主义、历史虚无主义也混杂其中、大行其道，拥有不少支持者，以致网络空间很多地方出现了马克思主义失声、失踪、失语的状况，马克思主义处于一种被边缘化的境地，严重影响了主流意识形态在网络空间的主导地位，生存和发展空间日趋缩小，不得不引起重视。因此，需要通过现实意识形态自身建设、培养教育网络意见领袖、提高虚拟社群个人媒介素养及自律教育等途径加强主流意识形态的主导地位。

2. 网络舆论事件对意识形态的影响与日俱增

网络空间的扁平化、去"中心化"、民主化特征明显，参与网民数量多、意见杂、管控难度大，遇有突发事件和社会事件，网民应激呈"一传十、十传百"的蝴蝶效应，网络空间也成为一些不满情绪、意见和敌对势力发泄释放和利用的低成本工具，其中，一些敏感问题有"牵一发而动全身"之势。大学生群体是反映时代最灵敏的"晴雨表"，更是网络的弄潮儿，他们在微博、微信、QQ 等网络虚拟空间敏感地发现和接收网络空间的"风吹草动"，随后发表理性、非理性的言论看法，几乎所有大大小小的事件都会被"晒""爆料"，由"鸡毛蒜皮"逐渐演变为国家制度、道路和社会管理问题，持续不断地冲击着网民的心理。网络意识形态引导管理和惩戒需张弛有度、奖罚严明，不能一味封堵，也不能放任自由，需建立国家意识形态风向标和泄压阀，科学合理明智地处理网络空间的各种言论行为。

3. 网络意识形态斗争形式复杂多变

由于网络空间人人皆可成为言论的发出者和接收者，"在网络意识形态中，网络意识形态论争的复杂性、多样性也日益深刻地显现出来。由于参与者、话题内容、话语形式都呈现出多样化的特征，意识形态论争与学术思想论争的界限不明，甚至一些人打着学术思想讨论的幌子，公然挑战社会主义意识形态。"网络空间参与者多数是普通民众，但也不乏敌对势力和渗透分子，有时角色重合、令人真假难辨，给我国的网络意识形态安全造成潜在威胁；网络争论内容林林总总、多元多样，既有国家宏观政事，也有琐碎生活小事，无所不包，均能成为论争主题，甚至一些敏感话题也被人蓄意扯开谈论，甚至引发网络风波，在一定程度上干扰了正常的网络社会秩序；在话语方式上，既有理性探讨，又有攻击指摘，既有网上言论交流，又有虚拟与现实结合的意识形态纷争，不一而足；对于网络事件评价态度，既有支持赞同的意见，也有反对中立的声音。大学生在网络意识形态的发声表态方面，基本上还是理性爱国正义的，但也存在一些理想信念丧失、奋斗目标缺乏、学习动力不足、网络人格分裂的大学生，对于网络意识形态的反馈以"负能量"形式呈现，给身边大学生及其他网民渲染了消极、负面的情绪和网络氛围。因此，既要努力培养民众对信息的质疑精神和辨析能力，又要倡导网民坚守网络"七条底线"，做到现实人格与虚拟人格的统一；既要保障公民言论自由，摒弃"防民之口甚于防川"的不当做法，又要坚持原则，采取疏导和劝说方式，引导网络虚拟社群理性、客观和道德地对待舆论、传播舆论，正确合理地引领网络舆论。

4. 虚拟空间"意见领袖"备受关注，负面意识形态滋生扩展

网络空间存在一个被网民称为"意见领袖"的群体，他们拥有活跃的网络 ID、较高的网络社会知名度、较多的支持者和追随者，且对一些事件有着自己独特的看法和理解，能够通过微博等网络社交媒体发表自己言论，无论理性与否、违法与否、反动与否，一般都会被相当一部分粉丝狂热支持，这在一定程度上为网络空间的秩序和谐埋下诸多隐患，有的甚至蔓延至现实社会。令人担忧的是，有一些"意见领袖"是国内外敌对势力组织扶植的代理人，有些虽然不是反动分子但言论缺乏法律意识、社会意识、国家意识，也在一定程度上影响了网络意识形态的安全。某些西方敌对势力大力培植"公知""大 V""打假斗士""青年导师"，竭力将其培育成西方意识形态的代言人，同时收买网络写手进入网络舆论场，操控网络舆论的走向，传播危害国家安全的信息，宣传各种反共反华的言论，搅乱人们思想，撕裂社会共识。而这些明星式的网络"意见领袖"则充分利用其在经济、政治、文化、法律和科技等方面的专业知名度，竭力增加负面意识形态传播的"可信度"和

迷惑性，拼命掩盖负面意识形态的错误性与反动性，从而误导普通网民接受错误观点，产生负面情绪和认识错误。这也就是为什么一旦这些"意见领袖"在网上发声，就会迅速聚集大批不明真相的群众，迅速形成网络舆论风暴，迅速爆发群体性政治性热点事件的原因。除这些"网络大V"和"意见领袖"外，还有一种受雇于网络公关公司，专门为他人注水发帖制造舆论热点和舆论假象的网络人员，俗称"网络水军"。不少"网络水军"有组织、有经费、有目的，他们往往分工明确、上下配合、左右策应，妄图通过造谣、骂街、色情来摧毁中华民族的道德体系和精神信仰，搞乱中国政局，拉拢中国民心，伺机策反不明真相的群众为他们所用。正是这些"网络水军"的恶搞，导致了网络公共领域的破坏和网络信任危机的出现，导致了负面意识形态大行其道，主流意识形态消解弱化。

大学生是微博、微信等社交媒体的重要使用群体，容易接受一些国内外异质思想，从而理想信念和网络现实行为的理性掌控力被削弱，盲目跟从所谓的网络"意见领袖"，给自身乃至社会带来安全威胁和危害。为解决网络"意见领袖"的问题，要本着识才、爱才、敬才的慧眼和本领，爱才、用才、容才的雅量，重视网络"意见领袖"的教育培养，科学理性地引导网络舆论潮流；注重与"意见领袖"群体的开诚沟通，建立舆论"泄压阀"机制，掌握诉求、疏导情绪，保证网络舆论压力维持在合理区间：强化对网络"意见领袖"的监管，惩"恶"扬善，降低"言论风暴"带来的危害。

5. 网络意识形态论争屡现"新动向"，反动意识形态频发"新动作"

当前，网络意识形态的发展呈现出很多新的动态和特点，如言论政治化、模式套路化、事件炒作化等特征，直指主流意识形态和我国政治体制。反动和敌对势力利用网络事件和国内大事，采用研究事件、断章取义、蓄意误导、聚集人气、适时发难、制造混乱等套路，达到在网络空间无事生非、蓄意造谣、颠倒黑白、扭曲事实的目的，在一定程度上误导了网民，冲击了原本和谐有序的网络空间秩序，在意识形态上给网络空间种下了混乱隐患的种子，给党和国家事业的健康顺利发展带来了不小的威胁。大学生正处于"三观"形成的关键期，易受网络不良意识形态和敌对势力宣扬异质思潮的影响，容易被敌对势力所利用，成为其意识形态进攻的"工具"。因此，要重视网络意识形态论争的新动向，警惕反动分子的"新动作"，加强创新主流意识形态建设，提高针对性、适应性，提高马克思主义理论与中国实际运用之间的黏合度；继承和发扬中华优秀传统文化，吸收当代文化精髓，处理好传承与创新的关系，"讲好中国故事、传好民族声音"，凝聚和扩大人民共识，画好民族复兴的"同心圆"，建设中华民族共有的"精神家园"，用丰富的文化食粮满足广大网民的精神需求。"仓廪实知礼节"，只有头脑有知识、思想有武装，才能有力地抵御并回击反动分子和敌对势力的意识形态攻击，牢牢把握住网络意识形态的"主阵地"。

新时代网络"疆域"是非、善恶、正邪的较量此起彼伏，时刻都在上演着没有硝烟的意识形态战争，网络空间的静与杂、虚拟社区的净与污、价值取向的正与邪对处于"三观"形成关键期的青年大学生的影响不可低估。马克思指出："如果从观念上来考察，那么一定的意识形式的解体足以使整个时代毁灭。"必须对当前我国网络意识形态安全现状有深刻了解，做到心中有数、脑中有策、手中有法，唯有如此才能牢牢把握住网络意识形态安全的主动权，打好这场事关党和国家生死存亡的"隐形"战争。网络意识形态安全就是马克思主义的"网络化""网民化"，即马克思主义要掌握网络空间主流意识形态的"话语权"。随着网络和时代的发展，我国网络意识形态状况虽总体安全，但也面临越来越多的威胁和挑战，如主流意识形态地位削弱、网络事件频发、网络论争易于升级、"意见领袖"不能为我所用、反动意识形态新动作花样不断翻新等问题，急需提高网络舆情敏感度，特别是青年大学生群体的网络意识形态引导能力，提高网络意识形态掌控能力，多措并举，在网络意识形态领域将马克思主义的红旗牢牢竖起，指引实现中华民族伟大复兴中国梦的脚步更加坚实有力。

6. 多样化的网络载体冲击意识形态教育的规整性

网络载体是指在教学过程中，以网络信息技术为基础，现代科技为依托，通过计算机网络使教育主体与教育对象进行互动交流的工具。随着技术的不断进步，网络载体在高校意识形态教育中的运用更加广泛，并逐渐在意识形态教育过程中扮演着重要角色，更成了整个教育过程顺利进行、教育效果即时显现的重要保障。在传统教育过程中，意识形态教育主要借助管理载体、文化载体和活动载体等得以进行，教育载体形式单一，教育受众面较小且有较强的可控性，保证了意识形态教育的规范性，较少出现失范行为，从而确保了高校意识形态教育的实效性。随着技术的不断发展，教育载体日益更新并逐渐凸显多元多样化的特征。诚然，传统教育载体在意识形态教育中依旧存在并持续发挥其教育作用，但其实效性持续降低已是不争的事实。现今，以微博、微信、抖音等为主的网络载体在意识形态教育中备受关注，基于其传播速度快、影响受众广、互动性高、形式多元多样等特点，增强了教育者与教育对象间的联系，增进了教育对象对教育内容的认知与认同，有效促进了网络载体在高校学生意识形态教育中的教育与引导功能。但与此同时，基于网络载体是一个弱控制场域，具有形式多样且不便管控等特点，必然会给意识形态教育的规整性带来极大冲击。"网络空间最大的魅力在于其自由性"，网络载体也是如此。过度的自由必定导致行为失范，西方敌对国家定会加紧运用网络载体这一渠道对我国大学生进行价值观念的输出与意识形态的渗透，致使各种不符合我国主流意识形态的错误论调在网络空间肆意传播，在相当程度上混淆了学生视听，从而极大地冲击了意识形态教育的规整性。

（二）影响高校网络意识形态建设的因素解析

1. 新时代高校意识形态教育环境复杂多样

马克思认为："人创造环境。同样，环境也创造人。"对于高校主流意识形态教育而言，内外部环境变化既是机遇也是挑战。思想政治教育环境是指："对思想政治教育活动以及思想政治教育对象思想品德的形成和发展产生影响的一切外部因素的总和。"现阶段，高校意识形态教育面临着日渐复杂的环境，主要表现在国际和国内两方面。

（1）国际环境

经济全球化的日益加深的今天，多元文化也严重冲击我国高校主流意识形态教育。环境的开放对我国传统意识形态也造成一定程度的影响。我国作为坚持和发展社会主义和马克思主义的大国，西方资本主义势力通过多种方式企图否定和淡化马克思主义的倾向，通过各种手段旗帜鲜明地宣扬资产阶级意识形态，输出资产阶级的价值观，企图进行资本主义思想渗透，更有甚者歪曲社会舆论、通过各种非常规手段侵蚀着我们的主流意识形态。例如，通过电影作品、流行音乐、时尚文化等途径，将其价值观传入我国，并企图影响我国国民价值观和优秀文化，甚至对一切与西方价值观不一致的国家和民族施加压力，以所谓"人权""民主"进行渗透压制。国际环境的发展变化影响社会主义意识形态的网络宣传阵地，一些别有用心者发表不当言论可能会导致大学生出现信仰不明确、社会主义信念不坚定等一系列问题。当今时代世界范围内，社会主义与资本主义、无产阶级和资产阶级的斗争远未结束，而我国积极参与全球化进程目的是通过扬弃资本主义而发展社会主义，因此既要警惕西方霸权文化的兴起渗透，也要正视在新的环境背景下我国社会意识形态领域的新变化。对于西方资本主义国家所谓的淡化意识形态，仅仅是淡化马克思主义意识形态，而强化资本主义意识形态，因此需要有足够的警惕抵御资产阶级意识形态的渗透的侵蚀，尤其是对各方面思想正处于建立完善时期的大学生，更应强化警惕意识。社会思潮反映着一定社会时期内不同的社会阶层对整个社会政治、经济、文化发展的态度，是对当前社会存在的反思和主张，是一种社会意识的潮流，体现着一定社会阶层的利益诉求。

随着信息网络的高速发展，通过网络途径向我国意识形态领域渗透的主要有"民主社会主义""西方普世价值观""历史虚无主义"等。这些思潮基本反映出西方国家的价值取向和价值追求，向我国公众尤其大学生兜售其政治立场输出价值观念，值得注意的是，当前错误思潮的传播改变了以往在单一特定阶段传播单一特定思潮的模式，以多元并存互相整合的形式交互出现，更具有迷惑性，传播方式和层面更加多样立体，隐秘性更强，在当前意识形态教育过程中仍存在被"改头换面"的错误思潮，对大学生主流意识形态教育构成了极大的挑战，对大学生的思想进行侵蚀甚至颠覆，会严重影响到大学生正确意识形态和价值观的形成。

（2）国内环境方面

近年来，我国人民的物质生活水平日益提高，社会存在的变化必然引起社会意识的变化，与此同时一些深层次的社会矛盾日益显现。经济基础体制层面的变化也必然会引起意识形态表现形式的变更，正如马克思所说："人们在自己生活的社会生产中发生的一定的、必然的、不以他们的意志为转移的关系，即同他们的物质生产力的一定发展阶段相适应的生产关系。这些生产关系的总和构成社会的经济结构，即有法律的和政治的上层建筑竖立其上，并有一定的社会意识形式与之相适应的现实基础。"社会主义市场经济体制的推行和完善，改变了传统计划经济体制下单一利益的格局，在此背景下社会各阶层的成员所获得社会财富差距较大。不同利益主体心理发生了变化，部分人可能会对社会主义意识形态产生了一定程度的信任。另外，市场经济的开放性也决定了人们自主意识逐渐加强，随之思维习惯和观念更加开放、独立，这种思维习惯容易导致价值判断标准的混淆，使社会主义价值标准意识形态受到冲击。随着中国特色社会主义建设进入新时代，我国的主要矛盾已经转化为人民日益增长的美好生活需要和不平衡不充分的发展之间的矛盾。但在公众视野里，社会现阶段所存在的矛盾可能会引发人们尤其大学生对于政治制度的不自信，由于大学生个性开放独立意识强、对社会矛盾具有特殊敏感性，加上思想观念和政治观念不够坚定，易感情用事，从而对我国社会主义政治信念产生了动摇倾向。在网络化背景下，社会转型期的负面信息和矛盾会被敌对势力和别有用心之人通过网络发酵炒作，渲染放大不良信息，错误引导舆论导向，甚至将社会矛盾的原因指向政府治理能力和现行制度，引起大学生对政府的治理能力的怀疑和否定，动摇了其对政府的信任，降低了对主流意识形态的认同。

2. 互联网的深入发展要求主流意识形态教育做出相应改变

随着科技进步和网络的普及发展，作为教育的重要推动力，网络对当代大学生的主流意识形态教育发展有着显著的积极作用，但日益加强的全球化趋势和网络化进程同样对当前主流意识教育提出了更高挑战和要求。网络因素在我国高校意识形态教育中的影响主要表现在以下方面。

（1）网络信息的复杂性和不可选择性

高校大学生普遍呈现年轻化的特点，具有较强的好奇心和正义感，也是网络信息接收的主要群体，但因为年龄、阅历等局限性，在面对问题处理问题时存在一定的不理性行为。尤其面对复杂网络信息，在自身辨别能力尚未提高的情况下，对于一些社会负面信息和负面因素，如网络病毒、网络诈骗、网络道德失信等难以分辨和化解。网络信息的复杂性为高校意识形态教育的开展一方面提供了契机；另一方面也对高校意识形态教育形成了巨大的挑战。与传统媒体时代不同，当前人们不再以通过报纸、电视、教育活动等途径接受意识形态教育，而是深受网络的影响。传统媒体的信息多经过筛选监督把关，具有较强的选择性，但在当今互联网时代，一些与主流意识形态相背离的价值观、思想理念较以往更易扩散传播，此类信息很容易对高校大学生思想观念造成冲击和影响，尤其对自身三观不稳不正的部分学生，甚至有可能会动摇其根本信仰，这一系列问题都会使主流意识形态的教育工作增加难度，庞杂的网络信息具有一定负面影响；同时，因为新媒体的复杂性、开放性和传播性，使对新鲜事物感性认知力和信息鉴别力尚未成熟的高校大学生，在无意识中参与到网络意识形态纠葛中，错误意识形态观潜移默化浸染大学生的思想和行为，进一步加深不利影响。

（2）对于网络舆论阵地控制难度加大

目前，我国作为世界第二大经济体，具有全球新媒体大国的地位，网络通信工具的自由随意使用，为学习生活提供便利的同时，也为不良信息等威胁意识形态安全的信息的隐藏提供了便利。各种不良信息的传播对信息鉴别力较差的高校大学生的危害极大。东西方在意识形态领域的冲突日趋激烈、复杂化和更加隐蔽，也具有更强的渗透性。在当前社会发展的背景之下，网络必将成为西方资本主义国家对我们意识形态和价值观输出的主要平台，将一些消极的价值观念和有害信息通过网络进行传播，进而侵蚀高校大学生的正确思想观念。网络的发达致使高校意识形态教育方式方法随之发生改变，此外，该种危害具有较强的隐蔽性，监管起来的难度也随之增多，致使我国对网络舆论阵地的控制难度加大。但意识形态教育的国际化发展趋势，是信息全球化发展的客观要求和意识形态教育的必然走向，因此虽然网络背景之下，对于高校意识形态教育提出了种种挑战，但也需要清楚地认识到不能因噎废食，既要打破不同性质思想政治教育的障碍，增强互相了解，在比较、鉴别的前提下，借鉴吸收对自己有益的东西来进行发展，面对来自国际范围的各种文化、思潮、理论，作为高校大学生应当具备一定的信息分辨能力；同时，对于各种思想能够进行选择性吸收，对不良信息能够批判性抵制，在教育方法国家化发展的要求下，自觉防止和抵制已经出现的世界性问题，如价值观念的不确定性和信仰危机，当前意识形态教育既要充分利用网络化进程中的积极因素，又要防止和抵制消极负面因素的影响。

3. 社会主义意识形态教育部分功能弱化

当前在高校所开展的意识形态教育承载导向、育人、保障等功能，也是意识形态教育本质的外在集中显露。首先，导向功能是意识形态教育目的性的体现，通过理想信念教育、奋斗目标教育和行为方式教育来实现具体导向功能。例如，在理想信念教育方面，通过具体的意识形态教育帮助大学生形成正确的理想信念，并借此激发动力，指导大学生的个体行为，理想信念的稳定性和持久性可以为大学生认识活动和实践活动进行正确引导，并使大学生产生坚定持久的驱动力，但形成理想信念需要通过教育实践不断丰富强化和稳定，否则大学生在内外部因素的影响之下有可能会产生理想信念的动摇改变。在奋斗目标教育方面，主要落脚点在于中心任务和阶段目标，具体在意识形态教育工作中，其目标导向主要从社会发展和个体发展两个角度进行，进而把社会目标转化成人们的奋斗目标，在此过程中，需要注意的是把握好大学生的实际情况和群体特性，将目标具体化层次化个性化的同时，启发引导大学生更高层次目标的追求。在行为导向方面，要求按照道德法纪的准则具体进行。三种导向从不同层次进行，以实现意识形态教育的导向功能，但在当前社会，面对西方资本主义国家文化不断涌入，社会主义意识形态教育导向功能受到影响。在高校意识形态教育过程中，会受到如功利主义、实用主义等不良文化的影响，社会发展和科技进步拓展了意识形态教育的途径和渠道，就要求当前意识形态教育工作进行相应调整，以增强教育工作者的教育效果。

其次，意识形态教育的育人功能是思想形成发展规律，也是意识形态教育的基本功能，对于大学生而言，思想政治素质既决定了个体的发展方向，又直接作用影响个体智力体力发展和发挥程度。正如马克思所说的人的全面发展，不单指的是单个人的发展，更是"全体社会成员都要普遍地得到发展"，既要培养提高大学生的思想政治素质，也要促进科学文化素质的提升。而在全球化的背景下，由于文化差异经济文化交流过程必然出现碰撞，西方文化有利也有弊，部分缺乏辨识能力的学生易受到西方文化的冲击，无论是学生和还是教育工作者，如果不能正确对待外来文化，抓住一切可以运用的手段来取其精华去其糟粕，便有可能遭到错误思想的侵蚀。

最后，意识形态教育的保障功能是教育服务于社会发展规律的体现，要求进行意识形态教育时，既要结合社会和个人发展的根本利益和目标取向，通过教育在政治方向和原则上达成共识，又要联系思想实际和实践实际在动机方法上保持统一，摒弃思想认识上的片面性，还要在政治共识和思想统一的前提下，明确行为规范，防止行为异常。

随着社会主义民主的发展和大学生的自主选择性增强，意识形态教育的保障功能需要更有效的实现，从而解决个体自主性和社会集体性的矛盾，但从意识形态教育的保障功能看，当前社会主义意识形态教育存在弱化的问题。按照唯物史观，任何一定意识形态，归根结底是由一定历史阶段的社会存在决定的，并且为该社会的经济基础服务，当前正面临社会快速转型期，社会结构也在加速调整，这意味着高校大学生意识形态教育将会不断地遇到新的问题和矛盾。社会阶层的多样性导致多种社会思潮流行，不同思潮之间相互渗透，会对大学生所接受的主流意识形态带来一定冲击。高校大学生同时具备较强的求知欲和较弱的辨别能力，因此易被误导引诱，如产生学习功利化、生活物质化等不良倾向，种种情形都从不同角度对当前高校的意识形态教育产生弱化影响，进而影响高校意识形态教育个人价值和社会价值的体现。意识形态教育的个体价值体现在政治方向的引导和完整人格的塑造等方面，而社会价值在政治、经济、文化、时代均有体现，意识形态教育功能的弱化势必会对其价值产生不利影响。

4.意识形态教育主体性和主导性关系协调不足

高校意识形态具有高度系统性和理论性，同时由于大学生认知水平的局限性，在高校开展意识形态教育时难免会达不到预期效果，意识形态教育主体性和主导关系之间的协调性问题，主要集中在高校意识形态教育工作者和高校大学生二者是一种不同于传统思想政治教育中教育者和受教育者之间关系的双向互动关系，因此都是具有独立自主的主体。但在实践中，这种双向互动的平等关系往往无法很好地实现，对意识形态教育实效产生不利影响。高校是开展意识形态教育的主要阵地和渠道，高校教师作为意识形态教育工作者，需要对教育对象进行具体考察和准确把握，但现实中教育者往往对主体性把握不到位，主要表现在以下方面。

（1）高校意识形态教育者方面的原因

第一，对受教育者的客观认识不够彻底。全面客观认识大学生是高校意识形态受教育者充分发挥主导作用的前提，也是教育者主体性的体现。高校大学生作为意识形态教育的对象，客观上具有广泛性与复杂性，由于这些特点的存在，也决定了大学生的个体差异性。对于高校大学生而言，个体在心理发展、生理发展、社会经验、教育背景等方面都存在差异。这些差异的存在，要求高校意识形态教育者在选择教育内容、教育方法以及适合的教育载体方面有所依据，更要全面客观地认识大学生的个体差异，避免运用固化模式的内容进行教育，从而增强意识形态教育的针对性和接受性。意识形态教育者在具体实践过程中应当主动研究大学生的不同特点，全面把握受教育者各方面的差异。高校意识形态教育者对大学生主体地位认识，有利于发挥大学生主体性的教育内容和教育方法，注重在教育实践中激发其内在驱动力主动参与教育，与大学生共同实现意识形态教育的目标。但在实践中往往存在教育者对大学生的主体性认识不足，以及对他们个性化和差异化的把握不深刻的情况。

第二，教育内容及教育方法选择不够准确。意识形态教育是有意识、有目的的实践活动，对于教育内容的确立和教育方法的选择，都应以自觉确定教育目的为前提，因此要求高校意识形态教育工作者立足于社会发展的要求，结合受教育者实际情况，制定出相应的教育目的，使其既能体现社会要求，又符合受教育者思想需要。意识形态教育者应当及时对教育目的进行符合客观实际的分解，使教育目的呈现为从具体到抽象、从感性认识到理性认识的目标发展链条；同时，还要顺应时代和社会丰富发展教育内容。意识形态教育需要确定应该传递什么样的思想观念、政治观点和道德规范，并且随着人和社会的发展而带来的新问题新情况，提炼出反映时代和人的发展要求的教育内容，使教育内容富有时代性，具有发展性。但在高校意识形态在教育过程中，一些教学内容和教学案例虽然有重要的教学价值，可也存在着难以引起学生共鸣等弊端，一些素材的选用上难以有效贴近生活、贴近实际、贴近时代发展特点，分离了教育内容的经典性和时代性。在高校意识形态教育过程中，教育方法是连接教育者和大学生的桥梁纽带，作为教育者需要随着教育情景和不同阶段大学生特质的变化，调整选择科学有效的教育方法，传统单一的课堂教授在现代社会背景下不能更好地发挥应有作用，尤其在信息技术飞速发展的现代，高校意识形态教育更应突破传统教育方法的局限，积极运用科学技术手段创新教育方式，增加意识形态教育的科技含量，实践中意识形态教育往往因教育内容的固化和课程特点，教育者在教学方法的创新上较难实现突破性改革影响教育效果。

第三，教育者自我素养有待进一步提升。线上教学方式改变了传统教学模式，要求教育者具有较强的业务能力、知识涵养和网络素养，能够在短时间内整合要教授的课程内容，按教育对象的学习要求转换为教育资源。高校网络意识形态教育工作应做到育人者先自育，将自身作为认识改造对象，不断改造自己提升自我，想要达成科学、有效教育大学生的目标就必须将发展自己作为首要任务，尤其在当前社会，传统经验型意识形态教育者难以适应时代发展和社会需要，面对不断更新的社会环境和不断变化的大学生群体，高校意识形态教育者难免出现不同程度的不适应，如因知识储备不足和知识结构单一带来的不适应等，在信息程度不断加深的现在，大学生获取信息的来源更为多元，高校意识形态教育者原有的知识权威优势逐渐丧失，如果教育者没有足够的危机意识和紧迫感，就会在拓展知识领域、优化知识结构，掌握先进技术和指导教育实践方面有所欠缺，部分高校意识形态教育者在接受新事物方面敏感性较低，适应能力不足，探索主动性不强，甚至存在懈怠思想。

（2）高校意识形态受教育者方面的原因

作为高校意识形态教育的实施对象，大学生应自觉认同意识形态教育目标和要求，并且能够独立做出判断选择，自主调节行为，并在实践中不断完善自身能动性创新性。要实现充分发挥以高校意识形态教育主体性的目标，不仅要肯定大学生在教育过程中的主体位置，更要积极培养他们在教育过程中的主体性。但实践中在大学生主体性培养方面存在以下三方面不足：

第一，缺乏有效的平等互动。在高校意识形态教育中大学生是主体性存在，尤其在当前社会条件下，高校大学生不仅有较强的自主意识和独立意识，由义务教育阶段进入高等教育阶段后，在学习方式、教学环境、人际关系上都有较大变化，从原来惯有的被动接受逐渐自主地"发展自身实践主体素质、提升自身实践主体价值、有效调控自身实践主体行为"。同样，作为高校意识形态教育主体的大学生群体，他们既不会盲目迷信教育者权威，也不会延续被动接受模式，而是会在社会发展过程中认识判断教育者的水平，并且试图用批判和个性化的想法影响教育者。大学生群体的主体意识兼具社会性与情感性，他们在面对新思想、新理论时更愿意通过判断其是否与自身理性与感性相匹配而选择接受与否。因此，大学生与意识形态教育者之间不再是简单的教育和接受的关系，而是积极的教学相长关系。在意识形态教育过程中，教育者和大学生之间应当为单向灌输和双向互动相结合的模式，传统意识形态教育中采用单向灌输的教育模式和方法，具有强意识形态教育模式中，存在单一的单向灌输问题，导致大学生兴趣爱好、个人简介难以较好地表达和体现，制约其主体性的增强与发挥。

第二，对意识形态教育内容价值缺乏认同。高校意识形态教育的内容是个体要求和社会要求相结合的需要，因此体现的是一种社会价值，维护社会发展长远利益和根本利益。因此高校意识形态教育的目的和规范具有全局性准则，对于大学生而言，如果不能认识到个体自身利益和社会利益的一致性，就难以理解反映社会长远利益的教育内容的价值，进而导致大学生对意识形态教育不能很好地主动接受，甚至产生逆反心理和抵触情绪。当前大学生群体对高校意识形态教育内容缺乏深刻理解，教育内容与实践相结合不够紧密，虽然绝大多数大学生思想上积极向上，拥护主流意识形态、掌握科学文化知识。但随着国内外形势变化，西方文化思潮的涌入，易对大学生的思想和认知产生不良影响，进而使其对当前高校意识形态教育内容产生疑惑迷茫，动摇他们对社会主义的信念和自身理想及价值观念。

第三，部分受教育者自律性不足。大学生主体性发展的落脚点从接受教育向自我教育发展，他律向自律发展，进行自我发展、自我建构、自我完善，从而达到受教育主体的高度自觉。现代社会，高校大学生主体性较之从前有了明显增强，自律性和自育性也有了一定提升，但如何在复杂多样瞬息万变的环境中充分发挥能动性和创造性，变单纯被动接受和内化为主动外化，依然是高校意识形态教育者需要不断探究的命题和任务。

5. 高校意识形态教育教学理念缺乏开放性包容性

在互联时代背景下，信息传播方式具有较强针对性且受众明确，这对高校了大学生的学习生活思维方式都有一定影响，顺应教育信息化是高校意识形态教育的发展趋势。但部分高校意识形态教育过程中尚未形成应对新变化的意识，原有教育过程中的"困境"问题并未改观，并且在各种网络新兴教育教学模式下矛盾更为显著。当前高校意识形态教育以思政理论课为主渠道，从内容体系上主要包括思想教育、政治教育和道德教育几方面，其中思想教育着重对大学生进行世界观方法论教育，重点解决主客观是否符合以及如何符合的问题，指导学生正确认识和把握自然规律和社会发展客观规律，树立正确世界观、人生观、价值观，并能够助其解放思想、转变观念，提高解决问题的能力；政治教育主要对大学生进行政治思想、政治信念、政治立场等教育，加强爱国主义和集体主义教育，增强大学生对我党和国家对于社会主义制度的政治共识，加强民主法制教育，增强大学生社会主义民主意识和法制观念，从而自觉遵守社会主义法律法规，增强他们的国家归属感、提高他们的民族自豪感以及社会责任感；道德教育主要对大学生开展行为规范教育，使其形成道德观念，培养道德情感，提高道德素质，树立与社会主义发展相适应的道德观念和道德行为，自觉克服和抵制享乐主义、拜金主义等错误思想的影响，内化道德规范，用规范指导约束自身行为，教育大学生能够正确认识和处理国家集体个人之间的关系，从而从社会角度能够达到促进人与人之间形成平等团结互助友爱的社会主义新型人际关系，从个人角度能够形成良好稳定的道德品质。但在实践中，高校意识形态教育往往存在政治性过强的问题，首先，在坚持马克思主义指导地位一元性的同时容易忽略马克思主义的开放性和包容性，尤其在思想政治教育课的课堂上，理论教育局限于理论，对其他社会思潮中对当前主流意识形态教育有利部分的借鉴不足，因此产生教育内容较为单一固化的问题；其次，高校意识形态教育在培养大学生的世界观、人生观、价值观时偏重理论，容易让学生对课程产生枯燥乏味的印象；最后，对于高校意识形态教育的灵活性没有足够的重视，意识形态教育的灵活性既体现在教学内容又体现在教学方式，实践中往往重理论灌输，轻内容更新，对新媒体等多途径教育方法没有很好地加以利用，从而导致大学生意识形态课堂教学吸引力不足。

6. 高校意识形态教育内容结构有待优化

高校意识形态教育内容结构不同实施效果也会随之发生变化，只有不断优化其内容结构才能达到科学实施教育内容，有效实现教育目标，发挥意识形态教育的最佳功能，在实践中往往存在以下三方面问题。

（1）意识形态教育核心内容不够突出

高校意识形态教育内容丰富体系庞大，但各个内容之间并非平行关系，政治教育应当始终处于主导地位，对意识形态教育的其他内容和整个教育内容体系的性质方向起到决定性作用。坚持以政治教育的主导地位就要求在对大学生进行意识形态教育时，始终以理想信念教育作为核心内容，进行爱国主义、集体主义教育，引导学生认识社会主义发展的历史进程和我国社会主义改革实践过程，以及当前国际环境变化带来的影响，从而能够对社会主义必然代替资本主义的客观规律有更深一步的认识，让大学生树立建设中国特色社会主义的共同理想。可以说，只有坚持政治教育为主导，理想信念教育为核心，才能体现意识形态教育的本质，提升意识形态教育的高度和层次，才能带动和促进其他意识形态教育内容的实施。

（2）意识形态教育内容体系有待完善

教育者处理应了解网络意识形态的本质和特征，还要有的放矢地完善相应的教育内容体系，提高教育的整体效应。高校意识形态教育内容丰富，为了增强教育内容的系统性就必须完善其内容体系，使之形成有机结合。在教育内容体系中存在的问题主要集中在两个方面，一是教育内容在体系结构中位置不明确，主次不清晰；二是教育内容中虽然重点突出主次分明，但实施过程中忽略部分教育内容，造成体系的片面和不完整，如重点突出理想信念教育但忽略对社会公德、创新精神培养等方面的教育，或者面对道德问题和心理问题日渐凸显的情况，不能及时调整加大道德教育和心理教育的力度等，这两者都存在内容体系结构不合理的问题。

（3）教育内容更新滞后阻碍结构优化

时代进步和社会发展必然要求意识形态教育要进行相应调整，以更好地顺应大学生个体发展需要。在政治教育内容方面，当代世界政治格局发生了深刻变化，西方资本主义国家为干涉他国内政找理论依据，抛出所谓的人权至上论和先发制人论，国际形势的变化就要求进一步充实政治教育相关内容，在思想教育内容方面，随着经济全球化进程的不断加深，对于大学生的意识形态教育需要加强创新精神内容，使其更好地适应知识经济发展和经济全球化的需要。在道德教育内容方面，应当引导大学生正确认识和处理竞争合作、效率与公平等关系。当前部分学生因为理论认识不深刻及外部不良思想影响，存在信仰失衡道德偏颇等问题，亟须从教育内容上不断充实更新，更高层次地优化意识形态教育内容结构，发挥高校意识形态教育的功用。

第五章

新时代高校网络意识形态建设的指导思想与基本原则

高校意识形态教育的指导思想是关系到高校意识形态教育方向的根本问题，不同的指导思想决定了意识形态教育的不同特征。高校意识形态教育要取得实效，必须坚持，不能背离。新时代高校网络意识形态建设的新形势、新任务，要求我们要更新网络意识形态建设的思想和观点，坚持以适应时代发展需要，符合高校网络意识形态建设实际的理念和原则为指导。

一、高校网络意识形态建设的必要性

（一）高校网络意识形态建设是巩固中国共产党执政地位的需要

从国内外现实形势说，我国的改革开放和社会主义现代化建设是在复杂的国际环境中进行的，意识形态领域面临人类历史上空前的尖锐矛盾和复杂局面。在这样的背景下，正确认识和把握意识形态领域的斗争形势极为重要。这些年来，我们党高度重视意识形态工作，面对信息化、全球化时代意识形态领域的许多新情况、新变化，全面推进理论武装、新闻宣传、文艺出版、思想道德建设、精神文明建设、文化体制改革等方面的工作，促进了社会主义文化的大发展大繁荣，全党全国各族人民团结奋斗的共同思想基础不断得到巩固。另外，意识形态领域并不平静，特别是渗透和反渗透的斗争仍十分尖锐复杂。各种敌对势力正加紧在意识形态领域对我国进行渗透破坏活动。国内也出现了一些噪音和杂音，既有否定马克思主义指导、否定党的领导、否定社会主义制度的言论，也有否定改革开放、否定党的理论和路线方针政策的言论。虽然发表这些言论的只是极少数人，但我们决不能掉以轻心。

从社会结构说，任何社会都是在一定生产力发展的基础上的经济基础、政治上层建筑和意识形态的统一体。其中，作为统治阶级意志集中体现的意识形态是整个社会机体的灵魂，它为统治阶级的统治提供理论依据、思想基础和精神支柱，当代社会主义中国同样如此。从共产党执政地位来说，正因为意识形态能为统治阶级的统治提供理论依据、思想基础和精神支柱，意识形态工作才关系党和国家的全局，关系中国特色社会主义的顺利发展，关系社会和谐稳定、国家长治久安。这对于维护党的执政地位十分重要。从综合国力构成来说，以意识形态为核心的思想道德文化，是综合国力构成中不可缺少的重要软实力，它越来越成为民族自信心、自尊心、凝聚力和创造力的重要源泉。在当今世界，一个不重视本国意识形态的民族是不能屹立于世界民族之林的。因此，我们集中精力进行社会主义现代化建设时，一刻也不能放松意识形态工作。从社会主义现代化总体格局来说，中国特色社会主义是全面发展、全面进步的事业，是物质文明、政治文明、精神文明相辅相成的事业，全面建成小康社会，必然要求思想道德文化建设与经济社会建设协调发展，全面加强意识形态工作。从大学生的历史使命来说，他们作为青年中的先进文化群体能否忠于党、忠于国家和忠于人民，具有政治头脑，认同主流意识形态，将直接影响到公民整体素质，影响到德育教育的实际成效。大学生主流意识形态的教育和创新，对于提高他们的思想政治素质，把他们培养成中国特色社会主义事业的建设者和接班人，对于全面实施科教兴国和人才强国战略，确保我国在激烈的国际竞争中始终立于不败之地，加快推进社会主义和谐社会建设，确保中国特色社会主义事业兴旺发达、后继有人，具有重大而深远的战略意义。

（二）高校网络意识形态教育创新是改善高校思想政治教育状况的需要

在网络信息时代，如何把控好互联网这一影响党长期执政的最大变量，积极应对网络意识形态面临的新问题新挑战，切实增强网络意识形态风险防控的能力，确保我国网络意识形态安全，进一步提高我国社会主义意识形态的领导力、引导力、凝聚力，是新时代赋予我们的重大课题。为此，高校要进一步加强领导班子建设，同时着力造就一支既有政治责任感、社会责任感和学术责任感，又有学术造诣和创新能力的马克思主义理论队伍，牢牢控制高校意识形态理论阵地的制高点，并建设一支政治强、业务精、纪律严、作风好的专兼职结合的思想政治工作队伍。

改革开放以来，我国高等教育实现了从精英教育向大众教育的质的飞跃。现在，高等院校在我国经济社会发展中的地位日益突出，有着不可忽视的社会作用和影响。从功能上看，高校承担着人才培养、科学研究、社会服务、文化传承和创新的重要使命，是人才资源的富矿，是孕育新思想、新知识、新科技的重要园地，是社会创造活力的重要源泉，是发展先进生产力和繁荣先进文化的重要力量。从影响上看，高校是思想文化最集中最活跃、知识信息最密集的地方，大学生思想文化教育涉及千家万户，家长时刻关心，社会普遍关切，国内外十分关注，这既给高校网络意识形态教育创新提供了广阔的平台，也对高校网络意识形态教育创新提出了新的要求。目前，我国高校网络意识形态教育的地位尚未达到应有高度，主导价值观受到多方面干扰和挑战，网络意识形态教育的内容和形式都亟待丰富和改进，网络意识形态教育的活力不足与发展滞后明显，这些问题的解决都需要教育工作者更新观念、解放思想、与时俱进，都呼唤网络意识形态教育创新。

（三）大学生网络意识形态教育创新是培养现代人才的需要

青年兴则国家兴，青年强则国家强。青年大学生在其社会化进程中期待着社会的承认、容纳，希望在社会实践中实现自身的价值。但在传统的主流意识形态教育中，青年只是被教育和塑造的对象，忽视青年作为个体的自主性和能动性。这种并非基于以人为本的主流意识形态教育逐渐演化成为"冰冷生硬"的政治说教，教育者和被教育者之间得不到相互理解、相互谅解和相互支持，教育投入得不到应有的效果和回报。因此，只有通过改革创新，才能更好地走近青年大学生，才能更好地了解他们的真实生活和真实想法，才能更好地满足他们的深层关切和现实需要，才能有效地进行主流意识形态教育。

高校网络意识形态教育创新，就是要培养具有世界视野的当代大学生。网络时代的到来、新媒体技术的发展、网络社会的形成，为大学生提供了广阔的思想文化生活场所，也为高校完善意识形态工作、与各种错误社会思潮争夺青年大学生创造了新阵地。如何将高校网络意识形态安全建设得更牢固，这成为高校不得不应对并战胜的一项重要挑战。高校意识形态教育旨在培养世界视野、大度包容、敢于担当、人文关怀的当代大学生，使他们在日趋频繁的国际交流、合作与竞争中，既熟悉和适应自由、平等、民主、竞争、合作、关爱等共同价值和通行规则，又不失民族气度、文化自信和爱国操守，既能融入世界潮流，又能得到世界的广泛认同和赞许。

高校网络意识形态教育创新，就是要培养具有现代人格的当代大学生。处在社会转型期的中国，迫切需要一代具有现代人格的大学生。现代人格包括人的观念、道德、智力、生活方式等实现了从传统向现代的转型。具有现代人格的大学生应该具有与时代相适应的道德理想、价值观念、民主法制观念、权利义务观念、时间观念、效率观念、全局观念和信息观念等，具有现代科学文化知识伦理道德修养、生活行为方式等。其中，过硬的思想道德素质是灵魂核心和根本标志。

高校网络意识形态教育创新，就是要通过切合时代要求的教育内容和方法，帮助大学生树立为中华民族伟大复兴而努力学习的远大理想和坚强勇敢、谦虚谨慎、乐观向上、豁达助人的优良品格；正确处理个人与集体、国家之间的辩证关系，以积极的心态投入到学习和实践中去。观念是行动的向导，只有具有创新意识，才能培养创新思维，锻炼创新能力，开展创新实践，养成创新习惯，取得创新成果。人的创造力的发挥是以艰苦的探索、辛勤的劳动和持之以恒的毅力为基础的，大学生只有不畏困难、坚持不懈、百折不回，才能想前人之未曾想、说前人之未曾说、干前人之未曾干的事。高校主流意识形态教育创新，就是要培养大学生以浓厚的兴趣、昂扬的激情、开拓的勇气、强烈的自信，以创造性的劳动去实现最大的人生价值，对社会做出最大的奉献。

（四）网络意识形态阵地建设有利于深化高校综合改革，构建和谐校园

网络的产生使人的存在世界分为现实与虚拟两个空间，由此人的道德生活处于遮蔽与彰显的二重性中，希望通过身份遮蔽来逃避道德约束。这也就要求了高校要做好网络意识形态的治理工作必须要坚持总方向的正确，认准马克思主义引领高校的意识形态。要想做好和谐校园的构建工作，最重要的就是牢牢做好高校网络意识形态的管理工作，坚持立德树人。我们要建立一个阳光正面、和谐有序的大学校园环境，这样也能更好的培养人才、服务社会。因此，要加强学校思想政治教育工作，更好地改进教育系统意识形态工作。要切实加强和改进学校思想政治工作，坚持用习近平新时代中国特色社会主义思想树人育人，创建和谐校园文化，增强学校思想政治教育的吸引力和感染力。要加强学校网络意识形态建设，更好地改进教育系统意识形态工作。要全面强化学校意识形态阵地建设，牢牢守住学校政治安全和意识形态安全底线，为广大学生健康成长创造良好的条件和环境，不断推动高校党建工作和意识形态工作与时俱进。要夯实工作责任，健全网络意识形态工作责任体系。要把党的领导贯穿办学治校、治学理教的各环节各方面，健全意识形态工作领导体制和机制；压紧压实工作责任，织密意识形态工作责任体系，尤其要明确"学术研究无禁区，课堂讲授有纪律，个人言论守规矩"，强化每一位教师教书育人责任。校园的稳定与和谐发展，要通过科学严格的规范治理工作，从学生自身做起规范其在网络中的言行；学生稳定了，才能更好地促进和谐校园的建设与发展。

二、高校网络意识形态建设的指导思想

（一）坚持马克思主义的基本立场，确保意识形态工作的社会主义方向

1. 为实现共产主义而不懈奋斗

马克思主义学说是关于无产阶级革命的学说，是关于共产主义的学说，它阐释了社会发展的基本规律，为无产阶级科学地指出了奋斗的理想，是受到理论和实践检验的最科学、彻底的社会主义学说。马克思主义不是空洞的理论，而是实践的理论，其目标是为共产主义而奋斗。"共产主义对我们来说不是应当确立的状况，不是现实应当与之相适应的理想。我们所称为共产主义的是那种消灭现存状况的现实运动。这个运动的条件是由现有的前提产生的。"共产主义是无产阶级的最高理想，它并不是一个空想的理想社会，而是一场立足于实践的现实运动，以消灭私有制，实现人的全面发展为己任。"共产主义和所有过去的运动不同的地方在于：它推翻一切旧的生产关系和交往关系的基础，并且第一次自觉地把一切自发形成的前提看做是前人的创造，消除这些前提的自发性，使这些前提受联合起来的个人的支配。"共产主义并不是一蹴而就的，需要进行艰苦的革命和长期的社会主义建设。共产主义实现的道路也不是单一的，必须要克服"唯理论"和"唯实践"两种极端倾向，将理论与具体实践结合起来，坚持有中国特色的社会主义发展道路。我国高校是社会主义国家高校，意识形态工作一定要坚定马克思主义的基本立场，为中国最广大的人民群众的美好生活而奋斗，为最终实现共产主义而奋斗。

2. 人民群众是历史的创造者

人民的立场是马克思主义的重要立场，它不同于以往的任何理论和主义，它第一次彻底地科学论证了人民群众是历史的创造者这一核心观点。马克思以"现实的个人，他们的活动和他们的物质生活条件，包括他们已有的和由他们自己的活动创造出来的物质生活条件出发，实现了人民至上的革命。从马克思人民观的内在逻辑来看，马克思坚持历史唯物主义的世界观和方法论，以'现实的个人'为出发点，找到了历史的真正主体；以实践观为前提，看到了人民的历史创造作用；以人民主体思想为核心，充分证明了人民在社会历史发展中的主体地位；以人民解放为价值归宿，为人类社会发展指明了方向。"习近平总书记强调"江山就是人民，人民就是江山"，充分体现了马克思主义的世界观。党能够取得伟大胜利，重要原因就是将人民群众视为决定党和国家前途命运的根本力量。高校意识形态工作应充分认识到人民在历史发展中的巨大作用，不忘初心使命，坚定正确的社会主

义"人民立场"。

3. 充分发挥意识形态对思想的引领作用

马克思十分重视思想理论所具有的物质力量，强调理论武装群众的重要价值，他指出，"批判的武器当然不能代替武器的批判，物质的力量只能用物质的力量来摧毁；但是理论一经掌握群众，也会变成物质力量。理论只要说服人，就能掌握群众；而理论只要彻底，就能说服人，所谓彻底，就是抓住事物的根本。但人的根本就是人本身"。意识形态是上层建筑中思想观念的部分，它并不以物质力量的形式出现，但是它往往通过掌握群众而实现其实践功能、发挥其物质力量。高校意识形态工作从表面来看是一项思想观念层面的工作，但其实质确是一项引领思想、指导实践的工作，其最终功能和价值将在改造社会的实践中得以表现。从这个层面来说，意识形态工作直接关系到学校"立德树人"的中心工作，直接关系到培养社会主义建设者和接班人的根本任务。高校要做好意识形态这项工作，就要用理论说服大学生，理论能否说服大学生，就要看理论是否符合大学生的根本利益和需要。社会主义意识形态不是虚假的观念，它是建立在历史唯物主义和辩证唯物主义哲学观的基础之上，依据客观现实，充分揭示社会发展本质而获得的科学规律，它是经历过无数次实践验证而证明的客观真理，科学性、客观性、现实性是它的基本属性。我国的国家性质决定了我国是以人民为中心的、保证人民当家作主的国家，我国的上层建筑的组织形式也是围绕这一国家性质而设定的，可以说，我国是人类历史上首次绝大多数人占统治地位的国家，中国共产党奋斗的最高纲领是实现共产主义、实现人的自由全面的发展，社会主义意识形态是符合人民最根本利益的意识形态，是关照人民最根本需要的意识形态，也是最有说服性的意识形态。做好高校意识形态工作，就是要依据社会主义意识形态的根本属性，结合大学生的现实状况和需求，充分发挥意识形态的思想引领作用，实现"立德树人"的根本目标。

（二）以习近平意识形态系列观点为思想统领

一直以来，党和国家都高度重视意识形态工作。随着中国特色社会主义进入新时代，为了加强和改进意识形态工作，习近平总书记始终坚持马克思义指导思想，立足新时代实践要求，提出了一系列具有历史特点的新理念、新思想、新战略，对如何做好意识形态工作作出了一系列重要部署和安排，形成了习近平意识形态思想。党的十九大报告中指出："加强党对意识形态工作的领导，党的理论创新全面进步，马克思主义在意识形态领域的指导地位更加鲜明，中国特色社会主义和中国梦深入人心，社会主义核心价值观和中华优秀传统文化广泛弘扬，群众性精神文明创建活动扎实开展。"党的二十大报告中指出："我们要坚持马克思主义在意识形态领域指导地位的根本制度，坚持为人民服务、为社会主义服务，坚持百花齐放、百家争鸣，坚持创造性转化、创新性发展，以社会主义核心价值观为引领，发展社会主义先进文化，弘扬革命文化，传承中华优秀传统文化，满足人民日益增长的精神文化需求，巩固全党全国各族人民团结奋斗的共同思想基础，不断提升国家文化软实力和中华文化影响力。"习近平总书记关于意识形态工作的重要论述，是党中央关于意识形态工作的智慧结晶，是对中国特色社会主义意识形态工作的高度概括，是高校意识形态工作的思想指针和根本遵循。坚持习近平总书记关于意识形态工作的重要论述为思想统领，就要全面分析和掌握其基本内涵，全面指导高校意识形态工作。

1. 着力防范化解意识形态领域重大风险

对于一个国家而言，除了国防安全、经济安全以外，意识形态安全也尤为重要，习近平总书记在多个场合多次强调防范化解意识形态领域重大风险的重要性。高校是意识形态工作的前沿阵地，大学生和高校教师也是容易受到错误思潮、理论误导的特殊群体，尤其是大学生，正处于世界观、人生观和价值观构建的重要时期，各方面思想认识还不全面、深刻，非常容易受到错误的、偏激的、片面的言论的影响，高校开展意识形态工作，应树立风险意识，将防范化解意识形态领域重大风险作为意识形态工作的重点任务常抓不懈。一是自觉与党中央保持高度一致。高校意识形态工作如何做、标准是什么，不是某个个人或某个集体决定的，而是高校党委贯彻党中央的决策、部署，依据高校具体环境来实施的，面对意识形态领域的重大风险，高校党委也要始终与党中央的立场、精神、政策保持高度一致，"要强化政治意识、责任意识，在重大问题上与党中央保持高度一致，绝不允许吃共产党的饭、砸共产党的锅"。二是时刻坚持底线思维。"面对波谲云诡的国际形势、复杂敏感的周边环境、艰巨繁重的改革发展稳定任务，我们必须始终保持高度警惕"。底线思维是高校党委应始终坚持的重要思维形式，面对意识形态工作，更应树立底线思维，增强忧患意识。高校党员干部，要具备较好的辨别能力，能够通过表面的社会热点事件、言论，来认识事件、言论的本质，从而积极的引导舆论，传播主流意识形态，抵御反动意识形态，防范意识形态领域的风险和挑战。三是坚定立德树人的根本任务。误导大学生三观，破坏大学生理想信念，阻碍社会主义建设，是反动意识形态的重要目的。高校的中心任务是立德树人，这是关系到国家繁荣、民族复兴的百年大计，高校开展意识形态工作，尤其是抵御意识形态领域的风险挑战，也要始终坚持立德树人的根本任务，"教育引导广大青年形成正确的世界观、人生观、价值观，增强中国特色社会主义道路、理论、制度、文化自信，确保青年一代成为社会主义建设者和接班人。"四是发挥党委政治职责。"防范化解重大风险，是各级党委、政府和领导干部的政治职责，大家要坚持守土有责、守土尽责，把防范化解重大风险工作做实做细做好。"意识形态领域的重大风险和挑战是高校面临的主要重大风险，高校党委要树立良好的政治觉悟，从政治职责的高度重视意识形态工作，不断完善风险防控机制，层层抓落实。

2. 增强意识形态领域的斗争本领

实现伟大梦想，必须进行伟大斗争。意识形态领域存在风险和挑战，也就面临着复杂的斗争，意识形态斗争是信仰之争，是主义之争，更是存亡之争。高校意识形态工作必须要有鲜明的政治立场，要利用自己学术优势和社会影响力，敢于向错误思潮、言论、舆情亮剑、发声，要敢于站在风口浪尖，坚决维护主流意识形态，做政治原则问题的"强硬派"。一是要发扬斗争精神。人无精神则泄，国无精神则亡，高校肩负着培养社会主义建设者和接班人的时代责任，更不能缺失了精神的传承，面对意识形态挑战，发扬斗争精神既是维护意识形态领域安全的必备要素，也是为学生树立榜样，实现精神教育的重要途径，高校意识形态工作必须发扬斗争精神，"在事关大是大非和政治原则问题上，必须增强主动性、掌握主动权、打好主动仗。"二是要明确斗争方向。"共产党人的斗争是有方向、有立场、有原则的，大方向是坚持中国共产党领导和我国社会主义制度不动摇。"高校意识形态领域的斗争，首先就要坚持明确的斗争方向，凡是危害违反"四个意识""四个自信""两个维护"的，就要进行坚决斗争，凡是损害党的领导和社会主义制度的，就要予以坚决反击。三是要强化问题意识。意识形态领域的斗争要有明确的着力点，不能虚化和泛泛，要奔着矛盾问题、风险挑战，高校党员干部要深刻理解当前我国面临的复杂形势，要强化问题意识，对潜在风险要有科学预见，培养见微知著能力，知道哪里有风险，风险怎样伪装，风险怎样发展，提升斗争能力。四是要讲求斗争艺术。斗争不是蛮干，而要讲究方法和策略，意识形态领域是一项较为隐性的斗争，是人们思想、认识领域的较量，这样的斗争既要做到有理也要做到有节，既要看到现在也要着眼未来，既要实现情感的共鸣也要做到理论逻辑的清晰，提升斗争的实效性。五是要锻炼斗争能力。战斗能力高或低是决定高校意识形态工作好或差的要素，高校党员干部"要经受严格的思想淬炼、政治历练、实践锻炼，在复杂严峻的斗争中经风雨、见世面、壮筋骨真锻造成为烈火真金"。

3. 用习近平新时代中国特色社会主义思想铸魂育人

"我们党立志于中华民族千秋伟业，必须培养一代又一代拥护共产党领导和我国社会主义制度、立志为中国特色社会主义事业奋斗终生的有用之才。在这个根本问题上，必须旗帜鲜明，毫不含糊"。高校开展意识形态工作，最主要的目的还是育人，而育人不仅要培养大学生的专业技能，提升自身的劳动生产力，而且要用习近平新时代中国特色社会主义思想，培育大学生社会主义核心价值观、理想信念、爱国主义思想、文化自信心和奋斗精神等道德思想要素，这就要求高校要开展好各项意识形态教育工作。意识形态工作，要以大学生为中心，开展好各项意识形态教育工作。

一是培育社会主义核心价值观。习近平总书记指出："我为什么要对青年讲讲社会主义核心价值观这个问题？是因为青年的价值取向决定了未来整个社会的价值取向，而青年又处在价值观形成和确立的时期，抓好这一时期的价值观养成十分重要。这就像穿衣服扣扣子一样，如果第一粒扣子扣错了，剩余的扣子都会扣错。人生的扣子从一开始就要扣好。'凿井者，起于三寸之坎，以就万仞之深。'青年要从现在做起、从自己做起，使社会主义核心价值观成为自己的基本遵循，并身体力行大力将其推广到全社会去。"高校要抓住大学生价值观形成的关键时期，要让大学还是能充分认识社会主义核心价值观的深刻内涵，尤其要将社会主义核心价值观同大学生的生活实际和未来发展相联系，树立大学生正确的价值观。

二是树立理想信念。坚定的理想信念是培养优秀接班人第一位的标准，理想信念足够坚定，"才能在大是大非面前旗帜鲜明，在风浪考验面前无所畏惧，在各种诱惑面前立场坚定，在关键时刻靠得住、信得过、能放心"。理想信念是大学生未来推进社会发展的强大思想动力，"青年一代有理想、有担当，国家就有前途，民族就有希望，实现我们的发展目标就有源源不断的强大力量。"树立大学生理想信念就是要实现中国梦的伟大实践，"中国梦是全国各族人民的共同理想，也是青年一代应该牢固树立的远大理想。"

三是加强爱国主义宣传教育。爱国主义是中国人民必须具备的思想认识，近年来，网上出现了一些高校教师、大学生诋毁国家、崇洋媚外的言论，高校教师和大学生作为社会的知识分子，这样的言论造成了极坏的社会影响，引起了极度的社会不适。表面来看是缺乏爱国情感，究其原因是错误意识形态的误导和主流意识形态的缺失，正如习近平总书记所强调的，要"在广大青少年中开展深入、持久、生动的爱国主义宣传教育，让爱国主义精神在广大青少年心中牢牢扎根，让广大青少年培养爱国之情、砥砺强国之志、实践报国之行"。

四是增强文化自信。习近平总书记指出，"文化自信，是更基础、更广泛、更深厚的自信。在5000多年文明发展中孕育的中华优秀传统文化，在党和人民伟大斗争中孕育的革命文化和社会主义先进文化，积淀着中华民族最深层的精神追求，代表着中华民族独特的精神标识"。在意识形态工作中培育大学生文化自信，要将我们所熟悉和认可的传统文化、革命文化和社会主义先进文化作为主流意识形态的文化基础，以此为契机，实现二者的有机互促，不断实现大学生精气神和主流意识形态思想的凝聚。

五是涵养奋斗精神。习近平总书记以奋斗和幸福为理论双核，深入浅出解读了奋斗与幸福的辩证关系，深刻揭示出"幸福都是奋斗出来的""奋斗本身就是一种幸福"，形成了新时代奋斗幸福观。涵养大学生的奋斗精神，就是要大学生深刻领悟奋斗和幸福的辩证关系，将所学的知识技能运用于实际、服务于社会，仰望星空，脚踏实地，一步一个脚印在奋斗的过程中拓宽人生的格局，实现个人发展与社会发展的统一。

三、高校网络意识形态建设的基本原则

高校意识形态建设的原则，是高校开展意识形态教育所必须遵循的具体指导思想和基本要求，用什么样的教育原则来指导高校意识形态教育是一个关系到高校意识形态教育方向的问题。面对全球化的冲击、经济的发展、社会的巨变，准确把握新时期高校意识形态教育的原则，进一步加强和改进高校意识形态教育工作，提高大学生的思想政治素质和科学文化素质，将直接关系到中国未来的面貌和现代化建设进程。因此，新时代高校意识形态教育必须遵循以下原则。

（一）坚定的主导性

任何社会都有它的主流意识形态，而且任何国家、任何社会，不管其经济结构多么复杂多样，占统治地位的主流意识形态，必然都是一元的，主流意识形态构成其社会精神文化的中枢与灵魂。在我国封建社会，儒家文化是它的主流意识形态。在西方资本主义社会，以个人主义为核心的人文主义思想是它的主流意识形态。在当代中国，面对全球化的冲击，社会意识中有多种意识形态成分的存在，但是，在这多种意识形态中，只有以马克思主义为指导的社会主义意识形态才是占主导地位、占统治地位的主流意识形态。正是这种主流意识形态，在社会生活中通过自身的科学性与先进性，通过执政党的地位和权威，渗透到社会的各个领域和层面，对整个社会和文化起到一种教育和规范作用，并对保持政治稳定和经济发展起到巨大的积极作用。

1.意识形态鲜明的阶级性决定了意识形态教育必须坚持坚定的主导性

马克思、恩格斯指出："任何一个时代的统治思想始终都不过是统治阶级的思想。"而作为无产阶级思想体系的马克思主义，当然也就是社会主义意识形态的指导思想。马克思

主义不仅是社会主义意识形态的指导思想，而且是社会主义意识形态的主要内容。列宁就把马克思主义当作工人阶级和社会主义的意识形态，他说："马克思主义已经绝对地战胜了工人运动中的其他一切思想体系。"同时，意识形态必须服务于社会主义的经济基础和政治上层建筑，服务于社会主义的经济建设和民主政治建设，对社会主义的经济基础和政治上层建筑具有巨大的影响。恩格斯指出："政治，法、哲学、宗教、文学、艺术等的发展是以经济发展为基础的。但是，它们又都互相作用并对经济基础发生作用。"同时，由于意识形态本身具有鲜明的阶级性，决定了社会主义的意识形态不能在工人阶级和人民群众中自发产生，只有从外面灌输进去，只有靠思想政治教育，才能确立起来。列宁说："我们应当积极地对工人阶级进行政治教育，发展工人阶级的政治意识。""对工人运动自发性的任何崇拜，……都是加强资产阶级思想体系对工人的影响。""既然谈不到由工人群众在其运动进程中自己创立的独立的思想体系，那么问题只能是这样：或者是资产阶级的思想体系，或者是社会主义的思想体系。这里中间的东西是没有的……因此，对社会主义思想体系的任何轻视和任何脱离，都意味着资产阶级思想体系的加强。"面对多元思想意识的冲击，如何在高校网络意识形态建设中始终坚持马克思主义的指导地位也面临许多新情况和新挑战，这是我们必须面对和思考的重大现实问题。从国际形势来看，西方敌对势力企图通过各种手段对我国进行思想渗透，企图动摇马克思主义在我国意识形态领域的指导地位，搞乱人们的思想的目的一直没有改变。

2. 马克思主义成为我国主流意识形态有其必然性

马克思主义成为我国主流意识形态有其必然性。应该说，在 20 世纪初的中国，在西方众多涌入的主义、思想和学说中，马克思主义之所以能够脱颖而出，成为中国共产党的指导思想，并逐步成为中国社会的主流意识形态，这绝非偶然，而是有着历史的必然性与合法性的，是与马克思主义的理论品格分不开的。因为，马克思主义在本质上是批判的、革命的，马克思主义的历史唯物论深刻揭示了人类历史发展的因果关系，对现实社会进行了迄今为止最具说服力的批判，深刻地阐明了人类苦难和不平等的社会根源。马克思主义在对现实社会进行批判，改造的基础上提出了共产主义社会的理想目标，即"每个人的自由发展是一切人的自由发展的条件"的社会。这对当时正经历着苦难的中国人来说，其吸引力是不言而喻的，它使人们对美好社会的向往获得了理论上的支持，鼓舞着人们去改变不合理的现实。可以说，正是马克思主义的这种理论品格适合了中国社会剧烈变革的历史需求。

马克思主义是一种与时俱进的科学体系，它把严格的科学性与高度的革命性有机地结合起来，以无可辩驳的事实和不容置疑的逻辑揭示了人类社会的发展规律，为人类进步，社会发展指明了正确方向。马克思主义虽然诞生于19世纪，但没有停留在19世纪。一个半世纪以来，它总是不断地吸收、借鉴和融合各种优秀的思想文化成果，在实践中不断前进，在实践中不断发展。"苏东"剧变后，许多人都为我们国家捏一把汗，他们担心中国的红旗还能打多久？但是历史已经作出回答，中国的红旗不但没有倒，而且日益光彩夺目，中国特色社会主义朝气蓬勃，显示出无比强大的生命力。同样是共产党领导，为什么前景如此截然不同？最重要的一条就是，因为中国共产党始终坚持用发展着的马克思主义指导新的实践。正因为我们党始终如一、毫不动摇地把马克思主义作为立党立国的根本指导思想，作为开展一切工作的行动指南，作为我们认识世界、改造客观世界和主观世界的强大思想武器，作为激励全国各族人民为振兴中华而团结奋斗的思想基础和精神动力，所以我们党才由小到大、由弱到强，克服一切艰难险阻，战胜一切强大敌人，在世界社会主义运动处于低潮时依然风景这边独好。正反两方面的历史经验告诉我们，坚持马克思主义在意识形态领域的指导地位，革命、建设和改革事业就兴盛；反之，背离马克思主义基本原理、基本立场、基本观点、基本方法，就会走向衰落，甚至亡党亡国。

当前，我们党之所以强调要坚持马克思主义在我国意识形态领域的指导地位，也是巩固发展全党全国人民团结奋斗的思想基础、实现全面建设小康社会宏伟目标的根本要求。党的二十大提出了"以中国式现代化全面推进中华民族伟大复兴"的使命任务，是对一百多年来中国共产党团结带领中国人民浴血奋战、发愤图强、锐意进取、自信自强，在实现中华民族伟大复兴历史征程上，不断取得伟大成就的充分肯定，是对在长期实践中形成的中国特色社会主义道路、理论、制度、文化的充分自信，是对历史赋予新时代新征程中国共产党使命任务的高度自觉。如果动摇和取消了马克思主义的指导地位，就必然导致思想混乱、社会动荡、背离社会主义根本方向，全面建设社会主义现代化国家的美好蓝图就会化为泡影。这要求我们必须坚持中国共产党的全面领导，坚持中国特色社会主义，坚持实现全体人民共同富裕，坚持物质文明和精神文明协调发展，坚持人与自然和谐共生，走和平发展、高质量发展的正确道路。在具体实践中，就要牢固树立对"两个确立"的信仰，不断增强"四个意识"，坚决做到"两个维护"，真正把思想和行动统一到以习近平同志为核心的党中央的决策部署上来。

（二）普遍的合理性

一种成功的意识形态必须对人们所处的世界的方方面面作出一种全面的说明，因此，从一定意义上说，对于群体成员来说，意识形态是一个取之不竭的"大全"式解释资源。同时，意识形态固然具有群体性和阶级性，但先进的意识形态必须突破一定阶级、阶层或团体的狭隘，为尽量多的社会成员所认同、认可和接受。

1. 普遍性和合理性是意识形态固有的属性

马克思早就说过，在社会上"占统治地位的将是越来越抽象的思想，即越来越具有普遍形式的思想"。任何已经或试图居于统治地位的群体都要"赋予自己的思想以普遍性的形式，把它们描绘成唯一合理的、有普遍意义的思想"。意识形态是一种群体对客观世界的主观反映，它要保证自身的论证是逻辑自洽的，而且这种自洽的论证和说明必须与多数个体对世界的经验和感觉相符合，必须有效、合理地解释世界。同时，意识形态所指导的实践必须是合理地改造世界，意识形态所蕴含和倡导的价值观必须符合和维护大多数人的利益或社会正义，能促进个人自由、全面的发展。在全球化时代，群体的意识形态也必须反映人类作为一体化存在的状态，反映人类共有的基本价值理性。只有这样，群体成员才认为这种意识形态是合理的，才能加以接受，意识形态才能发挥其积极功能。中国在近现代反抗外来侵略、建国强国的过程中，历史地选择了马克思主义这一人类最先进的意识形态，是因为它同时具有普遍性、合理性的特征，它引导着中国人民从胜利走向胜利。

近年来，随着市场经济体制的建立，由于国际共产主义运动的挫折，自由主义的意识形态在中国很有市场，许多人开始怀疑马克思主义意识形态的先进性。"马克思主义过时论"在一段时间内颇为流行，与自由主义的鼓噪相互呼应。事实上，正如诺思指出的那样，自由主义在西方已经陷入危机，尽管它也试图发展新的理论来解释自己，"但与马克思主义相对照，自由市场意识形态没有在一个综合了社会的、政治的和哲学的理论的框架里发展。因此，它在争取获得处于这些变化条件的团体的忠诚方面，便遇到了严重的困难"。当然，我们说马克思主义意识形态是先进的，并不意味着它已经结束了真理。自由主义的泛滥从反面告诫我们，必须在实践中与时俱进地发展马克思主义和证明马克思主义的合理性，才能真正捍卫和实现马克思主义的普遍性。

2. 新时期高校意识形态建设具有普遍的合理性

新时期意识形态教育的这种合理性，与社会主义意识形态的阶级性并不冲突，而是统一的。意识形态教育的这种合理性，是指社会主义意识形态吸收人类文明的共同优秀成果，将原来传统社会主义意识形态批判的东西，尤其是对待资本主义的优秀成果，通过论证与实践探索使之合理化，与社会主义意识形态相容，纳入到社会主义意识形态之中或允许其合法存在。过去，我们在主导意识形态中强调阶级性，是因为占主导地位的社会主义意识形态的阶级性中已经包含了普遍的合理性。在向西方发达资本主义国家学习的过程中，传统社会主义意识形态所否定和批判的资本主义国家的一些人类优秀成果被合理化，一些不带有阶级属性和制度属性的成果充实到社会主义意识形态之中。习近平总书记在党的二十大报告中指出，意识形态是为国家立心、为民族立魂的工作。在全面建设社会主义现代化国家新征程上，我们必须坚持马克思主义在意识形态领域指导地位的根本制度，建设具有强大凝聚力和引领力的社会主义意识形态，巩固全党全国各族人民团结奋斗的共同思想基础。习近平总书记关于意识形态工作的重要论述使当代中国主导意识形态的普遍合理性得到了进一步的发挥，它集中了当代中国共产党人的集体智慧，总结了中国和世界社会主义建设和执政党建设的成败得失，是探索共产党执政规律，社会主义建设规律，人类社会发展规律而形成的完整的科学理论，实现了社会发展规律和人民群众历史主体地位的统一，社会物质运动规律和社会精神运动规律的统一，无产阶级政党的价值取向和人民群众利益要求的统一，既具目的性又具规律性，既具历史性又具潮流性，既是真理的认识，又是人民群众内心的真实诉求。

因此，我们今天强调新时代意识形态建设的合理性，是因为这一普遍合理性不仅保留了工人阶级的阶级性，还增加了时代赋予的新内涵，更容易得到全社会各阶层人们的认可，更容易体现世界潮流。特别是随着社会的不断发展，在社会主义国家内部阶级阵线越来越模糊，阶层分化越来越明显的情况下，应当更多地宣传社会主义意识形态的普遍合理性，而不是更多地突出阶级性。

（三）灵活的包容性

意识形态虽然是被物质基础所决定了的，但它一旦形成就具有自己的相对独立性。而且，意识形态的结构越完整、论证越全面、存在的时间越长，意识形态的相对独立性或稳定性就越强。但这种独立性导致的稳定性也有不利的一方面，即表现为意识形态的滞后性。意识形态不同于一般的知识性科学，它的实践和社会的职能压倒理论或认识的职能，成功的意识形态必须在解释外部条件的可观察到的变化时保持灵活的适应性和包容性，才能与时俱进地不断自我更新，从而赢得成员的持续认同与忠诚。

1. 意识形态教育的灵活性和包容性是时代发展的要求

意识形态教育的灵活性，是指对于一些时无法得出明确答案的问题搁置争论，以"不争论"为方针。新时期意识形态教育本身所固有的包容性得以恢复，它不仅是形式上的，而且是内容上的。从内容上看，新时期在坚持主流意识形态的社会主义性质，不搞指导思想多元化的前提下，允许多种不同性质主体的意识形态模式存在。这些意识形态模式中，有的是对现有体制的片面理解，有的是对西方思想思潮的简单接纳，有的是国际共产主义运动遭受严重挫折进入低潮的反映，有的是传统社会主义的老调，有的是残留的封建糟粕。它们或者以西方发达国家为楷模，主张以抽象的人性、人道主义、人权为原则在中国的民众中宣扬西方人文主义观念；或者依据非公有制经济基础，主张个体充分自由发展，实行彻底的、无任何约束的自由市场经济；或者立足于旧体制，主张按本本说话，照经典办事，誓死捍卫社会主义的"纯洁性"……从形式上看，新时期各种形式的意识形态的发展真正有了"百花齐放""百家争鸣"、推陈出新、共同繁荣的局面，在道德上，不仅有本国的不同学术观点，而且有破旧立新的社会践行；不仅有弘扬中华传统美德的保卫战，而且有宣传西方现代道德的声音；不仅有引航社会的崇高纲领，而且有适应各层次需要的行为框架。在艺术上，不仅有高雅艺术，而且有通俗表现；不仅有中国艺术，而且有西洋表现；不仅有现代艺术，而且有后现代行为表演。在宗教上，不仅主张信教自由，而且理论探讨活跃；不仅遵守世界共同规则，而且也有中国固有不变的立场。在学术上，不仅打破苏联教科书的禁锢，而且形成了中国风格的新理解；不仅马克思主义哲学研究形成不同派别，而且西方哲学观点也能登堂入室，不仅学术研究异彩纷呈，而且研究成果累累。可以说，强调新时期意识形态的灵活性和包容性，这是我们党在领导意识形态工作上进步性和自信心的表现，也是我们党自觉认识和运用社会意识形态发展规律的结果。

　　2. 增强意识形态教育的包容性是巩固党的执政地位的需要

　　本质上看，马克思主义是一种革命意识形态，强调政治和阶级对立。但是，随着全球化趋势的加剧和我国改革开放的不断深入，支撑主流意识形态的不再是抽象的政治斗争和阶级对立，而变成对技术、知识相人才的渴望，对经济发展和社会进步的追求，因此，增加意识形态的柔性化和包容性则是顺应这种历史潮流的必然选择。中国多年意识形态的发展之路也正是经历了从一味强调刚性到追求刚柔相济、从强调绝对对立到崇尚兼容并包的转变过程。一方面，我们要向西方开放和学习，但是要坚决反对"全盘西化论"；另一方面，我们又不能因为一些意识形态问题上的分歧，再走闭关锁国的老路，重犯一切以意识形态为标准的错误。改革开放并不是要搞资本主义，也不是搬用西方的意识形态，而是通过大胆吸收和借鉴人类社会创造的一切文明成果，努力为社会主义在与资本主义的竞争中赢得优势和先机创造条件。

　　巩固党的执政地位，一个很重要的方面，就是它要尽可能地代表社会各方面的利益要求，动员、集合起社会上最广泛的力量，推动经济政治文化的全面发展，这就要求执政党的意识形态教育具有较大的包容性。因为缺乏包容性的意识形态，是不可能反映社会众多阶层的普遍愿望和要求的，尤其在当今社会阶层复杂化、多元化的时代，更是如此。综观西方一些国家的政党，如美国的民主党和共和党、西欧各社会民主党、英国工党等，都不再把自己的意识形态定在极端位置上，而是偏向中间，使之有足够的包容力和应变能力，尽可能地把社会各方利益愿望都予以考虑作出安排，它们甚至为吸引更多的年轻人和民众参加党的活动，还建立"网络党""项目党"，不以意识形态相标榜，而以人们的共同兴趣为基础。这种模糊甚至取消意识形态的做法，我们是反对的，但它们扩大意识形态包容性的初衷，很值得我们思考和研究。近年来，中国共产党在带领全国各族人民推进中国特色社会主义事业中，取得了历史性成就，发生了历史性变革，在实践基础上推进意识形态创新，马克思主义中国化实现了新的飞跃，"开辟马克思主义中国化时代化新境界""意识形态领域形势发生全局性、根本性转变"。那么，为何我们党能够取得意识形态创新的巨大成功，并使得发展21世纪马克思主义的主要动力源和理论策源地"花开中国"？搞清楚该问题，有助于我们深刻领会中国共产党为什么可以成功实现意识形态创新，同时也能在未来现代化征程中不断成功推进意识形态创新。

（四）先进的创新性

理论自信、理论创新、与时俱进，是意识形态创新的核心内容和中心环节。意识形态建设的创新性，就是指意识形态教育也要随着客观实践不断发展而变化自身的内容和形式、方针和原则、方式和方法等。也就是要求意识形态教育的主体能够根据客观条件与环境的变化，在遵循意识形态教育自身规律的基础上创造性、探索性地进行工作。近年来，习近平同志立足我国改革发展实际、着眼中华民族伟大复兴、致力人类文明发展进步，解放思想、实事求是，踏石留痕，不断推动党的思想理论创新和意识形态创新，牢牢把握意识形态的主导权。如何结合实践的发展，保持意识形态教育与时俱进的理论品质，是高校意识形态教育迎接时代挑战的根本出路。

1. 开拓创新是增强意识形态教育活力的关键

创新是马克思主义的本质特征，是民族进步、国家兴旺的不竭动力，人类发展的历史表明，一个阶级、一个政党、一个集团，能否始终保持自己的生命活力，成为时代的先行者，成为推动历史发展的进步力量，归根结底，在于能否与时代发展的方向和趋势相吻合，始终走在时代的前列。坚持与时代同行，就能够朝气蓬勃，兴旺发达；落后于时代，停滞僵化，就会被历史所淘汰。我们的时代是一个创新的时代，创新是当今的时代精神和社会进步的潮流，这个时代需要社会在创新中前进，事业在创新中发展，个人在创新中进步。因此，坚持与时俱进，开拓创新，紧跟世界进步的潮流，是新时期加强和改进高校意识形态教育工作，做好新形势下意识形态工作的关键。我们一定要遵循客观规律，在教育的内容、方式、方法、手段和机制上树立创新意识，如新的思维方式、新的工作思路、新的工作方法、新的教育手段等。只有如此，我们才能任凭风浪起，稳坐钓鱼台，游刃有余地应对经济全球化、网络信息化和新的国际关系理论思潮多元化的挑战。同时，创新还要求我们在教育中树立民主平等的思想观念，重新认识客体在整个教育中的地位和作用，这是意识形态教育坚持与时俱进的客观需要。因为我们在以往的教育中，民主平等的思想观念相对淡薄，总是自觉或不自觉地将客体放在一个消极被动的地位上，常以教育者自居，凌驾于他们之上，这种做法不但忽视了客体的主体性，而且降低了教育效果。在今天教育对象的自我意识和平等意识不断增强的情况下，教育对象开始对教育者高高在上的做法表示不满，他们不再接受教育者居高临下的态度，更加拒绝接受教育者以这样的态度开展的说理教育，他们希望教育者能够走下"高台"，放下架子，以一种平等的身份与他们交流、沟通。与教育对象平等相处，这不仅是教育对象的要求，也是高校意识形态建设工作与时俱进的本质要求。

2. 不断提高意识形态教育主体的自身素质

众所周知，意识形态教育主体是对从事意识形态教育的人员的总称，他们是高校意识形态教育活动的组织者、策划者。实施者和调解者，在整个教育过程中处于主体地位、起主导作用。高校意识形态教育工作者担负着对广大青年学生进行理论教育的光荣使命，其本身素质状况直接关系到教育的效果。特别是在经济全球化、信息网络化、各种思潮多元化所带来的知识革命和信息爆炸的今天，一些教育工作者奋起直追，积极应对，把与时俱进作为自己的座右铭，不断鞭策自己、激励自己。但也有些人则认为，在网络时代，一个教师再优秀，他所掌握的知识信息在互联网面前也只是杯水车薪，因而这些人感到茫然不知所措。诚然，步入网络信息化时代，多元文化和意识形态的冲击是客观存在的，但这并不意味着我们就可以裹足不前，因循守旧。相反，加紧"充电"，不断更新知识、提高素质、完善自我，才是唯一的出路。现实中，一些人不是在优化自身素质上下功夫，而是走捷径。有时为了"提高"效果，避免曲高和寡的被动局面，常常迎合学生的口味，和他们"打成一片"，不敢大胆地倡导共产主义理想信念，不愿理直气壮地规范大学生的道德失范行为，而且对大学生的非主流意识形态观点往往视而不见，任其泛滥。高校意识形态教育中之所以出现这些不和谐的音符，是因为教育主体自身素质没有赶上时代发展的步伐。因此，坚持与时俱进，使教育者的自身素质始终走在时代前列是新形势下对高校意识形态教育者的基本要求。当前，要求高校意识形态教育者坚持与时俱进，始终走在时代前列，就是要与始终走在时代前列的先进政党——中国共产党同心同德，坚持解放思想，不断研究新情况，阐释新问题，作出新概括，讲出新东西，努力掌握现代教育技术手段，不故步自封，不夜郎自大，在坚持四项基本原则的前提下，借鉴西方发达国家意识形态教育的运作方式，进一步探索有效的工作方法。

四、高校网络意识形态建设要处理和把握好的几个关系

（一）正确处理一元指导与多元存在的关系

统一乃至单一是意识形态的必不可少的品格。历史上从来没有哪个社会真正实行过"指导思想多元化"。马克思曾经指出："统治阶级的思想在每一时代都是占统治地位的思想。这就是说，一个阶级是社会上占统治地位的物质力量，同时也是社会上占险统治地位的精神力量。"任何一个国家的统治阶级，为了巩固其政治统治，都要竭力维护和发展其占统治地位的意识形态。西方国家从来不允许马克思主义在他们的意识形态中居于指导地位。西方国家都有一套系统的方法和手段，来对他们的官员、师生、军队灌输资本主义的思想、价值观和政治信条。一些资本主义国家虽然鼓吹思想多元化，但实际上他们的多元化，不过是资产阶级意识形态的多种形式。在多元的意识形态格局中，各种意识形态之间是相互排斥，此消彼长的关系。列宁就此说过："或者是资产阶级的思想体系，或者是社会主义的思想体系，这里中间的东西是没有的……因此，对社会主义思想体系的任何轻视和任何脱离，都意味着资产阶级思想体系的加强。"这就决定了在多元环境的意识形态斗争中必须采取积极、主动、进攻的态势，越是多种思想文化并存，越是要加强主流意识形态教育；越是面对各种非马克思主义和反马克思主义思潮的挑战，越是要坚持和巩固马克思主义在意识形态领域的指导地位。历史经验证明，社会主义国家应当坚决批判异己的意识形态而保护自己的意识形态的统治地位，这是社会主义意识形态得以充分发挥自己功能的基本前提。特别是在当前多种思想文化并存和相互冲突的情况下，马克思主义信仰虽然作为一种主导信仰得到党和国家的倡导，但人们对它的信仰度确实存在着减弱的问题，因此，强化阵地意识和使命意识，旗帜鲜明地坚持指导思想的一元化，坚定不移地加强马克思主义理论的教育，对于培育一致的、有利于社会发展的意识形态具有重要的意义。

1. 高校意识形态教育坚持指导思想一元化，是我们党和国家的性质所决定的

众所周知，对于同一事物，人们的认识可以多种多样，但只有符合客观实际的认识才是真理性的认识。我们党对指导思想的选择，是以符合客观实际的真理性认识为根本要求的。党和国家的指导思想是对整个党和国家发挥根本性指导作用的，而不是仅仅局限于某个具体的领域或部门。这种全局性和根本性的特征，决定了不是任何科学真理而只有对党和国家事业全局起根本指导作用的科学真理，才能成为党和国家的指导思想。客观世界是一个多层次的复杂体系，反映客观规律的科学真理也是多层次的。人们在每个领域的实践活动毫无疑问应遵循这个领域的科学真理，还要接受更高层次的科学真理的指导。在多层次的科学真理的复杂体系中，只有马克思主义是最宏观领域的科学真理，是正确的世界观和方法论，能对人们的实践起到根本性的指导作用。当今世界，尽管可以找到无数反映客观实际的科学理论，但在地位和作用方面没有任何理论可以同马克思主义相比。正因为如此，我们一定要坚持马克思主义作为党和国家的指导思想。

马克思主义既是科学的又是革命的，它依据对人类社会发展规律的科学认识，指明了无产阶级和全人类解放的方向与道路，为我们进行革命与建设提供了理论武器和行动指南。从中国革命、建设和改革的历程看，马克思主义是无数仁人志士经过长期求索而找到的唯一正确的救国救民的科学真理。中国共产党人运用这个科学真理，成功地解决了中国革命的问题，建立了中华人民共和国和社会主义制度；在社会主义建设和改革的过程中，中国共产党人又运用这个科学真理成功地解决了中国现代化建设的问题。实践充分证明，以马克思主义为指导，是唯一正确的选择。我们要不断推进中国特色社会主义事业，实现中华民族的伟大复兴，就必须始终坚持马克思主义的指导地位不动摇。

现实生活中确有一些人对坚持马克思主义在意识形态领域的指导地位存在疑虑和担心。例如，有人说，坚持马克思主义在意识形态领域的指导地位，会妨碍哲学社会科学的繁荣和发展。其实，这是一种误解，这种看法不仅把马克思主义看成是一个普通的个别学派，而且把马克思主义同哲学社会科学对立起来。马克思主义是源于实践而又能指导实践，是已被实践证明了的科学真理，我们对马克思主义的信奉和尊崇，不是盲目的，也不是任何宗派的狭隘偏见。马克思主义既是近现代以来哲学社会科学繁荣和发展最伟大的成果，也是指导哲学社会科学进一步繁荣和发展的最正确的向导。即使在西方，人们对马克思主义的科学性和影响力也有相当的认同，许多有识之士仍坚持认为马克思主义是解决资本主义社会弊端的一剂良药。一些著名学派，如系统论、控制论等的创始人也不讳言自己的学说接受过马克思主义的影响，这就难怪西方媒体把马克思评为近千年来最有影响的思

想家。马克思主义之所以具有这样的科学性和影响力，就是因为它是认识世界和改造世界的强大思想武器。迄今为止，没有什么别的理论，能比马克思主义更能为我们提供更正确的立场，观点和方法。

高校的根本任务是以马克思主义为指导，培养中国特色社会主义事业的建设者和接班人。随着社会主义市场经济的不断发展和对外开放的进一步扩大，我国社会经济成分、组织形式、就业方式、利益关系和分配方式日益多样化，人们的价值取向、思想观念、精神追求、思维方式也呈现出多元性、多样性、多变性的特点。在这种情况下，如何对青年学生进行马克思主义理论教育，是全面贯彻党的教育方针，坚持社会主义办学方向，完成高校教育任务的一项根本措施和基本途径。

2. 坚持指导思想的一元化，与教育内容和形式的多样性并不矛盾

我们所说的指导思想一元化，是指指导思想的本原只有一个，这就是马克思主义。然而，马克思主义作为科学的理论，必然要随着时代的发展而发展，必然要与各国的具体实践相结合，从而表现出多样化的理论形态。马克思主义与各个领域具体的科学理论同样是相辅相成的。马克思主义为自然科学、哲学社会科学各领域的科学发展提供世界观、方法论的指导，而这些领域所取得的重大科学成就又有力地推动了马克思主义的发展。可见，思想的多样性与坚持马克思主义的指导地位并不矛盾。譬如，当今社会，文化多样并存是客观存在的事实，它根源于不同民族、不同阶级、不同经济成分和不同利益阶层，受到多元国际文化的影响，但坚持马克思主义的一元化指导与文化上多样化发展是并行不悖的。

也许有人会担心，坚持马克思主义在意识形态领域的一元化指导地位，会影响"百花齐放、百家争鸣"方针的贯彻。其实不然，因为我们所说的"指导地位"，是指各种学术流派、艺术流派都坚持以马克思主义世界观和方法论为指导；我们所说的"百家""百花"，是指在马克思主义指导下的社会主义文化应当允许有不同的学说和流派。如果没有"百花齐放、百家争鸣"的局面，就会声音单调、色彩灰暗、观念僵化、思想停滞。这样的文化是不可能有吸引力和生命力的，也绝不是社会主义所需要的。如果各种流派和学说缺乏正确的立场、观点和方法的指导，那势必出现良莠不分、观念肤浅，思想混乱的局面。这样的"百家""百花"必然害党害国害人，也绝不是社会主义所需要的。所以，在意识形态教育中既要坚持以马克思主义为指导，又要坚持"百花齐放、百家争鸣"，二者相辅相成、缺一不可。我们必须清楚地认识到，指导思想的一元化和多元化是互相排斥的，但文化的多样化与指导思想的一元化则是相互补充的。我们坚持马克思主义在意识形态领域的指

导地位，与"双百"方针恰恰是统一的。在马克思主义指导下的"百花齐放、百家争鸣"，可以更好地把握正确方向、开阔视野、深化研究，更好地服务人民，服务社会。

也许会有人认为，坚持马克思主义在意识形态领域的指导地位，会阻碍对其他优秀思想文化成果的吸收和借鉴。产生这种误解主要还是因为没有真正理解马克思主义是如何产生和如何发展的。马克思主义不是偏离人类文明发展大道的异端学说，也不是凭空产生的思想怪物。恰恰相反，它既是一个包容性很强的思想体系，也是与时俱进的科学理论，它十分善于汲取人类社会创造的一切优秀文明成果。一部马克思主义的发展史，就是一部不断吸收和借鉴其他优秀思想文化成果的历史。如果不批判地汲取德国古典哲学的合理内核、英国古典政治经济学的思想成果和英法空想社会主义的理论精华，就没有马克思主义的形成。马克思主义具有扎根实践、博采众长、与时俱进的理论品格，使它既能广纳百川，又能坚持根本、发扬特色。因此，坚持马克思主义的指导地位不仅不会阻碍对其他优秀思想文化成果的吸收和借鉴，反而会使我们以更加科学的态度辨真伪、识正谬，汲取精华，剔除糟粕，更好地促进我国优秀思想文化的发展。

3.高校意识形态教育中坚持指导思想一元化也必须与时俱进

坚持指导思想的元化绝不是简单地固守马克思主义原来的基本原则所能达到的。马克思主义必须是创造性的马克思主义，必须面对时代的新问题，提出解决问题的新思路、新办法。从高校意识形态教育角度看，同样应该具有时代意识，应该着眼于时代的特点和要求。面对广大师生新出现的思想"纽扣"、"思想死结"，在世界信息的网络化和各种各样的思想、理论、消息空前迅速传播的新情况下，尤其面对改革开放时期成长起来的具有开放思想，容易趋向新潮的青年代，简单的理论说教不行，要有理、有据，站得住，驳不倒。我们应该在意识形态教育的内容、形式、方法、手段、机制等方面进行新的探索。而且，创造性地进行意识形态教育，找到各种适合不同对象的教育方法，这本身就是马克思主义理论创新的一个部分。没有富有成效的意识形态教育，再正确的马克思主义理论也很难发挥它的师生性效果。理论只有为师生所掌握才能变为物质力量。在当代世界经济全球化大背景下，在国内确立社会主义市场经济体制的情况下，一个社会主义国家如何在积极参与世界性的经济活动中，坚持社会主义道路，坚持马克思主义在社会中的指导地位，这是一个对世界社会主义运动具有普遍意义的问题。因此，面对新的挑战，我们高校意识形态教育必须在主动出击中坚守阵地，在增强马克思主义"攻击"能力的同时增强"防御"能力。"防"是为了"攻"，"攻"是为了更好地"防"，在意识形态问题上是绝不能搞"国际接轨"的。我们一定要用"时代的要求"来审视意识形态教育工作，用"发展的眼光"

来研究意识形态教育工作，科学地回答中国特色社会主义实践所提出的、干部师生所关心的深层次思想理论问题，使我们的理论真正为师生所接受、所喜爱，并内化为处世、行世、立世的实际行动。

（二）正确处理灌输教育与自主教育的关系

灌输理论在以革命和战争为主题的传统思想政治工作中发挥了巨大的作用。随着历史的发展，世界进入以和平与发展为主题的新时期，特别是在我国改革开放和建立社会主义市场经济体制的条件下，灌输理论遇到了新的课题和挑战，出现了新问题。因此，在当代社会历史条件下如何运用灌输理论，加强意识形态教育既是一个理论问题，更是一个实践问题。

1. 意识形态产生的非自发性决定了灌输的重要性

灌输原则是马克思主义的一个重要原则，也是意识形态工作的一个重要原理。这一原理的基本内容是：工人运动不能自发地产生科学社会主义，对科学社会主义必须从外部灌输到群众中去，才能使工人阶级意识到社会发展规律和自己的使命。早在一个多世纪以前，马克思、恩格斯就指出，虽然现代无产阶级会自发地产生社会主义的"倾向"，但不可能自发地形成关于社会主义的科学理论。因此，工人运动极易受到各种非科学社会主义思潮的影响，也极易对资产阶级意识形态抱有幻想。他们认为："靠幻想来对共产主义所作的预见，在实际上只能成为对现代资产阶级的预见。""共产党一分钟也不忽略教育工人尽可能明确地意识到资产阶级和无产阶级的敌对的对立"，以作为"反对资产阶级的武器"。同时，他们在探讨指导工人运动的理论中，非常重视宣扬科学的理论，批判各种有害的社会思潮。中国共产党领导集体十分重视意识形态灌输工作。习近平总书记在全国宣传思想工作会议上强调："我们必须把意识形态工作的领导权、管理权、话语权牢牢掌握在手中，任何时候都不能旁落，否则就要犯无可挽回的历史性错误。我们必须充分注意和认识这种历史经验教训。因此，我们可以这样说，"灌输论"是马克思主义经典思想家强调的一个重要的原则，无论时代如何变化、无论时代向我们提出了什么新问题、新挑战、新任务，强化意识形态的灌输还将是意识形态工作中行之有效的手段，它是任何一个社会有序发展必须具备的。

2. 高校意识形态教育必须强调灌输

认识论原理告诉我们，人的认识不仅来源于客观事物的直接刺激，还来源于代表客观事物的语言文字的刺激，并随着经验的增加而提高。思想认识的提高需要间接经验，也要求教育者对被教育者进行有针对性的灌输教育。同时，人的思想认识还是一个逐步提高的过程，这一过程离不开灌输教育。那种认为"衣食足然后知荣辱"，认为只要人民的生活水平提高了，人的思想觉悟自然也会提高的想法是错误的。特别在改革开放的过程中，先进的、优秀的东西与落后的、糟粕的东西并存，如何引导人们取优去糟，这就需要通过榜样的示范效应，反复地向人们进行灌输教育，慢慢地使那种既包含正确因素，又包含谬误成分的社会心理得到扬弃，最终被提炼成从根本上反映全民族利益和历史使命的意识形态。特别是对待青年学生，我们更不能放任自流，而应从方向上引导他们，使之克服青春期的盲目和冲动，把道德和纪律约束化为内在的自觉性，控制住自己的行为尺度。这种自控力就是思想认识提高的表现，它的提高，对于青年学生日后走上工作岗位具有深远影响，若忽略了这方面的灌输教育，将是我们的一大失误。

当前，国际国内形势正在发生深刻的变化，世界范围内社会主义和资本主义在意识形态领域的斗争和较量日益尖锐和复杂。我国对外开放不断扩大，互联网等高新技术飞速发展，知识信息在世界范围内广泛传播，各种思想文化相互激荡。国际敌对势力与我国争夺接班人的斗争更加尖锐和复杂，高校意识形态领域面临着大量西方文化思潮和价值观念的冲击。随着社会主义市场经济的深入发展，国内社会经济成分、组织形式、就业方式、利益关系和分配方式日益多样化，人们思想活动的独立性、选择性、多变性和差异性日益增强。所有这些，既有利于青年学生树立自强意识、自立意识、创新意识、成才意识、创业意识，也带来了不少不容忽视的负面影响。一是少数大学生身上不同程度地存在着政治信仰迷失、理想信念动摇、价值取向扭曲、诚信意识淡薄、社会责任感缺乏等现象；二是高校意识形态工作还有许多不适应，针对性、实效性不强，说服力感染力不够，队伍和载体建设相对滞后，教育形式和内容与青年学生的思想实际结合不紧，队伍建设与形势发展要求不相适应等。因此，要保证高素质人才的培养，保证改革和建设的顺利进行，必须要有强有力的思想和政治保证，这就要求我们必须及时有效地把国家的大政方针、党的指导思想和基本理论等及时地向广大青年进行灌输。

3.意识形态灌输教育必须注意发挥教育客体的自主作用

人作为实践的主体，重要的品质是不盲目迷信、崇拜和接受已有的一切，也不简单地否定和排斥一切，它所强调的是人能够自主地、选择地、能动地对自己已有的知识进行变革，批判和创造、借鉴与吸收。"社会意识内化于主体"，内化什么内容，既在一定程度上体现教育者的意志，更取决于主体已形成的知识结构的规定性实际上，人的思想观念，充当"看门人"的角色，它要辨数据、信息、观点，看是否容许进来，并在深层次左右着我们注意的焦点。意识形态灌输过程是一个复杂的系统，它涉及灌输主体，灌输对象、灌输内容和灌输手段等方面的内容，这些方面本身是相互依赖、互为条件的，对任何一方的轻视或忽略，或者说它们之间不能协调发展，都会影响到灌输的效果。

（三）正确处理教育目标统一性和人才需求多样性的关系

1. 高校意识形态教育要求具有统一性

高校意识形态教育的统一性是指总体教育目标、基本内容的共同性和稳定性以及教育主渠道和管理体制的一致性。高校意识形态教育是一种有目的、有计划、有组织的社会活动，是一个复杂的系统工程，是各教育主体按照一定的分工向大学生施加教育影响的总体过程。为了实现意识形态教育要素的最佳组合，使各种教育影响形成一股合力，必须对高校意识形态教育实行统一有效的管理。我党在长期的意识形态教育实践中积累了丰富的经验，形成了一整套反映意识形态教育规律的理论观点、指导原则和工作方法；可以为实现高校意识形态教育的科学化提供重要指导。只有在高校党组织的统一管理和领导下，才能发挥政治教育政治工作队伍的主导作用，才能发挥行政系统、师生组织的配合作用，才能调动社会各方面的力量，齐抓共管，协调一致，实现意识形态教育系统的综合效应。当今世界政治格局走向多极化，经济全球化趋势日益明显，全球性市场日渐孕育发展，和平与发展是时代的主题。但这一切并没有改变国家利益格局，阶级利益和民族利益仍然决定着当代政治格局的基本态势，国际竞争激烈，一些西方敌对势力采取政治、经济、文化等手段，借助于现代传媒渠道，继续对我国实行"西化""分化"，力图推行西方的政治制度和价值观。

意识形态教育作为一种施加以政治思想为核心的意识形态影响的社会活动，在这种历史条件下，必须以马克思主义占领思想阵地，坚持社会主义意识形态的主导地位。针对大学生这一正处于逐步完成社会化的特殊群体，高校意识形态教育的总目标是，着力提高大学生的思想道德素质，促进其全面发展，使之成为有理想、有道德、有文化、有纪律的社会主义现代化事业的建设者和接班人。这一总目标又决定了现阶段高校意识形态教育必须坚持统一性，必须以马克思主义为指导和核心的社会主义、共产主义的思想体系和行为规范为主要教育内容。

2. 高校意识形态教育具有多样性的要求

高校意识形态教育的多样性是指具体教育目标的层次性、具体要求的差异性，形式的多样性、方法的变动性以及渠道的全方位特征。高校意识形态教育的多样性是我国改革开放所提出的客观要求。一方面，当今世界经济和科技迅速发展，信息网络迅速普及，媒介环境日益强化，多种精神文化力量相互激荡和渗透；另一方面，我国多种所有制经济共同发展，多种分配方式并存，带来了经济利益多样化、社会组织形式多样化、就业岗位和就业形式多样化等一系列变化。这一切决定和影响了人们价值取向、思想道德的多样性和层次性。当代大学生的价值取向也发生了深刻变化，其主流呈现出健康向上的趋势，自立、竞争、公平、效率意识明显增强，同时又表现出多种价值取向并存，价值观念上的困惑和矛盾日益增多的倾向，相当一部分大学生的价值取向向个人、金钱和眼前利益倾斜。这就要求高校的意识形态教育能把握时代特征，研究新变化，发展意识形态教育的多样性。

第一，在教育目标上，高校意识形态教育具有层次性。高校网络意识形态建设是一个完整的目标体系，可分为总目标、分目标、具体目标三种。总目标是高校意识形态教育活动要在大学生身上实现的必须达到的思想道德素质修养水平的标准。分目标是指总目标的分解和具体化，是指各种类型、各种层次、各个阶段意识形态教育活动要在大学生身上分别实现的思想道德修养水平的标准，可以依据大学生思想道德素质的构成要素、年级层次、思想品德水平来确定分类分层教育目标，也可以根据学生将来的专业方向或就业岗位对大学生思想道德修养的具体要求来确定岗位教育目标，还可以根据高校意识形态教育主体的具体分工来确定具体的工作目标。具体目标则是指每一项意识形态教育工作目标，具有更强的差异性。

第二，在教育形式上，高校意识形态教育具有多样性。高校意识形态教育要借助于适合学生心理特点的有效形式来表达。高校意识形态教育的形式一般可分为课堂教学形式和课外教育形式两大类。课堂教学形式主要是指思想政治理论课教学，是一种直接的理论灌输形式。这种形式便于全面，系统地表达内容，教育对象稳定，时间上有保证，便于发挥教师的主导作用，但相对来说比较单一，缺乏感性特点。课外教育形式包括社会实践和校园文化活动。通过组织参观、访问，社会调查、劳动，参加志愿者活动等社会实践活动，可以使学生了解改革与发展的实际情况，了解党的路线、方针和政策在基层的落实情况，在实践中形成劳动观点、师生观点、集体主义观念，进而引导学生学会运用历史的、辩证的方法分析一些政治经济现象，使课堂学习的抽象原理在实践中得到验证，使课堂上所学的理论转化为自己的世界观和方法论，内化为自身的品行，实现内化与外化的辩证统一。随着信息技术的迅速发展和网民数量的激增，意识形态安全教育有了线上、线下两种存在方式，这两种意识形态安全教育既各具特色又同根同源，所以网络意识形态安全教育要坚持线上和线下的结合。

第三，在教育方法上，高校意识形态教育具有多样性。高校意识形态教育的对象是具体的，大学生群体对象和个体对象的思想行为存在差异，他们的思想矛盾是多样的，影响他们思想的因素也是多样的，因而，高校意识形态教育的方法也必然是多样的，包括说理引导、榜样示范、比较鉴别、情感陶冶、自我教育、思想评价等方法，而每种方法又包含了更为具体的方式、方法。不同教育者对同对象可能采取不同方法而达到同样的效果，同一教育者对同一对象实施意识形态教育也有多种方法可供选择而达到同样的目的。此外，随着社会历史条件的发展变化，大学生的思想状况及影响大学生思想的环境因素发生改变，意识形态教育的方法在实践中也会进一步完善和丰富。

3.高校意识形态教育的统一性与多样性是辩证统一的

统一性和多样性是事物存在的基本关系，统一性反映事物内在的、共同的本质，多样性反映事物的个性特征。高校意识形态教育的统一性保证意识形态教育有共同的准则、基本的要求和一致的方向。高校意识形态教育的多样性使教育的实施过程丰富多彩，富有生机和活力。二者的关系是辩证统一，不可分割的。一方面，多样性是统一性存在的条件和基础，统一性寓于具体多样性的发展形式之中；另一方面，多样性服从于统一性的发展方向。高校意识形态教育要在新的历史条件下，有效实施教育过程，实现教育目标，就必须处理好统一性与多样性的关系。高校意识形态教育既是一种狭义上的教育，又是一种广义上的教育。在学校这个教育子系统内部，既要充分发挥思想政治理论课在意识形态教育中的主渠道作用，又要充分发挥行政管理部门、后勤服务部门、各种师生组织的育人作用，还要充分发挥其他专业课教学过程中的育人作用，在高校党组织的统一领导下，紧紧围绕教育总目标，协调一致，共同施加对大学生的自觉影响，促进其思想品德的全面发展。从高校的外部环境看，还必须与社会学生家庭实行多种形式的结合，共同营造有利于青年学生健康成长的环境。

高校意识形态教育的内容和形式要有机地结合起来。内容决定形式，形式服务于内容。但一般来说，内容比形式更活跃。高校意识形态教育的发展必须紧跟世界政治、经济、文化的变化，贴近我国改革开放的实际和学生的思想实际，积极探索意识形态教育的新形式、新方法，把马克思主义理论和具体多样的形式结合起来，充分发挥马克思主义的说服力和战斗力。高校网络意识形态建设还要把先进性要求和广泛性要求结合起来。在实践中，高校应着力探索网络意识形态教育传播方式和表达方式的创新，以贴合学生学习和发展的需要，不断增强网络意识形态教育的影响力。以文化实践和文化育人为方向，推动网络意识形态教育内容和形式不断创新。既要明确高校意识形态建设的总目标和基本内容，又要在充分认识和把握大学生思想状况的多样性和思想觉悟的层次性的基础上，确定多样性的具体教育目标和要求。根据教育对象的差异性区别对待，在达到广泛性要求的基础上向先进性要求靠拢。

第六章

新时代高校网络意识形态建设的实践策略

一、加强党对高校网络意识形态建设的领导

（一）高校要从战略全局高度重视意识形态工作

马克思强调："如果从观念上来考察，那么一定意识形态的解体足以使整个时代覆灭。"我们应该认识到，意识形态的变化，还会直接推动社会制度发生质变。意识形态斗争在和平时代是仍然存在的，并且往往成为一个国家政权妄图颠覆另一个国家政权的主要手段，而且具有一定的隐蔽性特征，其破坏常常带来比局部的武装战争事可怕的后果。在冷战时期，美国就十分热衷于意识形态的侵袭，苏联解体、东欧剧变就是最好的历史印证，作为世界两极之一的苏联没有毁于战争的压迫，而被敌人以意识形态斗争为主导的颜色革命所摧毁。因此，每个时代的统治阶级都十分重视思想的存在和发展，统治阶级不仅掌控社会政治和经济秩序，也要不断巩固和加强意识形态的领导权，控制精神生产，使思想状况、思想秩序也符合其要求。正如马克思所说，统治阶级"还作为思维者的人，作为思想的生产者进行统治，他们调节着自己时代的思想的生产和分配"。21 世纪，和平和发展成为了世界的主旋律，大规模的武装战争不容易出现，意识形态领域往往成为了最主要的斗争形式之一，如 21 世纪初解密曝光的美国中情局针对我国的"十条诚令"，包含了十分恶毒的意识形态领域的侵害，表现出了斗争的严峻性。因此，掌握意识形态的领导权是意识形态工作的核心原则，高校必须时刻贯彻党委领导下的校长负责制的组织原则，确保党对意识形态工作的领导地位。

高校开展网络意识形态建设，首先就应清楚地认识到意识形态工作的深刻本质，那就是其具备的政治性。在一定意义上，意识形态工作本身就属于政治工作，因此，高校意识形态工作坚持党的领导就是应遵循的首要原则。然而，由于国内外的复杂形势，这一首要原则总是受到各种各样的挑战，迫使意识形态工作面临着安全的威胁，鉴于此，习近平总书记多次强调党对意识形态工作的政治领导力，正如他所说，"我们必须把意识形态工

作的领导权、管理权、话语权牢牢掌握在手中，任何时候都不能旁落"。他在谈到高等教育时指出高校党委抓意识形态工作的任务和责任，明确高校党委对意识形态工作的政治领导力。具体来说，一是牢牢掌握党对意识形态工作的领导地位，把牢领导权。在高校党的建设工作中，要强化思想引领，牢牢把握高校意识形态工作领导权。高校党委要深刻认识到意识形态工作的重要性，要肩负起实施意识形态工作的政治责任，不仅要在主观上把牢领导权，在客观上也不要坚决抵制"自由主义""改良主义"等错误思潮，防止领导权旁落。二是加强意识形态工作阵地建设，把牢管理权。习近平总书记指出党员干部一定要把握好"红色""灰色""黑色"三个阵地，高校意识形态工作要提升政治领导力，就要把握好阵地建设与管理，要坚守我们的"红色"主阵地，要积极争取，全力引领"灰色"阵地，要坚决抵制负面横生的"黑色"阵地。三是抓好舆论工作，把牢话语权。舆论工作是意识形态工作极为重要的手段和形式，丢失了党对舆论的参与，也就谈不上党对意识形态工作的领导力和话语权，高校党委必须深刻认识到舆论工作的重要性，建立舆论宣传和管理机制，抓好舆论导向，弘扬主旋律，切实掌握意识形态话语权。

大数据作为一门新科学、新产业、新思维，将对高校党的意识形态工作安全产生不可预估的深远影响。高校思想政治教育工作者迫切需要清醒认识、审慎对待、深入思考，正确判断大数据时代高校党的意识形态工作建设面临的形势、机遇和挑战，特别是对高校青年学生思想政治教育工作造成的影响。否则很容易失去高校党的意识形态工作的主动权和制高点。在全国宣传思想工作会议上习近平总书记强调："必须坚持以立为本、立破并举，不断增强社会主义意识形态的凝聚力和引领力。"我们要在和平时期未雨绸缪的同时，充分发挥大数据在维护高校意识形态安全中充分发挥大数据的积极作用，创新大数据时代高校党的意识形态工作建设路径。

（二）不断巩固和加强意识形态的领导权

党政军民学，东西南北中，党是领导一切的。办好中国的事情，关键在党。这一点在党的十九届六中全会深刻总结的中国共产党百年奋斗的重大成就和历史经验中得到了充分的体现。党委领导的校长负责制，决定了高校所有的工作都应是在党组织的领导下进行。增强高校党的意识形态工作的领导权首要原则就是要坚持党的领导，从而确保意识形态工作领导的正确导向。党的重要任务之一是宣传思想工作，宣传思想工作的核心是意识形态工作。意识形态工作领导必须坚持正确的话语方向，发布正确的话语内容，采用正确的话语形式，使用合适的话语平台。从某些意义上说，意识形态工作方法的灵活性相对较大，需要统筹部署和统一舆论导向。意识形态工作的系统性和政治性要求，只有坚持党的领导才能实现。如若放弃党的领导，意识形态作的话语就会失去正确的方向。坚持党的领导，要坚定高校党委对学校意识形态工作的领导权。校党委是校领导核心。校党委对校意识形态领域工作的部署在校范围内具有权威性。各级党组织、全校干部、师生在认知上不能是一知半解，行动上不能敷衍。要认真学习、理解、把需要传达的必须传达到位，把需要执行的要贯彻执行，努力形成统一认识、统一行动。

坚持党的领导，要求高校各级党组织和党员领导干部担负起主体责任。意识形态工作要在党的领导下进行，党组织要高度重视并且认真领导意识形态工作，把意识形态工作作为坚持党的领导工作的一部分。校党委下属各级党组织对本部门的意识形态工作负主体责任。不仅要认真贯彻落实校党委的决策部署，而且要做好本部门日常的意识形态工作，要做到有责任、有担当。本部门开展思想工作的中坚力量是各级党组织负责人及其专兼职意识形态工作宣传人员。他们要做到有身份意识、大局意识、责任意识，认真履行相关责任，在意识形态第一线工作中站稳脚跟。

强化党的意识形态工作的领导权，是我们党的优良传统和显著优势。强化党的意识形态工作的领导权，牢牢掌握好意识形态工作的领导权是基于我们对实践和规律的科学总结。从理论渊源上说，马克思、恩格斯和列宁都曾提及党管宣传的重要性，列宁认为在社会主义建设中"出版物应当成为党的出版物"。在实践中，中国共产党从建立之日起，就十分重视意识形态工作。在建党之初，党便有意识地强化对意识形态工作的统一领导，"党的一大通过的第一个决议就明确规定：'杂志、日刊、书籍和小册子须由中央执行委员会或临时中央执行委员会经办''无论中央或地方的出版物均应由党员直接经办和编辑'。"毛泽东在战争时期对新闻宣传、出版等工作作出的一系列指示到新中国成立后各类意识形态管理制度和机构的建立，从提出坚持四项基本原则到党委意识形态领域工作责任制的确立，党不断强化意识形态工作，建立了完整的意识形态工作体系，确保了社会主义改造、建设和改革顺利进行。此后，多年召开全国宣传思想工作会议，通过强化宣传队伍建设、以主流媒体为抓手、加强媒体管理等手段，实现了党对意识形态工作的全面领导。

高校党委要从始至终把思想工作摆在首位，充分发挥党委的领导作用，坚持和完善党委领导下的校长负责制，加强政治意识，提高组织领导能力。紧密围绕培育什么样的人、如何培育人、为谁培育人的问题，全面贯彻落实党的教育方针。落实立德树人的根本任务，抓好高校党的意识形态领域工作，培育出德、智、体、美、劳全面发展的社会主义建设者和接班人。

第一，在学校层面，坚持党委统一领导。党委书记为第一责任人。校长需为中共党员，并同时任党委副书记。在领导分工中，明确中共党员校长在意识形态领域工作的职权。从始至终要把政治建设和党的意识形态领域工作摆在首位，严格遵守政治纪律和规矩，坚决维护习近平总书记党中央的核心、全党的核心地位，坚决维护党中央权威和集中统一领导，认真贯彻落实党对高等教育路线、方针、政策，统领高校意识形态领域工作。

第二，在高校职能部门层面，人事、宣传、工会、科研等部门在教职工中负责落实，招生就业部门、团委学生办在全体学生中负责落实，坚持以以德育人为中心，强化大学生理想信念和社会主义核心价值观培育，把意识形态工作贯穿教育教学全过程，实现高校党的意识形态领域工作全覆盖。

第三，在各二级学院层面，要抓牢意识形态工作，发挥其保障作用，狠抓各二级学院党政联席会议制度的贯彻落实，把一切涉及意识形态工作的重大问题和事项都由二级学院党政联席会议集体研究决定，让党委的领导作用能够在二级学院得到贯彻落实，使党的保障作用在二级学院得到切实保证。

第四，在支部层面，本着"突出政治性、坚持常规性、探索战斗性"的工作方针，把二级学院的教职工党支部建在教研室上，把意识形态领域工作和业务工作相结合，互相促进，克服意识形态领域工作和业务工作的"两张皮"现象，解决思想政治工作宽松软、基层薄弱的问题。围绕"突出政治性"，重点发挥党支部的政治引导作用；围绕"坚持常规性"，严格党内组织生活，特别是"三会一课"常态化、规范化、制度化；围绕"探索战斗性"，积极探索新途径新方法，充分发挥党支部战斗堡垒作用，夯实学校意识形态领域工作基础。

（三）全面落实高校网络意识形态责任制

1.坚持学校党委负责制

习近平总书记曾在学校思想政治理论课教师座谈会上指出："办好中国的事情，关键在党。建立统一党委领导、党政齐抓共管、有关部门各负其责、全社会协同配合的工作格局，推动形成全党全社会努力办好思政课、教师认真讲好思政课、学生积极学好思政课的良好氛围。"这不仅是再次突出和强调坚持党的领导的重要地位，也是自改革开放以来坚持党的领导重要性的总结。坚持党对高校意识形态领域工作的领导，体现在学校党委的领导上。学校党委要坚持严格管理与科学治理相结合。校党委书记、校长要真正走进课堂，在推进思政课建设上发挥带头作用并且要联系思想政治老师。学校党委管理规范，要求从意识形态工作全局出发，结合学校、学生、学科特点，形成科学合理的制度体系。学校意识形态工作落实党委书记负责制制度，提升政治站位，严格执行各项管理制度。

2. 坚持贯彻党的理论路线方针政策

党的领导体现在以下几个方面：一是党的科学理论和路线方针政策；二是党的执政能力和治理水平；三是党的组织制度和组织能力。以高校意识形态工作的内容看，坚持贯彻党的理论路线方针政策就是坚持党的领导。习近平总书记提出："贯彻落实新时代党的教育方针，必须坚持马克思主义的指导地位，贯彻新时代中国特色社会主义思想，坚持社会主义教育方向，贯彻落实道德修养的根本任务。"我们党和国家的根本指导思想是马克思主义理论，习近平新时代中国特色社会主义思想是马克思主义理论中国化的最新成果，中国特色社会主义理论体系是马克思主义理论在中国的继承和发展。党在各个时期提出的主体、路线、方针政策，是科学理论的具体化。因此，在高校意识形态领域工作中，坚持党的领导就必须要坚持党的科学理论、路线、方针、政策。在高校课程体系建设中，在学校教育全过程中要贯彻马克思主义理论体系课程，增加必修课的比例，增加教师人数，提升大学生的马克思主义理论水平。

"机制"其本义是指有机体的结构及其相互关系，和我们经常说的机制相似的含义是指做事的方式和方法。高校党的意识形态领域工作不是一蹴而就的。我们需要耐心并制订长期计划。实现高校党的意识形态领域工作的可持续发展，就必须要有一套相应的机制为高校意识形态领域工作保驾护航，让高校党的意识形态领域工作真正站稳脚跟。高校应从党的意识形态工作的主体和客体入手，应对当前的困境和挑战，探索新时代条件下大学教育环境中可行的建设方案。校党委要承担起政治责任，严格落实网络意识形态工作责任制，健全网络意识形态阵地管理办法，确保高校网络意识形态阵地安全。全面推进高校党的意识形态工作，建立健全高校党的意识形态测评体系、实施方案，做好高校党的意识形态研判工作，强化党政联系，改善提升党委领导下的校长负责制，把高校党的意识形态工作切实落到各学院、部门，落到机关党建、宣传、教学每一个阵地，落到每一节课、每一次活动、每一场报告、每一名教师、每一位学生，做到意识形态工作全覆盖。其他部门要听从党委指挥，各部门要互通信息，积极配合，团结一致，确保高校党的意识形态领域工作的实效性。无论是学校发展的总体布局，还是各院系的建设，都应该以大学生的意识形态为出发点，不背离、不越轨。学校工作的各个方面都要体现以学生为本，使高校工作具体化，紧跟党的各个阶段的政策调整，始终按照党的路线走高校学术研究、组织管理、生活后勤等环节。我们必须始终用高标准、严要求来鞭策自己的进步。

高校党的意识形态领域工作要建立党委领导、党政共管、宣传部与马克思主义学院组织协调、有关单位分工负责的领导责任制。校党委要从始至终坚持正确的政治方向，培养德才兼备人，培养以德、智、体、美、劳全面发展的社会主义事业建设者和接班人，牢牢把意识形态领域工作。目前，许多高校建立了党的意识形态工作责任制，高校党委也高度重视党的意识形态工作。但是，在一些高校，责任意识和责任落实还停留在文件或学校层面，存在逐级下降或落实不力的情况。因此，要明确各级学校、学院、院系的职责，分工明确，各负其责。抓好责任、绩效、问责三个环节，层层落实。严密政治纪律和政治规矩。领导班子和干部要认真履行党委主体责任和纪委监督责任，加强意识形态工作的积极性、主动性和自觉性，确保党的意识形态领域工作落到实处。

首先，制定学校党委意识形态工作责任制和具体实施方案。明确意识形态工作的责任主体、主要任务、责任内容、工作机制和责任追究，全面强化校党委对意识形态工作的领导。学校党委书记是学校党委、党建和思想政治工作的第一责任人。学校分管教学和意识形态工作的领导是"一岗双职"的负责领导。二级学院是基层单位负责人。教师、辅导员是责任主体当事人，根据工作职责明确责任清单。

其次，强化对高校党的意识形态领域工作落实情况的监督检查，实行问责制。只有在严格责任划分的基础上，才能实行严格的问责制。要严格职责分工，加强监督检查，对不落实意识形态工作的严肃追究责任。而且，要追究主体责任和监督责任，还要承担领导责任。意识形态工作本质上是做人的工作。习近平总书记提出："人而无德，行之不远。没有良好的道德品质和思想修养，即使有丰富的知识、高深的学问，也难成大器。"在人的一生中，最重要的是立德树人、修德行事。崇德重德、尚德倡德是中华民族历来的传统。俗话说："人无德不立，国无德不兴。"道德的力量如春风雨露，默默滋润万物，是关系国家发展、社会和谐的重要力量。品德重于能力，仁德重于才智。坚持马克思主义的指导地位，牢牢把握高校党的意识形态领域工作领导权，认真践行社会主义核心价值观，深挖大力弘扬中华优秀传统文化，增强高校学生的历史使命感和社会责任感，讲好中国故事、解读中国道路、传播中国思想，是当代大学义不容辞的责任。

3. 充分发挥基层党组织在高校意识形态工作中的引领作用

实证研究表明，高校党团组织建设与其作用和影响以及大学生马克思主义意识形态认同有着非常密切的关系，这种联系甚至超越了在高校思政课程教育中的联系。这说明，要加强马克思主义在高校中的主导地位，强化其意识形态先锋作用，就必须特别重视社会主义共青团和共产党的组织建设，进一步发挥其党组织作用，进一步发挥基层党组织战斗堡垒作用，推进党团组织在实践的过程中产出应有的影响。重视党团组织建设，要特别注意以下几个方面：

一是抓好新党员的发展工作。一些高校在发展党员的过程中，出现了标准不一、标准随意变动等现象。这导致一些入党动机不纯、政治觉悟低、政治素质差的人混入党组织。这样就给党组织的建设和发展对党组织形象产生了非常不利的影响和阴影。高校在党团组织建设中要高度重视上述行为，努力建立公平、公开、合理的党团组织考核体系，吸引真正优秀的大学生到校党组织来。使党团组织真正成为大学生马克思主义信仰的阵地。

二是强化高校学生入党前宣传教育工作。一些大学生由于受到多元文化和西方各种思想的影响，入党动机不纯，对党抱有很多幻想，甚至是不切实际的猜测，对党的理论、路线和政策缺乏正确的认识。因此，对大学生入党前进行宣传教育是非常有必要的。在高校中，除了要进行常规的思政课程教育外，高校还要有针对地对学生的专业情况等开展教育，提高学生的党性认识。

三是抓好学生党员培训工作。高校要高度重视学生党员入党后的教育培训。学生入党后，高校不能放任自流，要继续加强意识形态教育，进一步提高党性，保持党的先进性。在实践过程中，高校要密切关注党团组织能产生的至关重要的影响，特别关注对党员和团员的教育活动，促进他们树立远大理想，始终坚持以马克思主义的领导地位，推进他们在实践过程中发挥示范引领作用，突出发挥党自身的政治和组织优势，使其成为党的意识形态领域工作的重要阵地。

四是要特别注意党团组织与广大学生的良好交流。在高校党团组织下，大学生党员要充分发挥高校的各种优势，充分发扬党组织的优势，广泛团结广大高校青年学生，发挥高校党组织优势。通过学生会、学生社团、专业团体等开展各类党团组织教育活动。帮助大学生树立正确的人生观，鼓励大学生树立远大理想，树立马克思主义人生观，积极参与社会主义生态文明建设，成为社会主义生态文明建设的栋梁之材。

五是强调党团组织活动的实践性。高校党团组织的成员群体是高校学生，培养应用型、复合型人才是高校人才培养的目标。检验大学生专业能力的唯一标准是理论知识与实践能力的结合，所以，高校党团组织建设要遵循高校人才培养规律，把对学生党员实践能力的培养放在首位。作为一名党员，大学生不仅在专业知识上实现了理论与实践的统一，而且在党团组织知识上实现了理论与实践的结合。因此，党员学生要和广大学生密切联系，积极开展各种实践活动，提高专业水平、综合素质、思想素质，成为社会主义建设的主力军和马克思主义的坚定信仰者。

4. 高校各级党务工作者要做好网络意识形态工作的组织和宣传工作

高校网络意识形态工作涉及到高校所有教职员工和学生，教职工既是意识形态工作的主导者，也是意识形态的接受者，学生不仅是接受者，也是参与者。教职工按照属性，分属于党、政、工、团、教、辅、保等不同部门和岗位。学生分属于不同的学院、年级、专业等。意识形态工作人员只有采取不同的分工，从不同的角度，采取各有侧重、各具特色的方式，承担起自己的责任，在合作中形成合力，在合作中贡献自己的力量，才可以有效地推进意识形态工作的不断发展。校党委书记是意识形态工作的第一责任人，要坚持政治第一的原则，要管牢管好办学方向、宣传、舆论阵地、干部等各个关键节，领导各级党组织和行政部门开展意识形态工作。组织部、校团委、宣传部、党务办公室、各部门和学院党总支学院团委等是意识形态工作的组织落实者，承担意识形态工作的直接责任，结合本部门或学院实际，创造性开展意识形态工作。

必须以核心价值体系的先进性和稳定性为导向，通过社会主义核心价值体系推动高校党的意识形态工作建设的顺利进行。要确保马克思主义的指导思想不动摇。马克思主义是社会主义核心价值体系的重要组成部分。在发展过程中，高校意识形态工作建设始终以马克思主义为主导思想，在"四有"人才储备过程中产生了非常关键的影响。绝大多数大学生在更重要的问题上能够坚持主流思想，在方针政策上也认同主流思想。中国的改革开放导致当代社会思潮具有复杂性、差异性和多样性的特点。要真正掌握意识形态主导权、主动权和话语权，整合多元社会思想，充分发挥社会主义核心价值体系作用。在保持合理的思维方式和认知方式的基础上，引导高校学生建立科学的世界观、方法论和认识论。学会借助马克思主义有关思想和理论分析和解决问题，在实践中形成坚持马克思主义的理想信念。要不断巩固马克思主义在网络意识形态领域的指导地位，在网络空间大力培育和践行社会主义核心价值观，夯实网络意识形态安全治理的文化基础，提升高校社会主义核心价值观的网络传播效果，将意识形态工作渗透到学校工作的各个领域。

二、高校网络意识形态内容体系建设

（一）扩充网络环境下大学思想教育的新内容

1. 加强网络道德教育增强大学生自律能力

道德作为人类理性的体现是通过主观的教育、培养和灌输而逐渐形成的，网络道德的养成也应遵循这种模式，通过思想政治教育工作者的努力引导大学生们树立正确的网络意识，在网络的虚拟世界中做一名文明网民。当前的一些大学生虽然网络认知能力较强，但其网络道德的实践能力却相对较弱，这就使得网络道德教育成为大学生思想政治教育工作中的一项重要而艰巨的任务。

（1）引导大学生学会正确辨别网络信息网络中的信息丰富多样，有科学的、健康的、有利于大学生获知与成长的有益信息，与此同时；也存在一些反动的、低级的、影响着大学生身心发展的垃圾信息。这就要引导大学生在上网时做出正确选择，避免其触碰那些包含淫秽色情、凶杀暴力、封建迷信的垃圾信息和网络游戏。通过网络道德教育，教育者既要鼓励大学生趋利避害，吸取网络文化中的精华，摒弃网络文化中的糟粕，也要让学生了解到垃圾信息不但浪费其大量的精力、时间和金钱，更会影响他们身体和心理的健康成长。

（2）引导大学生树立正确的网络伦理观念当代大学生们多具有较强的猎奇心理和冒险精神，年轻人的好奇心和对一些社会事件的不满很容易引发出格的网络行为，对他人和社会造成意想不到的后果。因此，引导学生树立正确的网络伦理观念是十分必要的。在网络伦理道德教育的过程中，要不断规范学生的网上行为，杜绝且有破坏性和有悖于常理的网络事件发生；同时也要使学生认识到当自己的网络行为危害到他人加和社会时必然会受到相应制裁，必须对自己的言行负责。

（3）引导大学生传承优良的中华民族传统文化网络虽然是无国界的，但网民却具有国籍。每个民族都有其自身的传统文化和思维方式，这些意识形态都是区别于其他任何民族而独立存在的。互联网的出现使得一些西方意识形态迅速入侵，民族文化的地位因此受到冲击。继承和发扬中华民族的传统文化对当代大学生来说有着十分重要的意义，更关系着民族复兴的历史重任。因此，在网络环境下要防止西方文化对民族文化和民族身份的消解，思想政治教育工作者必须鼓励和引导大学生自觉主动的传承优秀的传统文化，同时也要认清自己的民族身份，为中华民族的伟大复兴而奋斗。

（4）倡导大学生培养自律精神自觉遵守网络道德规范随着网络的日益普及，网络道德越来越受到人们的重视。网络道德是社会道德体系的重要组成部分，如不及时根据现实需要切实加强网络道德教育，将给社会主义精神文明建设带来非常严重的影响。因此，要高度重视网络发展所带来的新的道德问题，要引导网络机构和广大网民增强网络道德意识，共同建设网络文明。思想政治教育工作者必须随时关注网络发展的趋势及其所产生的网络道德问题，使思想政治教育与实际相结合。网络为人们提供了广阔自由的虚拟活动空间，然而网络上的行为也是社会行为的一部分，个人所做出的任何行为都是受自己主观意识支配的，是一种理性的行为。因此，进行网络活动的人也必须具有道德意识，不能借助网络隐匿性和虚拟性蓄意发布虚假垃圾信息，甚至做出伤害他人和危害社会的事情，这就要求教育工作者应不断加强对于大学生的网络道德自律教育，积极的鼓励大学生们培养自律意识。培养学生自我管理、自我约束的意识与能力是开展学生工作的目标之一，在学生中开展有关网络自律的座谈与讨论，有利于帮助学生更清晰的认识网络社会，把握好自己的思想与心智，不受不良信息的影响，养成科学合理利用网络资源、趋利避害的好习惯。思想政治教育工作者要引导大学生自觉遵守网络道德规范，在上网过程中尊重他人隐私，网络行为诚实守信，避免网络信用危机的发生。

2. 强化中华民族优秀文化教育和"四新"教育

人的差异是文化的差异。文化是民族个性之所在，民族文化传承着全民族共同的思维方式、传统风俗和精神遗产，优秀的民族文化是国家精神的体现，一个民族如果没有自己的文化，就失去了民族之魂。每个民族都有其文化身份，文化身份由其民族传统、思维方式、价值观等一系列区别于其他民族的文化意识形态构成。继承和发扬中华文化，对于中华民族的复兴具有特殊重要的意义。近年来，以互联网为代表的美国式的大众文化，凭借其强大的经济后盾，向世界各国渗透。同样也在迅速同化中国人民特别是中国的青少年。防止网络时代消解中华民族的文化身份，鼓励、引导大学生大力继承和发扬中华民族的优秀传统文化，是网络环境下思想政治教育的重要内容和任务。

解决人们的"信仰""信念""信任""信心"问题是新形势下思想政治教育所要解决的深层次思想问题。在互联网时代，由于西方敌对势力大肆宣传散布资本主义的意识形态、价值观念和生活方式，肆意攻击马吉思主义和社会主义制度，使得"四信"危机更加严重。因此，必须在大学生中深入开展"四信"教育，坚定青年大学生对马克思主义的信仰、对社会主义的信念、对党和政府的信任、对改革开放和现代化建设的信心。

3. 努力充实网络心理教育和法律法规教育

这是对受教育者进行约束、提高他律的必要手段。我们要加大网络监控力度，清除网上垃圾，规范网上行为，尽量为大学生提供一个良好的网上活动空间。为广泛开展网络安全教育，保证网络健康、有序运行，促进大学生健康发展，维护社会稳定和各项工作的顺利运行，我们要制定相应的"网络管理办法"，规范网上秩序，严肃网络法纪。包括规定不得泄密，不得制作、复制、查阅、传播各种违反宪法和法律、行政法规、危害党和国家安全的信息，不得从事危害网络安全的活动，并制定相应的处罚办法。营造一种法治的网络环境，引导大学生树立起遵纪守法的社会主义网络新风尚。

网络时代，大学生中出现了各种症状的"网络心理障碍"，有的大学生毫无节制地花费大量的时间和精力在互联网上漫游、聊天、游戏，浪费了宝贵的学习时间，损害了身体健康，同时也出现了一些心理异常，包括人格障碍、交感神经功能部分紊乱，其表现为上网成瘾、情绪低落、睡眠障碍、生物钟紊乱、食欲下降、体重减轻、思维迟缓、社交活动减少，如何解决这种信息化带来的种种心理问题，必须依托于网上心理教育的开展。

（二）加强网络心理教育健全大学生网络人格

1. 在网络心理教育过程中坚持"以人为本"

在网络环境下，思想政治教育工作者既要具备相关的网络技术，也应具备培养学生健康网络人格的能力，并将两者充分结合开展工作。不能一味追求教育结果而不注重教育过程，要根据学生的需要和感受因材施教，抓住网络教育载体提供的机会，运用现代化的信息教育技术取代以往对学生进行的填鸭式的灌输、说服教育模式，真正做到服务学生、引导学生、影响学生，为学生提供自主选择的权力。通过这样的方式，使学生自主利用网络资源优势取其精华去其糟粕，在网络中提高自己的心理素质和学习能力。

2. 尝试开设网络交往方面的相关课程

随着网络的快速发展，网络对大学生的影响也越来越深，网络中的交往是社会交往的一个缩影，如何处理好网络中的各种关系，不被其中的虚假信息所欺骗、迷惑，避免网络交往对现实生活产生不良影响，保护自己不受网络伤害，这些都是当代大学生需要学习和掌握的内容。因此，应将网络教育纳入正规思想政治教育之中，在互联网基础知识、网络技术的课程中加入网络交往方面的相关内容，这样的课程有利于引导学生学会正确运用网络资源获得有效信息，在学习互联网知识的同时提升了自身的内在素质和网络道德意识，也有效防范了学生对网络道德、网络交往行为以及网络情感认知方面产生的误区，避免了网络不良行为对学生的影响与伤害，从而促进学生形成健全的人格、健康的心理和良好的道德品质。

3. 加强网络心理辅导工作

思想政治教育工作应多接触学生，在与学生的沟通和交流中了解学生的最新动态，从而更好的对大学生网络心理健康教育的理论和古法进行研究。在对学生进行网络心理教育的同时，应结合网络心理常识，通过相关心理素质的讲座和课程培养学生健康的网络心理。教育者还应该利用学生闲暇时间，开展丰富多彩的团体活动训练其心理素质，收集大量的资料与案例定期进行宣讲，通过具体事例引导学生认清沉迷网络对心理健康的消极影响，正确认识虚拟空间和现实空间的区别，使学生自觉调节上网行为，逐渐养成自控自制的上网好习惯。对于长期沉迷网络的同学，要循循善诱进行持续的心理辅导，引导其多与他人交流，鼓励其寻找自己感兴趣的事以此转移注意力。针对网络交往产生的心理问题，教育者更应及时了解情况进行疏导，引导学生正确认识网络世界和现实世界的差距。做好上网大学生的心理疏导是一项极为重要的工作，只有帮助学生消除在虚拟环境中产生的不良心理，才能使他们健康成长形成健全人格，将来更好的融入社会、服务社会。

4. 加强网络法制教育提高大学生法律意识

（1）网络懂法教育

网络懂法教育，是指对网络活动主体进行的以特定网络法律法规及相关网络管理条例为内容的教育。通过网络懂法教育，可以使网络活动主体的法律意识不断提高，最终达到能够运用法律武器维护自身的合法权益的教育目的。实现网络懂法教育要结合实际情况，在运用网络展开普法教育的同时，也要充分发挥全社会的力量，各大高校可以与本地区的法院、公安部门进行沟通，建立教育实践基地定期组织学生参观学习，利用鲜活真实的案例教育学生，也要借助社会团体进行宣传，开设相关普法课程与讲座。

（2）网络守法教育

《中华人民共和国宪法》第5条规定："一切国家机关和武装力量，各政党和各社会团体、各企业事业组织都必须遵守宪法和法律。"任何组织或个人都不得有超越宪法和法律的特权。网络活动主体包括网络服务的供应商、网络原著民、网络执法者等。上网的大学生作为特定网民隶属于网络活动主体范畴之内，他们同时是网络行为的实施者与参与者。因此，必须遵守相应的网络法律法规。在进行网络教育过程中，应培养大学生上网行为的自觉性，使学生通过学习各种网络法律不断提高其自身的法律修养和网络道德素质，自觉遵守网络法律法规，正确行使法律所赋予的权利、履行法律义务，做合格的网络活动守法者。

（3）网络安全教育

网络安全教育是加强网络法制教育的一项重要内容，自互联网出现网络安全问题就已随之产生，随着互联网的快速发展，网络安全问题却并未随之消失。目前，部分大学生还不懂得如何在网络环境中保护自己，其网络安全意识较低，主要表现在自我管理能力较弱、缺乏网络安全意识、网络安全防范能力较差。面对这样的情况，高校思想政治教育工作必须不断加强网络安全方面的教育，提高大学生在网络中的自我保护能力，强化其安全意识。网络安全教育包括网络安全基本知识教育、网络安全意识教育和网络社交安全教育。完善的网终安全教育可以起到预防作用，避免一些不必要的损失与侵害。在教育过程中，教育者要引导学生理性上网，用健康的心态对待网络，正确利用网终资源，远离网络误区。网络安全教育有效的为大学生撑起了一道安全上网的保护墙。学生得以在老师的帮助下分析出网恋的利弊得失，从而正确对待网络交友，更好地认识和处理网络中的情感问题。通过网络安全教育，学生在潜移默化中将自觉做到不轻易会见网友，努力克服急功近利、寻求渲泄、追求刺激的网络心理弱点，进而保障自己在网络交往中人身财产安全。

5.重视网络理论教育

（1）利用校园媒介促进教育实践的有效性

网络媒介的交互性和开放性促进了理论与实际的密切联系，充分利用这一媒介优势，运用校园网络开展理论教育，能够有效增强大学生对理论的接受效果。校园网络在理论教育中的应用，首先，能够增强理论教育与学生思想实际的密切联系。网络具有很强的交互性，一方面，使得大学生在理论学习过程中的各种思想困惑、理论认识上的误区得以充分地表现，有利于教育者及时掌握大学生在思想理论认识上的主要问题，从而采取有针对性的教育引导工作。另一方面，开放的网络交互平台可以增强大学生之间的理论探讨与思想交流，为他们在接受理论过程中共同学习和相互促进创造了一个良好的条件。在围绕共同的理论问题进行学习和讨论过程中，大学生可以实现理论认识的相互比较、观点的相互碰撞和思想的充分交流，这对于大学生理论兴趣的提高具有很强的激发作用，可以有效促进理论教育的效果。其次，网络媒介增强了理论教育与社会实际生活的密切联系。理论教育与实际教育具有互为条件，不可分割的关系。理论与实际相结合，是思想政治教育取得成效的根本途径。在网络理论教育过程中，具有抽象性、系统化特点的理论内容与实际生活中具体问题的结合，有利于促进大学生的理智和接受。校园网上的信息内容具有现实性、综合性等特点，来自于社会生活中的各种新情况，新问题能够在校园网上充分展现，使得大学生在接受理论的过程中可以结合社会生活中的现实问题加深对理论的认识，形成一个循环往复不断深化的过程。从理论类信息内容在校园网上的实际传播情况来看，一些"红色网站"中马克思主义经典理论内容与时事热点报道及热点问题讨论的结合，有利于大学生在认识现实问题过程中加强对理论的结合与应用，在大学生对理论内容的接受和理解方面产生了积极的效果，显示出理论教育与实际问题相结合的有效性。

（2）通过沟通互动增进教育过程的灵活性

理论类信息内容要实现在大学生中的有效传播，实现网上理论教育的有效性，就要在教育过程中既体现理论教育的灌输性，又注重大学生在接受理论信息过程中的主体性。网络作为思想理论传播的新阵地，对大学生的思想发展有着重要的影响作用，"思想宣传阵地，社会主义思想不去占领，资本主义思想就必然会去占领"。因而，用马克思主义占领网络阵地是当前高校思想政治教育工作的重要任务。在教育的过程中要坚持以正面教育为主的原则，坚持用马克思主义的理论进行必要的灌输和正面的引导。当前，各个高校的思想政治教育网站已经得到大力建设，如清华大学的"红色网站"、北京大学的"红旗在线"、南开大学的"觉悟网站"、南京大学的"网上青年共产主义学校"等，这些"红色网站"已经成为高校传播马克思主义理论、开展网上理论教育的重要途径。与此同时，网络信息传播方式增强了大学生在获取信息上的主动性和选择性，自身的兴趣和需要成为他们主动从网上获取理论信息内容的重要动因。因而，引导大学生的主动参与和实现互动交流是保证理论教育有效性的重要条件。通过校园网络进行马克思主义理论的宣传教育，要注重实现主动灌输与互动交流的密切结合。在这两者之间，主动灌输是基于校园网络开展理论教育的原则，互动交流是利用网络进行理论教育的方法。教育过程中要把原则上的坚定与方法上的灵活相统一。在具体的教育工作中，主动灌输原则体现在要主动建设和利用校园网络，通过各种网络信息传播途径扩大理论教育的覆盖面，并根据媒介形式的特点和功能采取相应的策略和方法，增强理论教育的影响力；互动交流的方法表现在要尊重大学生的主体意识，引导其理论学习的需要和兴趣，在其主动参与、平等交流的条件下实现理论教育的有效性。以马克思主义理论内容为主的"红色网站"受党员、入党积极分子关注和使用的频率较高，对理论学习有着浓厚兴趣的学生更能够主动地参与学校网站上理论类主题社区的活动。根据这一特点，网上理论教育要注重把学生党员、入党积极分子作为主要对象，充分发挥他们在理论学习中的主动性，引导他们积极利用校园网络开展理论学习与交流活动，形成网上理论学习的良好氛围。在此基础上，通过这些理论学习的骨干群体的影响和带动作用，激发更多学生对于理论问题的兴趣，吸引更多学生参与到"红色网站"的理论学习与交流活动中来，在互动交流和共同讨论的过程中实现理论内容的有效传播。

（3）运用网络传播策略加强教育内容的针对性

由于不同网络媒介的特点不同，在网络理论教育工作中，要根据各类网络媒介传播的特性，采取多样的信息传播策略，运用有针对性的教育方法实现教育目标。首先，思想政治教育网站是当前高校开展网络理论教育工作的主要阵地，是校园网络中传播马克思主义理论的"红色网站"。加强思想政治教育网站对于马克思主义理论的传播效果，就要充分发挥网站的媒介优势，使之成为内容系统、观点权威，材料丰富、形式多样的网上思想理论库。思想政治教育网站的优势在于其信息来源的权威性、信息内容的系统性、信息查询的便利性、信息形式的多媒体化。许多高校的思想政治教育网站，不仅有丰富系统的马克思主义理论著作方便大学生阅读和查询，而且有大量的、具有针对性的理论辅导材料，这些材料通过对现实的分析帮助大学生更好地掌握理论。还有许多相关的影音视听材料，通过多媒体技术增强理论教育的感染力和说服力。此外，网站能够实现信息内容在组织上的超文本链接。在阅读电子化理论著作的过程中，任何一个概念、事件、人物、著作等都可以通过超文本链接及时找到详细的材料，满足了大学生在学习过程中查阅资料的需要。这不仅极大提高了理论学习的效率，而且增强了理论学习的全面性和综合性。

三、抓好思政课主阵地建设，增强主流意识形态导向功能

（一）强化思想政治理论课在网络意识形态教育中的主导

1.重视发挥高校思想政治理论课作用是我们的一贯做法

学校教育是现代社会教育的主要形式，是系统化强有力的社会化途径。在学校生活中，学生树立爱国的基本精神，训练基本的政治态度，形成自己的政治信仰，完善自己的政治人格。通过学校教育的形式对大学生进行马克思主义理论教育，符合大学生思想成长的一般规律。列宁也曾明确地论述："在无产阶级专政时期，即在准备共产主义完全实现的条件的时期，学校不仅应当成为一般共产主义原则的传播者，而且应当从思想上、组织上、教育上实现无产阶级对劳动群众中的半无产阶级和非无产阶级的阶层的影响，其目的在培养能够最后实现共产主义的一代人。""党的宣传工作的任务，对干部进行马克思主义教育的任务，就是要帮助我们所有工作部门中的干部掌握马克思列宁主义关于社会发展规律的科学。"通过课程形式进行马克思主义理论的宣传教育，是高校进行社会主义意识形态教育的基本途径和方法。在我们党的历史上，把马克思主义理论纳入课程，通过课堂教学的形式宣传马克思主义学说，经过多年的理论和实践探索，在我国高等学校已经建立起了符合教育规律并相对稳定的思想政治理论教育教学体系。这样一个较为完整、科学的学科和教学体系构成了我国高等学校思想理论教育的基础，为培养和塑造青年学生具有良好的思想政治素质奠定了坚实的基础。习近平总书记在党的二十大报告中强调："建设具有强大凝聚力和引领力的社会主义意识形态。"增强青年主流意识形态认同，是思政课创新发展的重要内容，也是社会主义意识形态建设的重要举措。新时代推动思政课高质量发展，能够增强青年主流意识形态认同，凝聚"价值最大公约数"，实现主流意识形态对多

样化社会思潮的统领，画出"理想信念同心圆"。

2. 进一步发挥思想政治理论课的主渠道和主阵地作用

随着形势的发展和我国改革开放的深化，许多深层次的矛盾不断显露，新问题、新情况不断涌现，大学生思想政治教育面临着许多价值观转型方面的挑战。经济全球化、文化多元化、社会信息化、价值取向多样化交错发展，国际、国内形势发展变化迅速，社会更加复杂，竞争日趋激烈，人们的思想观念、价值取向、社会交往、生活方式都发生了深刻的变化，社会发展和人的发展面临着许多新的理论和实际问题，广大学生会产生许多新的认识问题和思想困惑。例如，经济全球化容易导致对民族化的忽视，社会多样化容易导致对主导性的忽视，个体的个性化容易导致对全局性的忽视，经济与科技的强劲发展容易导致对精神与道德的忽视，竞争的功利化倾向容易导致对长远发展的忽视，社会对实用技能的重视容易导致对观念形态的忽视。这些价值取向上的不平衡性，既增加了思想政治理论课教育的难度，也向思想政治理论课教育提出了新问题与新要求。

目前，高校思想政治理论教育还在期望通过几门指定的政治理论课程对学生进行灌输教育，就能收到思想政治理论教育之实效，而基本忽视了各专业课程所具有的同等的思想政治教育意义；高校思想政治理论教育的课程体系也存在着不科学、不完善的问题，影响了高校思想政治理论教育的实效；高校思想政治理论教育的基本方式与主要手段还停留在灌输式教育阶段，学生基本上处于被动接受者的地位。虽然各高校普遍在强调多媒体课堂教学，强调课堂讨论，强调师生对话……现行的课程设置、教材内容与考核方式，在一定程度上限制了教学方式与教育手段创新的空间。可以说，在相当长的时间里，思想政治理论教育都是通过灌输的方式进行的，基本忽视了学生的主观能动的自我教育作用，正因为如此，我们对思想政治理论课程内容的安排和各种教学检查、考核的进行，也基本围绕着灌输教育方式来开展。所谓的多媒体教学等方式的改革，也不过是改变了灌输的方式而已，并没有真正在激励学生的主观能动性上下功夫，学生照样处在被动接受者的地位，照样会想出各种应付的方法来。其实在改革开放的今天，教师获取新知识的能力并不比学生更强，教师掌握的旧知识也面临着新知识的各种挑战，或者说教师已掌握的旧知识也需要重新整理与解释，因此，我们必须自觉地平等面对学生，自觉革新思想政治教育的方式与手段，改变那种沿袭了多年甚至已凝固化了的灌输式教育方式，重新设计运用具有实际教育效果的方式与手段。

3. 发挥哲学社会科学课程在意识形态教育中的作用

（1）哲学社会科学课程本身具有意识形态教育的功能

哲学社会科学属于意识形态范畴，包括政治学、法学、伦理学、宗教学、艺术理论、哲学等。它们是上层建筑的组成部分，被称为思想上层建筑或观念上层建筑，往往以思想理论体系的方式表现出来，从不同的侧面、以不同的方式反映特定的经济基础并为其服务。高等学校哲学社会科学课程负有意识形态教育的重要职责，哲学社会科学中的绝大部分学科都具有鲜明的意识形态属性，对于帮助大学生坚定正确的政治方向、正确认识和分析复杂的社会现象、提高思想道德修养和精神境界具有十分重要的作用。

哲学社会科学课程具有实践性、阶级性和独立性的特点。哲学社会科学课程都具有实践性。因为意识形态是对社会现实的反映，同时也作用于实践，意识形态反映了人们对社会的一些价值追求，它以一种理想的社会规范形式存在。接受意识形态的教化是人们进入社会、在社会中进行各种实际活动的需要，哲学社会科学课程都是对社会现实的反映，也要服务于社会现实。哲学社会科学课程具有阶级性，因为意识形态是对于特定阶级、阶级地位和历史使命的自觉意识。作为一种意识形态，我们的哲学社会科学课程都要服从和服务于无产阶级的历史使命，反映最广大师生的根本要求。哲学社会科学课程还具有相对独立性，从根本上说，意识形态要与它所处时代的经济基础相适应，但它又不是经济关系的消极伴生物，它是整个社会生活中的一个能动的组成部分，意识形态有时会落后于或先进于经济关系。作为当代社会的意识形态的一种载体，哲学社会科学课程要充当社会发展和社会变革的先导，积极探索社会发展的规律，为社会发展提供理论的支持，为社会主义建设的重要力量——大学生的教育发挥积极的先导作用。所以，重视和发挥高校哲学社会科学课程在高校意识形态教育中的作用，是实现学校教育政治社会化功能的重要途径。

（2）强化高校哲学社会科学课程的意识形态教育作用

哲学社会科学素质和自然科学素质，是人的素质结构中两个重要的组成部分，它们相互影响、相互作用、协调发展。其中任何一方面的不足，都可能造成人格的缺陷行为的扭曲和对社会的不良影响。从一定意义上讲，哲学社会科学在培养人的素质、完善人的品格方面比自然科学起着更直接、更重要的作用。这是因为，作为科学和价值统一的哲学社会科学，重在对人的培养和塑造。它有助于大学生开阔眼界、开启智力、陶冶情操，有助于大学生鼓舞斗志，凝聚力量，激发活力，有助于大学生树立正确的世界观、人生观、价值观，正确认识纷繁复杂的社会现象，提高道德素养和精神境界。特别是在当前，两种社会制度并存，渗透与反渗透、颠覆与反颠覆、称霸与反称霸的斗争仍将长期存在。在国际竞争日趋激烈的背景下，面对世界范围内各种思想文化的相互激荡，面对国内人们思想观念和价值取向的日趋多样化，我们必须在哲学社会科学课程教学中，自觉地坚持和巩固马克思主义在意识形态领域的指导地位，充分体现马克思主义中国化的最新成果，与时俱进，用发展着的马克思主义来指导我国的哲学社会科学课程，用科学理论武装大学生，反对教条主义和左倾思想，反对以僵化的、教条的态度来对待马克思主义，增强学生对马克思主义的信仰，对社会主义的信念，对改革开放和现代化建设的信心，对党和政府的信任，真正把他们培养成中国特色社会主义事业的合格建设者和可靠接班人。

同时，充分发挥哲学社会科学课程在意识形态教育中的作用，还要求我们在教学中密切联系实际，为大学生解惑释疑。要发扬理论联系实际的优良学风，发挥哲学社会科学的优势，紧密围绕大学生普遍关心的、改革开放和现代化建设中的重大问题，做好释疑解惑和教育引导工作。我们一定要从实际出发，实事求是地分析，运用哲学社会科学的基本原理和基本知识，解决学生的思想问题，从而增强哲学社会科学课程的解释力和说服力，真正把哲学社会科学的课堂变成学生解决思想问题的阵地。

（3）要重视对社会思潮的引导

社会思潮属于社会意识领域，它是种复杂的社会意识现象，它既不完全属于社会心理，也不完全属于思想体系，而是既包括着社会心理要素，又包括着理论形态要素，是两者的综合体，它"比社会心理有较多的理性因素，较少的心理因素"。由于社会思潮对社会的经济政治生活产生强烈反响，会导致社会观念的震荡和变革，从而演变为思想运动，所以，社会思潮还具有思想运动的因素。社会思潮是在世界进入普遍联系的时代，围绕着社会发展中的重大问题而产生的社会现象。社会思潮一般具有阶级性和政治性，它是在一定的社会历史条件下产生的，反映一定的民族、阶级、阶层或社会团体的根本利益并具有相当社会影响的思想潮流。它总是由阶级和群体而来，为一定的阶级和群体的根本利益服务。

作为社会意识形态的重要组成部分的各种社会思潮往往具有一定的倾向性，其发展方向及程度对社会意识形态的巩固与变化产生很强的内在推动力。马克思在创立新理论之初曾明确指出："新思潮的优点就恰恰在于我们不想教条式地预料未来，而只是希望在批判旧世界中发现新世界。"同样，高校开展社会主义意识形态教育，并不拒斥人类文明史上任何有科学价值的理论，但也不放弃对一切反马克思主义的社会思潮展开彻底批判。在两种社会制度并存的世界中，西方资本主义国家对我国实施意识形态渗透与和平演变政策并没有停止，在国内改革开放和发展市场经济的背景下，各种社会思潮和价值观念并存的态势将长期存在，良莠不齐的思想意识都有存在的市场，特别是在经济全球化浪潮下，西方学者极力鼓吹所谓"普世价值"，加之一些资产阶级自由化者的附和与推波助澜，一些所谓建立超阶级、无国界的"普适社会价值标准"话语时常显现，企图模糊意识形态的界线，边缘主导意识形态的一元地位，这就要求我们在意识形态教育中要以强有力的批判性反击资本主义的意识形态侵略，维护社会主义意识形态安全。

高度重视意识形态教育在学生全面发展方面的作用，是当今世界各国在意识形态教育方面的一个共同特点。但是，不同社会、不同意识形态背景下的理论和实际工作者，由于各自的政治、社会制度和背景的差异，所提出或实施的教育模式特别是课程体系也就很不相同。因此，在这种情况下，如何结合本国实际，在马克思主义指导下，从理论和实践的层面上系统地总结研究新时期高校意识形态教育的课程体系问题，揭示其内在的本质规律，努力构建中国特色社会主义高校的意识形态教育内容体系，便是我们应当重视和加以研究的问题。

（二）提高课堂教学实效

想要进一步使高校思想政治理论课的教学实效有所提高，首要的是让教学理念有所创新。在进一步对学生进行的问卷调查中，学生普遍反映，思想政治理论课教学存在"宣讲式""一言堂""单向说教"的弊端。确实，在进行思想政治理论课教学过程中，不同程度存在着教与学两张皮的现象，这就进一步使得教与学的矛盾比较突出；在教学过程中，教书的成分占到大多数，而育人的成分却很少；教师主导强调的多，学生主体强调的少。长此以往，便使学生失去了兴趣，教学就难以达到一种好的效果，因此，思想政治理论课教学理念的创新，就是要使学生在思想政治理论课教学中的主体地位重点突出，从而积极构建以学生为中心的思想政治理论课教育教学新模式。

1."以学生为本"的教育理念的内涵

（1）从学生的发展出发

高校思想政治理论课主要是针对人进行的一项培养活动。在这个过程中，学生是思想政治理论课的本体。因此，"以学生为本"就是要把关于学生的发展作为思想政治理论课活动的本体，一切思想政治理论课活动都从学生的具体发展出发。这是"以学生为本"教育理念的一个逻辑起点。"以学生为本"的教育理念是对人类思想史上人文主义、人道主义思想传统的批判继承，是针对当今社会和现代思想政治理论课中出现的人的物化的弊端并基于教育的本质而提出的。思想政治理论课这种培养人的社会实践活动，是"直接以塑造和建构主体自身为对象的实践领域"。"教育社会功能的作用大小，取决于国民素质的提高，取决于建设人才的培养。"也就是说，思想政治理论课的最终目的就是培养人，促进学生的全身心发展。

（2）让学生得到全面和谐发展

"以学生为本"的教育理念一直以来都注重强调要促进学生的全面发展。当代人的全面发展，不但包含人的自然性与社会性、体力与脑力的发展，还包括生理与心理的全面发展。现代思想政治理论课必须培养全面发展的人，现代社会市场的不断扩大、交往的逐渐广泛化以及个人自由时间的增加也为人的全面发展提供了一定的客观条件。在现阶段，我国还存在一些不利因素，这些因素对于人的全面发展形成了一定的制约。也正因为如此，"以学生为本"的教育理念更加强调不断促进学生的全面发展。

（3）让学生个性得到充分发展

"以学生为本"的教育理念一直强调对于学生的个性应该予以一定的尊重，对于学生具有的各种潜能进行充分的开发，使学生能在最大程度上获得有个性、有特色的发展。只有以学生为本，着重强调教育本身和受教育者在教育活动中的个性和创造性，才能最大限度地发挥学习者自身的创造力和潜力。科技加速了知识的更新换代，专业化分工变细，同时也给教育工作者提出了一个极为严峻的问题，即不仅要实现传授知识的有效方法，更重要的是要使学生自主地掌握系统知识，而这又回到了"以学生为本"。

2. 坚持"以学生为本"的教育理念的途径与措施

（1）尊重学生在学校生存和发展中的地位

当今社会生源市场竞争非常激烈，教育作为一种服务性的产业，招生和就业情况是衡量一个学校办学质量高低的重要依据，而学校安身立命的根本就是学生。因此，学校工作的中心必须围绕育人工作展开。

（2）尊重学生在教育教学中的地位

作为受教育者，学生应成为课堂的主人和学习的主体。作为教师，也应对自己以前一统课堂的做法进行相应的改变，把师生间知识和信息单向传递的做法予以适当的改变。在进行教学的过程中，教师不但要深入考虑教授的内容和具体方法，还要考虑让学生以什么样的形式学习。因为，学校的任务是培养人才，育人是其最终目的。

（3）尊重学生的人格、权利和需要

大学生是具备独立人格的人，他们已经具备了一定的自学能力、一定的分析和判断能力，初步的发现和创造力。教师对其能力和品格应予以信任，不能采取封建家长式的专制，也不能当保姆式的教师。要敢于放手，让学生通过自己的切身努力获得一定的成功，教师应及时给予鼓励，以增加其信心和勇气。

（4）关爱学生

瑞士著名的教育家裴斯泰洛奇说："教育的主要原则就是爱。"思想政治理论课教师应该主动地关爱学生，把学生当作朋友和亲人，而不是企业生产中流水线上的产品，考进来，送出去，就没有任何关系了。需要帮助学生树立正确的世界观、人生观和价值观，培养健全人格和心理素质，促进大学生健康成长和全面发展，最重要也最有效的方法就是关爱学生。

（三）推动思政课教学模式与信息技术融合

1. 教师方面——打造团队，提升技能

课堂教学与在线教学的融合过程对教师提出了更高的要求，这也是教师不断提升个人能力，适应信息化条件下教学的客观要求。在教师维度上，打造团队是结合其他要素，做好在线教学与课堂教学融合的关键。选择"明星"主讲教师，形成具有良好影响力和辐射力的课程视频，并建设高质量、适应性好的各类教学资源。

MOOC 教学团队的建设需要注意以下几个方面：教学团队要了解 MOOC 教学的目标理念，也要熟悉思想政治理论课教学的课程特点。同时，教学团队要注重多学科交叉。"混合式教学"既涉及思想政治理论课教学内容，又涉及网络技术支持、资源制作等，需要各学科领域背景的教师协调配合。

2. 学生方面——转换角色，善思勤问

学生要适应在线课程与课堂教学相结合的教学模式，就要转化过去只是被动学习、简单接受知识的学习模式，从学习的被动参与者变为知识的主动寻求者。

因此，结合信息化条件下大学生的心理状态、学习习惯、价值取向等来引导学生适应在线课程与课堂教学有效融合模式下的思想政治理论课学习，充分利用有利条件，化解不利因素，培养学生尽快转化从高中到大学的学习模式和思维习惯。其中培养学生的"善思勤问"是尽快适应这一学习模式的重点。

3. 教材方面——做好转换，提炼要点

教材及其课程大纲是开展教学的基础，特别是思想政治理论课的特殊性，因此，课程资源的制作要以教材和教学大纲为基本依据，需要紧扣教材设置知识点。既要遵守原则性，也要讲究灵活性。注重从教材体系向教学体系的转变，从理论语言向课堂语言的转

变。教学体系重视理论图谱，重在规范；教学体系注重方法和艺术。因此，要对教材内容进行梳理，提炼关键知识点，围绕这些关键知识点进行讲解和创设相关资源。

4.平台方面——实现共享，管控流程

"混合式教学"的平台非常重要，这个平台不仅仅是网络平台，还有教学资源平台和教师协作平台。"混合式教学"模式建设是一项复杂的系统工程，涉及知识技能互补的一个庞大的教学平台，这个平台需要不同学科、专业的协同，也需要高校教务、人事、信息技术中心、院系等单位的支持配合。校内很多职能部门要保障足够的资源供给，成为教学团队的指导者、支持者和服务者。这些资源支持是团队建立、生存和发展的必要条件，这些资源包括物质资源、政策资源以及人力资源。由于不同地区和不同学校开始了类似思想政治理论课的课程，因此，要在平台建设中实现不同单位的资源共享，并在教学过程中管控流程。

5.讨论式教学法与 MOOC 的结合

讨论式教学法强调在教师的精心准备和指导下，为实现一定的教学目标，通过预先的设计与组织，启发学生就特定问题发表自己的见解，以培养学生的独立思考能力和创新精神。讨论式教学法的环节大致包括设计问题、提供资料、启发思路、得出结论。讨论式教学法具有自由、灵活、多元、互动等特点，能够在教学中有效激发学生的学习热情，启发学生思考，提高学生学习兴趣，是一种行之有效的课堂教学模式。但是，由于受到课堂空间、学生人数、教学课时等诸多因素影响，讨论式教学法如果仅仅局限在课堂上，其效果的发挥往往难如人意。

（1）讨论前的准备不足在课堂讨论前，教师和学生对于讨论问题的设定、讨论模式的选择等准备工作不足。

（2）教师主导地位发挥有限讨论式教学离不开教师主导地位的发挥，从题目确立、环节设计、讨论过程组织、点评总结等环节，都需要教师的组织协调。目前存在的问题是部分教师未能引导学生认真读书、深入思考就组织讨论。

（3）学生的主体地位得不到保障主要表现在讨论过程中学生参与和表现的"差异化"过大。即基础好、善于表达的学生在讨论中处于主导地位，承担了主要角色；而基础差、不善于表达的学生则处于从属或被忽略的地位。

（4）"混合式"讨论教学法的开展

将课堂讨论与网上在线讨论有效结合起来，是"混合式"教学法的重要应用形式，通过两种讨论模式的相互配合和支持，发挥其不同特长，对于思想政治理论课调动师生双方

的积极性，启发学生主动地、创造性地探索理论问题和解决实际问题，进而提升学生综合素质，增强学习效果，都有重要意义。

（四）科学把握高校网络意识形态实践性教育的内容与形式

提高高校网络意识形态教育的有效性，首要的是解决实践性思维匮乏的问题，使高校意识形态教育与其实践性本质相符合。这就需要在教学内容设置、教学模式设计以及教学考核过程中以实践性思维为引导，凸显高校意识形态教育的应用性和实践性。高校应坚持意识形态性与科学性二重属性的辩证统一与有机结合：一方面，以意识形态性统领科学性，突出其马克思主义意识形态性的主导和支配地位；另一方面，以课程建设为突破口，通过依托和加强科学性来达到增强意识形态性的实践教学效果。

1. 在教学内容设置上，使政治教育与生活教育统一起来

高校意识形态教育教材的编写不仅要有宏观思维，而且要树立一种生活世界观，立足于学生的微观生活领域，对其所关注的社会问题和生活问题给予积极的观念引导，使他们能够以科学的思维方法分析日常生活中面临的各种困惑，培养他们参与生活、适应生活和享受生活的品质和能力。只有这样，高校意识形态教育为国家民族服务的工具理性特点才能获得更为坚实的基础。同时，这也对理论研究提出了一个现实的要求：理论研究不能仅仅停留在理论层面上，要通过对现实问题的研究，构建行之有效的实践操作模式，为高校意识形态教育内容提供丰富的养料。在这方面，西方教育理论的研究成果值得我们借鉴。西方学者都注重在提出基本原理的同时，提出供实践工作者运用的操作模式。虽然西方教育理论受实用主义思想影响较多，有其不足之处，但讲实用、重实效的思想对我们不无启发。

2. 在教学模式设计上，使课堂教学与实践教育统一起来

高校意识形态教育应打破固有的课堂灌输的模式，将教育置于可感知的、直观的、伸手可及的实践生活中，以实践性教学环节作为课堂教学的有益补充，使二者相得益彰。这需要学校和教师的共同努力。对学校而言，学校的职能不在于过多的行政干预，而在于引导、扶持，为实践教学的开展提供必要的保障。要将实践性课程纳入教学计划，并在政策、资金等方面给予相应的保障，以使实践教学建立在坚实的物质基础之上。树立整体观念，打破人为的条块分割状态，将实践性课程与青年志愿者活动、社会实践活动、社团活动等实践活动有机结合起来，通过整合，使高校意识形态教育在交叉渗透中实现教育功能。建立面向社会的实践基地，要争取政府和社会各方的支持，选择改革卓有成效的大型

国有企业、民营企业、具有代表性的乡镇企业以及社区等，建立大学生社会服务基地、劳动实践基地，参观调研基地等实践基地，为高校意识形态教育实践提供广阔的平台，确保实践教学活动的稳定性、规范性。对教师而言，既要充分发挥学生在课堂教学中的主体作用，不仅要向学生传递既定的价值观念和原则规范，又要注重围绕社会现实问题开展分析，将生活中的问题交给学生，培养他们独立思考、判断的能力，还要应积极探索行之有效的、合乎本课程特点的实践教学模式，并引导学生发挥自我管理、自我教育的功能，激发他们的参与热情，使实践教学活动的实效性得以提升。

3. 在考核方式上，使理论知识考核与实践行为考核统一起来

高校意识形态教育考核方式应改变以往偏重书面考核的做法，从"知"与"行"两个方面客观地评价学生的受教育情况，使学生能够真正理解教学内容，并在实践活动中自觉践行，真正走出"考前背笔记，考完全忘记"的怪圈。这就需要一套行之有效的教学评价机制作为支撑，笔者认为可以从如下几方面进行考虑：一是将理论知识考核与实践环节考核结合起来，一些学校在实施"2+1"教学模式的基础上，将 1 个学分的实践性教学环节单列出来考核，既保证了学生参加实践教学的积极性，又使得教学评价更具全面性，值得借鉴。二是将教师评价与学生评价结合起来，在实践性教学活动中，可以让学生参与到考核过程中，开展自我评价与相互评价。这样，一方面可以使学生的思想观念、个性品质在自我教育中得以升华；另一方面也使得教学评价的客观性得以保证。三是将学校评价与社会评价结合起来，完善社会评价机制，将学生在参与社会生活中的实际行为表现作为考核的重要参数。

四、高校网络意识形态工作话语权优化

（一）高校意识形态工作话语权的内涵与本质

思想意识形态属于社会文化范畴，文化建设工作与话语权构建之间存在着一定的关联性。意识形态工作就是对思想意识体系的形成、发展和交流传播等方面进行建设，这一过程与话语权的构建过程相吻合，话语权的构建就是通过宣传思想文化以实现引导、教育人民群众，获得人民群众的认可，进而发挥群众的力量推动思想文化的传播和发展，以发挥主流意识形态影响力。两个概念都蕴含两大因素：一是就思想意识而言的，意识形态的传播与发展；二是就意识形态主体而言的，掌握、控制意识形态内容（话语）的能力。从相

互关系的角度看，话语权的构建能够推动主流意识形态主导地位的占据。我国的主流意识形态指的是马克思主义，所谓思想意识形态工作话语权的构建指的是在思想政治方面，强化马克思主义思想的中国化程度，即将马克思主义思想与中国实际相结合，对结合成果进行全社会范围内的传播，抵制不良意识形态对国家发展的腐蚀。

思想意识形态工作话语权的本质在于话语权在当代社会的建构问题，通过多样化的方式和渠道，对意识形态理论进行交流与传播、批判与发展，也就是对话语权的充分掌控，只有充分掌握话语权才能具有对思想文化的领导权和支配权。习近平总书记强调，各级党委要担负好自己的责任，切实抓好精神文明建设各项工作。要把宣传思想工作摆在全局工作的重要位置，加强对重大问题的分析研判和重大战略性任务的统筹指导；必须把意识形态工作的领导权、管理权、话语权牢牢掌握在手中，任何时候都不能旁落，否则就要犯无可挽回的历史性错误。思想意识形态工作话语权的建立对于巩固党在意识形态工作的领导权具有积极意义，中国共产党"先锋队"的性质和领导核心之地位要求党要牢牢掌握意识形态工作的领导权，就二者关系来看，话语权是领导权的体现，领导权是话语权的基础和保证。意识形态工作话语权的构建要注意社会生活与政治生活的区别，在社会生活中具有影响力并不能代表能够在意识形态中起支配作用。对于政党而言，意识形态领域的失控会导致其社会地位的动摇，所以，意识形态领域话语权的掌握能够为领导权的实现提供重要保证，政党必须将意识形态话语权的掌控作为现实性政治任务完成。

意识形态工作话语权以现实性、主动性为基本特征，局限于意识形态范畴内的话语权掌控是统治阶级进行阶级统治的必然要求，统治阶级在意识形态领域居于主导地位，意味着该阶级的政治影响力能够支撑其统治地位。意识形态工作话语权的影响对象分为以下三种情况：一是思想，这里的思想是指意识形态方面的理论观点，特别针对统治阶级的政治需求而形成的指导思想，领导和影响的客体是被统治阶级的思想；二是物，即为思想意识形态工作提供载体的物质承担者，意识形态工作作为一种精神活动必须凝结在物质载体中，所以意识形态工作话语权的构建需要对物质载体进行科学的分配和使用；三是人，这里的"人"是一个属概念，既指意识形态工作者、文化传播行业工作者，也指人民群众，意识形态工作话语权的构建必须强化对人的管理，实现意识、物质和人三者的和谐统一，共同服务于思想政治建设。

目前，我国意识形态工作面临严峻的挑战，主流价值观与多种思想观念发生矛盾和冲突，给政党工作带来了一定的困境，在开放性的时代，短期内难以实现意识形态的完全规范化，因此需要一定的社会实践经验，为多种工作方式的产生和应用提供科学支撑。对人民群众思想意识的管理，必须以适时地引导和科学的管理相结合。政党在意识形态话语权构建工作中要认清社会实际情况，稳扎稳打、有条不紊地推进，以客观的眼光看待其他思想文化，积极进行不同思想意识之间的交流与沟通，取长补短、与时俱进，对错误思想和不当言论要及时精准进行批判和摒弃，确保自身理论科学性、民主性、实效性才能在意识形态领域占据领导核心地位。无产阶级政党坚持以人民为中心的价值取向，在做群众思想工作时将人民群众的利益和要求放在首位，以科学、民主、法治的方式进行思想宣传和思想教育，推进马克思主义思想理论深植群众意识，获得人民群众的支持和拥护，从而实现话语权的构建。

（二）网络信息化挑战高校意识形态工作话语权的主导地位

1. 多元化的网络信息削弱高校意识形态话语权的主导力

互联网的普及在一定程度上削弱了高校主流意识形态的主导地位。信息网络化的发展"使信息传播的结构和机制发生了根本性变化，网络传播的开放性、去中心化和多元化使互联网上各种思潮并存和相互激荡，导致人们信息选择和价值取向的多样化。"在传统媒介中，话语传播主体是那些具有整套严格传播机制且能够批量生产信息的少数媒体从业人员和党的宣传工作人员，他们占有绝对的话语权和控制信息权，能够将包含有党的政策主张和主流价值等意识形态话语传播大众，而互联网改变了这一趋势，实现了话语传播主体的广泛性和传播内容的多样性转变，广大网民能够从互联网上获取各种信息，能够根据自己的意愿自主地选择或拒绝某种信息，能够吸引网民眼球和引起网民兴趣的信息才能被点击与阅读，而那些不能吸引网民注意力和兴趣的意识形态教育网站则很难被注意与关注。

2. 多元化的价值体系冲击高校主流意识形态的话语地位

网络不仅是一个庞大而丰富的信息资源库，还是一个藏污纳垢的垃圾信息汇集场。正如美国著名数字预言家埃瑟·戴森指出的那样："数字化世界是一片崭新的疆土，可以释放出难以形容的生产能量，但它也可能成为恐怖主义者和江湖巨骗的工具，或是弥天大谎和恶意中伤的大本营。"从国际来看，西方敌对势力时刻加紧对华意识形态战略攻势，利用网络的隐蔽性和自由性等特点，推行网上文化"殖民政策"和"话语霸权"，诋毁我国社会主义制度，否定社会主义的优越性，制造各种谣言混淆视听，使部分师生对我国党和政府产生怀疑和不信任感，极大地削弱了意识形态的防御功能。从国内来看，国内一些民族分裂分子和非法组织，利用网络大量散布反国家和反人民的"黑色信息"，企图颠覆社会主义祖国和无产阶级政权。

3. 网络信息的去中心化消解威胁党在高校意识形态工作话语的主导地位

在传统纸质媒体时代，党只需要运用一般的行政的手段就可以确立自己需要的信息中心，边缘、消除那些西方意识形态的内容在媒体中的位置。在如今的网络时代，无中心、去中心成了网络的特点，网络中没有人可以主动规定一个中心，每个人在网络中的言论都是一样的，学者官员可以在网络上发表言论，普通大学生也可以在网络上发表言论，有些西方意识形态的代表也可以在网络上发表他们的言论，零门槛造成了这种无中心的局面。"人们在这里不必阅读来自一个信息源的信息，不必说一个话题，不必受编辑、新闻出版机构的控制，不必担心自己的言论是否离经叛道。一句话，网络使少数人垄断信息和文化的圣人时代宣告结束了。"不仅如此，人们还可以在网络中自由地搜索自己需要的信息，网络的搜索功能使得他们对这些信息的接受突破了时间、地域的限制，只要有网络，人们就可以搜索自己想要的信息。从上面的分析我们可以看出，"分散权力""去中心"已经成为当今网络社会的一个主要特点，"意见的自由市场"成了现实。我们不得不承认，互联网消解了信息的中心，极大动摇了高校主流意识形态的主导地位，削弱了高校意识形态工作的话语权。

总之，"互联网协议的开放性和管理方式的非中心性、离散性决定了其信息的传递与交流是完全自由和在相当程度上不受政府的管理与控制的。"在网络环境下，过去依靠组织的权威进行意识形态灌输的优势受到冲击，马克思主义意识形态的功能出现了不同程度的弱化，传统的意识形态构建方式、传播观念、传播体制和传播手段面临很大挑战，使往日那种集中统一、自上而下、体系封闭的信息管制的观念和体制已难以为继，导致马克思主义意识形态掌控新兴媒体，引导舆论的难度增大，弱化了高校师生对马克思主义意识形态的权威认同，给高校意识形态工作话语权带来了严重的挑战。

（三）提升高校意识形态工作话语权的基本原则

1. 坚持党的领导原则

中国共产党作为中国特色社会主义事业的领导核心，必须牢牢掌握意识形态工作的领导权，才能确保执政事业行稳致远。高校坚持党的领导主要体现在接受党委的领导、配合党委工作方面，校长对高校的党建、党组工作负责。高校党委不隶属学校任何一个职能部门，但其工作内容和工作要求需要各部门组织坚决执行、密切配合，高校师生坚持党委的绝对领导，实现师生团结，共建高校意识形态工作话语权。在高校党组织工作中，党委是最高领导力量；其次高校的党员同志要发挥模范带头作用，师生党员干部要主动承担责任，认真学习并贯彻落实党组织的路线、方针、政策，在校园环境中积极宣传主流意识形态，强化群众认知，引导群众成为主流意识形态的认同者、传播者和践行者，推进党组织宣传的主导思想占领思想意识形态的主阵地。

2.围绕中心服务大局原则

高校作为社会的基本单元，要在意识形态构建工作中发挥正向效应，就必须坚持全局观念，坚持服务整体的基本原则，将人才培养作为主要任务，将意识形态教育作为系统工程，常抓不懈。高校在具体话语权构建工作中坚持意识形态这个中心，坚守政治立场，眼光长远，服务大局。高校以人的教育为主要职能，成为人才的基本条件之一就是思想政治合格。高校作为思想政治教育的专业机构，在意识形态话语权构建的过程中，以培养马克思主义人才为目标。高校思想意识形态话语权的构建客体具有文化水平高、学习能力强、思想观念可塑性强的特点，同时大学生群体的成长经历、生活背景和思想状况又存在着很大的差异性，因此，高校意识形态工作话语权构建必须立足大学生群体的共性，从全局出发。一方面，要使全部的教育教学工作紧紧围绕意识形态工作话语权建设这个中心；另一方面，要立足于社会生活和高校实际，重视意识形态工作的实效性。

3.一元主导多样包容原则

意识形态工作的话语权是一个民主化的过程，在构建的过程中必然会面临多种意识形态相互碰撞的局面，各种意识形态不能用单纯的正误为评判标准，特别是高校环境下的意识形态话语权构建工作，必须坚持一元主导多样包容的原则。

高校作为专业化的思想意识形成和发展平台，在社会舆论的产生和引导中发挥着重要作用。马克思主义思想理论研究的主体为高校教师，因此，高校要将马克思主义这一元化的主导思想作为社会主义文化的主流。此外，高校环境下必然汇聚多种思想文化，高校意识形态话语权工作领导小组要允许不同意识形态理论间的交流，以客观、开放、包容、批判的视角对待其他文化，充分利用其他文化之长对马克思主义进行多角度、多层次的解释，在对比中领悟马克思主义思想的先进性和科学性。

（四）掌握网络意识形态教育话语的主动权

在经济、文化全球化的进程当中，网络媒体和网络传播扮演着不可替代，不容忽视的角色。特别需要指出的是，西方资本主义国家正在利用高科技手段对社会主义国家进行意识形态的渗透。网络媒介文化实际上已成为全球化进程中的一支重要力量，它对政治、经济、文化和大众生活等多个领域起着组织.整合和导向的作用。这种状况迫切需要我们掌握网上意识形态教育话语的主动权，自觉抵制各种非社会主义和反社会主义的意识形态，捍卫国家的安全，尤其要加大对网络的财力、人力投入，建立完善、有效的国家网络宣传结构，主动迎接来自西方敌对势力的挑战。

1. 重新整合意识形态教育资源

在参与经济全球化的过程中，整合传统意识形态教育资源，通过多种途径的政治社会化过程强化传统价值观念和信仰体系，对于重塑意识形态的形象具有十分重要的意义。乔治·洛奇指出："意识形态必须符合现实世界，意识形态随着世界的变化而变化，尽管许多人想把它变成教条，但它不是也不能成为一种教条。"随着现代信息技术全球化浪潮的迅猛发展，发展中国家传统意识形态的合法性普遍受到侵蚀，少数国家甚至出现了严重的意识形态危机，并因此而陷入激烈的政治动荡和政权危机之中。参与经济全球化后，发展中国家在多边贸易体系中进行国际竞争，其所面临的经济环境，社会环境以及生活方式都将发生很大的变化。外在环境和生活方式的变迁，必然会导致人们思想观念的变化。而且，全球化导致的全球范围内的信息流动和交流，使人们有机会了解其他政治系统的意识形态、价值观念和信仰体系，并在比较中看到本国价值观念和信仰体系的缺陷与不足，这就要求政治系统必须开拓新的意识形态教育资源。同时，由于现代信息技术的迅猛发展，师生可以通过多种途径获取真实或不真实的信息，如果我们依然单纯地沿用原有的那种发动官方宣传机器来进行意识形态教育的灌输的话，就会在一定程度上损害其意识形态教育的真实性和有效性。面对全球信息化浪潮所引发的思想变迁和价值变迁，意识形态教育只有与时俱进、顺应潮流、因应变化，自觉地进行观念和方法手段的创新，才能掌握意识形态教育的主动权。因此，如何在现代信息技术进一步发展的进程中，抓住不可多得的发展良机的同时，立足传统意识形态资源，开拓现代意识形态资源，塑造成功的意识形态，是我们必须面对的新课题。

2. 创新意识形态传播理念

拥有了网上传播阵地，还必须有与网络传媒相适应的传播理念、体制和手段。否则，网络舆论阵地同样会失去吸引力、影响力。这种新理念，应既符合互联网所表现出来的开放性、多样性、平等性等现代信息观念，又符合中国共产党所倡导的"立党为公，执政为民"的执政理念。因此，我们必须对原有的那套传播观念、传播体制进行革新，树立一种新的传播理念和传播体制。新的传播理念，就是要把握时代特点，坚持针对性、时效性、主动性原则，内容要贴近实际、贴近生活、贴近师生，坚决克服过去舆论宣传的"假、大、空"，报喜不报忧的做法。近年来，人民网、新华网等主流网络媒体在及时、准确、全面地报道党和国家的大政方针、国际国内新闻事件的同时，还针对社会上不同人群的需要，开辟了各具特色的专题网页，并对社会现实问题，对发生在老百姓身边的生活工作问题给予了高度关注，把党的舆论宣传工作同"群众利益无小事""执政为民"理念很好地结合起来。有调查表明，成熟的网民对网上信息的选择性是很大的，由于网上虚假信息的泛滥，网民对来自国外网上的信息多半是半信半疑的，信息开放有时反而会更有利于凝聚人心。经验也表明，成熟的网民往往常驻留在些固定的网站上，不会在网上到处乱"冲浪"，尤其对那些注重网友参与和互动的网站，更是"情有独钟"。"网络生活"已经成为相当部分师生日常生存状态的重要组成部分，对他们的思想、行为产生着越来越大的影响。另外，由于互联网自身的开放性、脆弱性，造成了互联网具有管理复杂性、易受攻击性的特点。相对于网络技术与运用的快速发展，网络管理立法、管理规则、管理方式与手段的相对滞后，以及部分干部教师对校园网的本质与规律认识不够，使高校校园网的安全管理面临着较大的风险与挑战。高校应利用微博、即时通信、流媒体等新技术发展校园网络文化新产品，整合校园网站栏目、内容，突出特色和优势，集中力量打造精品栏目，使之更加贴近学生实际。实现群组讨论、在线学习、即时通信、微博、个人空间、交友、无线增值服务、社区营销、社区搜索等为一体，为学生提供全新的教学管理模式和全方位的学习生活娱乐服务。拓展网络电台、网络电视台、网络资源下载等网络媒介形式，鼓励教师、辅导员和优秀大学生利用这个平台建立微博、微信等，随时与学生在网上开展平等互动式的思想交流，及时为大学生的成才发展答疑解惑，指路引航，实现网络文化与校园文化的融合。

3. 强化网上话语的管理和利用

互联网是一把"双刃剑"，既强烈地冲击着我们的意识形态，又为我们加强和改进意识形态建设提供了难得的机遇和全新的物质技术条件。作为当今社会最发达的传播技术，互联网为构建意识形态传播阵地提供了最大的平台。在传媒平台上，历来不存在真空地带，你不去占领，别人就会去占领。当前，互联网已经成为各种意识形态和价值观传播和争夺的主阵地。在这个阵地上，目前起主导作用的还是以美国为首的西方发达国家，它们凭借着绝对优势的技术传播手段，不遗余力地向世界各国特别是社会主义国家大量输出西方的政治制度、意识形态、价值观念和生活方式。面对互联网对意识形态的冲击和挑战，我们既不能仅局限于控制、管理甚至"封杀"这一层面，"堵"与"防"是下策。其实，互联网技术是堵不住的，也是防不胜防的，逃避更是没有退路，唯一的出路就是积极应对。因此，在严峻的意识形态争夺战中，利用互联网络，构建意识形态传播阵地，并对传统的传播观念、传播体制和传播手段进行创新，以开放的姿态，主动出击，加大网站建设力度，成为当前高校意识形态教育的一项根本任务。经过近几年的发展，我国除建成比较完备的政府网站、教育网站，学术网站、商业网站、服务性网站外，还纷纷建立了以报刊、杂志、电台等传播媒体为依托的新闻、舆论网站，如人民网、新华网、光明网、中国网、求是杂志网、党建研究网、中央电视台网、中央人民广播电台网等。这些新闻舆论网充分发挥网络传媒的优势，用青年人喜闻乐见的时代话语和网络语言，及时、全面、准确地把党和政府的声音传播到世界各地。当然，在这方面，也存在着覆盖范围不广、报道内容雷同等问题。因此，高校需要加大网上主题宣传、成就宣传和典型宣传的力度，坚持用社会主义核心价值体系引领网上多样性的思想意识，唱响科学发展、共建和谐的主旋律。完善网络突发事件应急处置机制。建立健全快速反应机制，完善相关工作流程，制定突发事件网络舆论引导工作预案，突发事件一旦发生，各部门要按照职责分工迅速行动，力求在第一时间发布权威信息，第一时间抢占网上落点，第一时间加强评论引导，切实掌握网上舆论引导的话语权，及时澄清虚假信息，及时封堵和删除有害信息，确保管理高效迅捷、舆论引导准确有力。进一步加大建设力度，整合现有网站资源，实现信息资源共享，从而在我国真正形成一个覆盖范围广、影响力强大的马克思主义网络传播阵地，牢牢掌握意识形态教育的网上话语权，是当前的一项重要工作。

4.拓展意识形态工作虚拟阵地

互联网思维是在互联网、大数据、云计算等科技不断发展的时代背景下，对传统行业重新审视、改造、提升的一种全新的思维范式，是互联网时代带来的世界观的一场革命。"大数据思维、用户思维、社会化思维是互联网思维的主要特点。"任何人、任何物、任何时间、任何地点、永远在线、随时互动"的存在形式，改变了人类世界的空间轴、时间轴和思想维度，给高校网络意识形态工作带来了全方位的影响。互联网催生意识形态传播新格局。众声喧哗成为网络舆论场新常态。互联网为人类提供了一个相互交往的、开放的数字平台，任何一个个体、任何一种文化都可以在这里自由展现，不同民族、不同国家的价值观念、网上舆论格局日趋复杂。互联网日渐成为舆论斗争的主战场，成为国家主流意识形态和社会多元意识形态的汇聚地，既是国家主流声音的发声地，也是众声喧哗的舆论场。西方发达国家凭借其对互联网技术和话语权的垄断，输出的执政理念、价值观念、生活方式，强烈冲击着社会主义意识形态，大学生在与网络交互作用中获得极大自由的同时，意识形态在原有基础上也面临着多元化的选择。

大学生网络原住民助推网络表达新趋势。伴随着改革开放成长起来的"00后"大学生，他们个性特征更加鲜明、思维更加活跃、视野更加开阔，同时作为互联网时代的"原住民"，从一出生就被一个无所不在的网络世界包围着，网络就是他们的生活。在互联网的影响下，高校已经无法按照原有的思维和模式牢牢掌握意识形态工作的领导权和话语权，迫切需要顺势而为，以开放的心态拥抱最先进的互联网技术，以互联网思维区开展高校网络意识形态工作。

（1）在思想层面，要构建意识形态工作的免疫层其一，要加强思想教育，构建意识形态工作的免疫层。要做好网络意识形态工作，高校首先就应该做好大学生思想源头的教育工作。学校应该在平时的舆情教育工作中，系统地阐述舆情信息到底是什么，负面舆情信息对个人以及国家有哪些危害，应该如何应对等多方面的知识，而不是一味地作"要求"。在这一过程中，高校可以通过实际案例加以分析，通过一个个鲜活的实例让学生从思想上认识制造和传播有害舆情信息的影响，从意识层面上自觉杜绝制造和传播有害舆情信息，形成自我免疫功能，守好自己的"网络大门"。其二，要创新引导方式，构建意识形态工作的处理层。在互联网环境下，高校应改变过去那种单一引导的网络舆情处理方法，创新引导方式，从"网评语言""意见领袖""权威发布"这三方面入手构建一个舆情信息处理层。在"网评语言"方面，高校舆情引导者可以结合大学生们习惯使用的网络语言，以学生的口吻对舆情信息进行跟帖回复，引导其了解正确信息；在"意见领袖"方面，可以从学生当中选拔和培养一批意见领袖来引导舆论的正确方向，如微博知名"大V"拥有大量粉丝，具有自己独立鲜明的意见表达，这就使得在信息缺失和有不同信息左右的时候，"意见领袖"能够发出自己的声音，引导普通学生的思想朝着正确的方向发展；在"权威发布"方面，可以主动发布权威信息，倾听学生意见表达，加大与学生的沟通力度，及时解决学生思想困惑或相关诉求。其三，要建设舆情发布平台。高校应该建设和维护好校园微信公众账号、学校新闻网移动客户端、校务微博、群等，打造校园舆情信息发布新平台，并主动融合校园网站、报纸、广播电视台、宣传橱窗等阵地，实现网上网下互通互动，增强渗透力；鼓励更多的思政课教师、辅导员、学生党员干部主动进入网络舆论阵地，上微信、开微博、加群等，答疑解惑，对学生关心关注的热点、敏感问题做好宣传解释工作，对学生的学习生活需求第一时间真诚反馈，抢占网络舆论引导的主动权，使主流声音形成声势。

（2）在技术层面，建立高校意识形态工作的预警防护层高校网络舆情事件中，并不是所有舆情信息都是一开始就达到能严重影响和妨碍高校意识形态工作的程度，很多舆情信息在产生之初，处于能小范围控制的阶段。所以，高校在网络舆情信息搜集整理后，应该建立预警机制，构建舆情预警防护层。其一，建立预警机制，构建舆情预警层。为此，高校应该用"计算机数学模型"进行舆情研判，预测出该舆情出现大规模爆发的概率以及舆情走向等有效信息，并根据其严重程度分别采取相应的预警机制，这样就能在舆情爆发之前及时进行预警处理。建立大数据舆情平台，设置好监测的主题和关键词，实时关注舆情动态，第一时间发现学生群体高度关注的或有关联的苗头性问题，准确分析，及时回应；运用大数据概念，注重大学生思想政治教育的日常数据统计。其二，要优化搜索技术，构建舆情的监测层。由于网络信息具有内容量大、随机性强等特点，高校在舆情监测方面并不能像传统舆情那样容易发现。现阶段，高校的舆情监测工作主要以人工搜集为主，这种方式具有较大的局限性，并不能全面地掌握舆情信息。所以，高校应该优化搜索技术，将"人工"与"智能"合二为一，构建一个全面的信息发现监测层。在公共网站方面，应该利用"关键字搜索"和"大数据分析"技术，通过"爬虫"对贴吧、微博等公共社交平台进行定向搜集，然后用"关键字"过滤出所需信息，最后用大数据进行归纳整理，以此来全方位掌握公共网站的舆情信息。对于一些私人社交网站，由于权限因素不能被计算机搜集到，则采用人工方式采集。

（3）在内容上，以人为本实现个性化服务第一，突出大数据思维，优化意识形态工作的顶层设计。在遵循教育规律和学生身心发展规律的基础上做好数据的深度挖掘和预测，通过数据分析，清楚认识在互联网时代，高校网络意识形态工作的对象需要什么，怎么做才能满足其需求，在认识每一位最"真实"的学生基础上，与时俱进更新高校网络意识形态工作的思维路径，在因势而动中保持话语优势，发出响亮的声音，让大学生在体验互联网技术带来便捷的同时，提高自身对马克思主义理论的认同与信仰。

第二，突出用户思维，在极致服务中激发共鸣。增强网络意识形态在大学生群体中的认同感，关键还是意识形态的内容要有充分的吸引力和解释力，要符合大学生成长成才的迫切需要，并能对社会发展趋势进行创造性预见。因此，高校意识工作在实际工作中要切实增强以生为本的学生本位性，精准个性化地服务学生的成长成才。要通过数据的挖掘和预测，动态准确把握学生关注的舆论焦点，成长成才诉求热点，针对性地加强主流意识形态的传播教育，使主流意识形态传播更符合互联网运行规律、更契合高等教育的发展形势、更满足青年学生的需求，尤其在深入挖掘和分析学生在线上浏览、分享、活动、评论等个人信息的网络数据，进行智能化分析研判，使提供的内容能够让学生实时实地触及和激活，学生在任何的不同场景中，都能获得个性化的、精准的服务。

第三，突出社会化思维，在友爱互动快捷反应中掌握话语权。社会化媒体是实时性、互动式在线媒体，个人的声音和话语权在放大，传统媒体的话语权在变弱，高校育人体系的"权威"意识也正在逐渐缩小，作为互联网"原住民"的大学生，个性鲜明、视野开阔，获取知识和信息的能力显著提升，与他们的沟通策略应从"管理"和"把控"中跳出，学会"倾听"，深入了解、研究他们的语言思维和表达习惯，知道他们"怎么说""说什么""想什么"，结合他们日常学习生活实际，充分利用图像、视频、文字、声音等生动多样、感知功能融为一体的传播方式，利用新闻、微博、微信等多样的网络空间，多管齐下，组建话语共同体，构建网络意识形态多角度、全方位、立体化的传播态势，使主流意识形态宣传理念贯穿到互联网媒体的整体宣传之中，讲好故事，传播好价值。同时要有一颗感同身受的心，在与大学生彼此尊重、彼此需要、彼此平等交流中，实现与学生有温度、有感情的良性互动，实现情感的交换和共鸣，使"互动式"的理念传播真正变成一种自动自发的状态，在一种友爱互动的过程中让学生更好地理解和充分接受主流意识形态。

五、发挥宣传思想工作对意识形态的建设作用

习近平总书记高度重视宣传思想工作，认为宣传思想工作肩负着意识形态建设的重要使命，他指出，"建设具有强大凝聚力和引领力的社会主义意识形态，是全党特别是宣传思想战线必须担负起的一个战略任务。"高校意识形态工作离不开宣传思想工作，正如高校中很多具体的意识形态工作，是由高校的党委宣传部主要组织实施的，高校的思想宣传工作的核心是意识形态工作，而且从另一个角度来看，意识形态工作的主要途径就是宣传思想工作，所以高校要深刻认识习近平总书记关于宣传思想工作的重要指示，发挥好宣传思想工作对意识形态的建设作用。近年来，在党中央的领导下，中国的网络宣传工作取得了新进展和新成效。一是网络宣传工作始终将主流意识形态宣传作为首要政治任务。各级党政宣传部门充分发挥网络传播优势，采用各种网络宣传形式，学习宣传贯彻习近平总书记系列重要讲话精神，向国内外展现21世纪以来中国改革开放取得的伟大成就。二是网络宣传工作以弘扬主旋律、传播正能量为主要内容。党和政府紧密围绕中国梦、社会主义核心价值观、"四个全面"战略布局、五大发展理念等一系列重大主题，积极开展网络宣传，评述社会热点焦点问题，解答人民群众的思想困惑。三是注重网络宣传机构的协同性。中央网络宣传部门在加强对地方网络宣传部门领导的同时，注重同其他政府宣传部门的协调联动，提升网络管理工作的合力；地方宣传部门之间、地方宣传部门与其他政府机构的宣传机构之间的合作和联系也更为密切和广泛。四是网络宣传阵地得到进一步完善。推动传统媒体向网络媒体的转化，实现传播媒体与网络媒体的有机融合；不断完善理论宣传网站，拓展传播空间，打造传播平台。此外，党和政府在网络宣传人才、法治规范建设等方

面也取得了相应的成就。总体而言，中国的网络宣传工作取得了不错的成绩，但由于网络宣传还是一个新鲜事物，还有许多需要进一步探索的地方，因而我们在开展网络宣传的过程中还存在一些问题和不足。对于高校来说，当前推进网络宣传创新，增强主流意识形态的吸引力，必须在网络宣传思维、宣传内容、宣传方式上不断创新和发展。

（一）新时代网络宣传应树立的三种思维

1. 以人本思维创新网络宣传

人本思维是将人作为网络宣传的立足点，从人出发去思考问题和解决问题的思维方式。这里的人既是网络宣传的出发点，也是网络宣传的落脚点。这里的"人"不是抽象意义上的人，而是现实意义上的人。马克思、恩格斯告诉我们："所谓'现实的个人'，是指由于受肉体组织制约具有各种自然需要的人，是为了满足生存需要而进行着各种活动的人，是受着各种社会关系制约又不断根据自己的需要而改变着这些社会关系的人。"

网络宣传坚持人本思维，首先是宣传教育中人本规定的具体体现。宣传教育是一项以人为基础的社会实践活动，它以人为出发点，通过人来实施，又以人为最终归宿，可以说，人的问题是宣传教育最为核心的问题。因此，宣传教育的人本规定必然要求网络宣传坚持人本思维。其次，网络宣传坚持人本思维，也是人的全面发展的内在要求。人的全面发展不是个别的，而是普遍的发展，它包括人的类特性的发展，人的社会性的发展和人的个性的发展。人需要以一种全面的方式，全面地占有自己的本质。网络宣传遵循人本思维就是要求把促进人的全面发展作为社会发展的终极目标，把促进人的全面发展落实到社会发展的全过程。此外，作为互联网思维之一的用户至上也是人本思维的具体的体现。网络宣传者要改变过去居高临下、唯我独尊的宣传心态，应该借鉴互联网的用户至上思维，从受教育者角度思考我们的宣传工作。

从人本思维的角度开展网络宣传，首先，要树立以人为本的网络宣传理念。就是要以人为维度，突出人的主体性，尤其网络宣传对象的主体性。网络宣传对象的主体性主要表现在三个方面：一是以主体自身的价值需要为依据的接受倾向性；二是以意志自由为条件的自主选择性；三是主体自身的追求为基础的创造性。网络宣传的根本目标是实现人全面自由的发展，这一目标只有建立在明确人的主体性的基础上才能够实现。因此，网络宣传必须遵循人本思维，确认宣传教育对象的主体地位，使人真正成为宣传教育的目的和归宿。其次，要凸显网络宣传内容的人文性。网络宣传内容的人文性就是要给宣传对象以人文精神的感受，因此，宣传网站要增加有关人文启迪的内容，提高宣传对象的文化品位和人文素养，帮助其树立正确的人生观和价值观。最后，要构建贴近生活的网络宣传对话模式。自从列宁在《怎么办》一书中提出了灌输理论，灌输理论就逐渐成为宣传教育的常用方式，灌输理论必须坚持，但灌输方法却不妥。网络宣传应克服传统宣传教育的单向灌输方式，构建贴近宣传教育对象的对话模式。例如，各种宣传网站可以根据宣传对象的特点和需求开设相应栏目，增加网站的服务性和互动性，使其成为贴近宣传对象的对话平台。

2. 以系统思维创新网络宣传

对于系统思维这一概念，不同的学者赋予其不同的内涵。切克兰德认为，"系统思维是有意识地运用'系统'一词中所把握的这种特殊的整体性概念以整理我们思想的过程。"彼得·圣吉在《第五项修炼》中提道，"系统思维是'看见整体'的一项修炼""系统思维是一项看清复杂状况背后的结构，以及分辨高杠杆解与低杠杆解差异所在的一种修炼"。钱学森指出，"辩证唯物主义所阐明的物质世界的普遍联系及其整体思想，也就是系统思维。"综上所述，虽然不同的学者对系统思维的表述有所不同，但都强调了系统的整体性，整体观点是最为重要的系统观点。因此，系统思维是一种整体思维，是从整体上考虑并解决问题的思维方式，它根植于整体而非局部，不仅关注一个事物内部组成部分之间的联系，也关注这一事物同其他事物的联系。

网络宣传坚持系统思维有着深厚的理论基础。一是马克思主义的整体性思想。"整体""系统""有机体"是马克思主义经典著作中经常出现的几个概念。"每一个社会中的生产关系都形成一个统一的整体""近代科学以近乎系统的方式描绘出一幅自然界联系的清晰的图画"。在马克思、恩格斯的话语体系中，体现了丰富的马克思主义整体性思想。马克思主义强调要将事物看作一个整体来对待，要注重各要素之间的关系。在全球化、信息化的时代主流下，网络宣传必须运用整体概念或者系统思维来处理各种问题。二是系统论思想。贝塔朗菲创立了系统论，他认为一般系统是对"整体"和"整体性"的科学探索，从这一意义来说，系统论就是一种整体论。一个有机的系统内部不仅存在着基本的相互作用，还存在着动态的、复杂的联系。而网络宣传也是一项系统工程，它是由多种因素构成的多层次复杂系统，其存在和运行受到社会各种因素的影响。网络宣传的系统性要求其必须坚持系统思维，处理好不同层次之间的关系。

从系统思维的角度开展网络宣传，首先，要确立"大"网络宣传的理念。这一理念就是要求我们把整个网络都看作宣传教育的平台，同时也要将社会环境融入网络宣传的系统结构中来。因为虚拟空间同现实空间是密不可分的，虚拟空间中的各种思潮和现象大多都是现实生活在网络上的反映，虚拟空间的信息传递都伴随着现实空间中人们的思想和行为。因此，在"大"网络宣传理念下，我们必须注意网络和现实之间的联系。其次，要系统整合网络宣传资源。目前我们开展网络宣传往往侧重于宣传网站（如"红色"网站、校园网站）的建设，这是无可厚非的。但是网络宣传涉及的内容十分广泛，单纯靠单一网站是无法解决所有问题的，所以网络宣传要整合各种资源，实现各个网站之间的信息交流和信息共享，建设有特色的宣传网站。最后，要系统优化网络宣传环境。网络宣传环境由三个部分组成，一是宏观环境，是指影响人们思想行为的整个社会环境，也是网络宣传面临的大环境；二是中观环境，如理论宣传网站、"红色"网站等都属于这一范畴；三是微观环境，一般是指建立在某个网站之下的个人网页或者主题论坛。这三个部分不是孤立的，而是相互联系、相互制约的。因此要利用系统思维，有目的地调节宏观环境、中观环境、微观环境三者之间的矛盾，正确处理好人与环境的关系，确保各种环境因素的和谐统一，使网络宣传更具系统性和整体性。

3. 以发展思维创新网络宣传

发展思维是对静态的直观思维的突破和超越，发展思维从本质上来说是一种可持续思维，它是以发展的观点看待事物，在事物的发展变化中把握其本质的一种思维方式。网络宣传坚持发展思维是马克思主义发展观的体现。发展是马克思主义哲学中一个十分重要的概念，列宁在《谈谈辩证法问题》中概括和对比了两种发展观，一种认为发展是减少和增加，是重复；另一种认为发展是对立面的统一。他同时指出第一种观点是僵死的、平庸的、枯燥的，第二种观点是活生生的，只有第二种观点才能提供一切现存事物"自己运动"的钥匙，才能提供理解"飞跃""向对立面的转化"、旧东西的消灭和新东西的产生的钥匙。马克思主义发展观告诉我们，事物是不断发展变化的，网络思想政治教育也是如此。所以，网络宣传必须坚持发展思维，才能实现网络宣传的创新。网络宣传坚持发展思维，也是思想政治教育发展的基本要求。网络宣传是思想政治教育的主要形式。思想政治教育是一项长期的动态实践活动过程，思想政治教育对象的思想观念又总是随着社会环境的变化而处于运动之中，而且思想政治教育本身也是不断发展变化的，思想政治教育的这一特点要求网络宣传应当要用一种动态的、发展的思维去看待人的思想。此外，发展思维本身也是网络应该具有的思维特征。网络技术自产生以来，其最大的特点就是它始终处于不断发展变革之中，旧技术不断被新技术所取代。

从发展思维的角度开展网络宣传，首先，要求网络宣传树立发展观念。以前人们往往用静态的直观的思维方式去看待问题，认为"龙生龙，凤生凤，老鼠的儿子会打洞"。将这种思维方式运用到宣传中，就容易造成宣传的僵化。因此，网络宣传要树立发展理念，研究和解决教育对象出现的动态化思想问题，并根据客观环境和人的思想变化，及时调整网络宣传的内容和方法。其次，要进行网络宣传方法转变。网络宣传遵循发展思维还体现在方法的转变上，一是网络宣传要注重引导式、交互式的教育，使教育对象能够主动参与进来。二是直面网络中突显的社会现实问题，掌握教育对象的精神和物质诉求，解决人们的现实问题。同时，也要正确看待网络中多元文化共生的现象，包容其多样性。三是要实现由重管理向重建设的转变，网络宣传除了要重视网络文化管理之外，更重要的是建设优秀的网络阵地，创造优秀的教育资源，提高网络宣传的服务能力，进而打造优秀的思想文化品牌。最后，要建立网络宣传的长效机制。长效机制包括协调机制、监管机制、保障机制和评估机制四个方面。协调机制主要是靠组织协调来进行，就是要成立网络宣传领导小组，有效组织各部门的各项资源，协同做好网络宣传的各项工作；监管机制主要是对网络信息进行监管，过滤净化信息源，掌握网络动态，及时了解教育对象的需求；建立保障机制就是要为网络宣传提供资金、法律和道德方面的保障；评估机制是指对宣传网站建设、网络宣传队伍以及网络宣传绩效的衡量。

（二）探索高校主流网络意识形态宣传平台建设的新途径

《关于进一步加强和改进新形势下高校宣传思想工作的意见》指出："做好高校宣传思想工作，加强高校意识形态阵地建设，是一项战略工程、固本工程、铸魂工程。"宣传思想工作是通过特定的媒介传播特定的情景，影响和作用于人的意识认知，从而达到宣传教育的目的。意识形态工作是宣传思想工作的基础和前提，宣传思想工作是意识形态工作的方法和途径。高校要做好网络意识形态工作，就要以宣传思想工作为载体和手段，充分发挥宣传思想平台的价值功能。

1.利用合理宣传方式拉近教育工作者和被教育者的距离

在现代高校教育中，大学生的自主性大大增强，教师和学生都是教育的主体，教师的主题功能是以满足学生的主体需要为前提马鲛鱼目标是以提高学生自身的发展为前提，那么学生必然成为教育的核心主体。要树立"以学生为本"的理念，把学生培养成为富有主体精神和创新精神的人是学校教育的重中之重。社会主义核心价值观要体现"以人为本"，就必须准确把握当代青年大学生的心理特点。网络在青年大学生群体中的普及过程中，产生了各种反映当代大学生心理特征和精神特质的网络话语符号。网络话语符号是由网民在网络交流的过程中创造出来的，它是一种具有多样化、独立性、生活化和戏谑性等特色的新型网络媒介，大学生网民是主要使用群体之一。网络话语符号的兴起具有明显的亚文化色彩，折射出当代大学生重视自身话语主权的公民意识和反抗教育话语霸权的独立精神。大学生通过运用自己独创的网络话语符号自由地交流沟通，可以随时随地参与网络交流活动并自由地发泄情感和发表见解。这些体现了他们求新求变、勇于尝试的精神特质，也对他们张扬个性和培养主体性起到了积极作用。但要看到，以新兴网络话语为代表的大学生网络文化也在现实生活中表现为：部分大学生长期沉迷于网络虚拟世界，过度追求所谓独立和自由，他们的性格自我、极端，日常行为偏激、思维偏执，社会责任感相对淡漠。在网络话语背景下，思想政治教育如果继续采取自上而下说教式宣传思想话语体系，不但难以激起受教育者心底的共鸣和同感，反而很容易招致当代大学生的反感与厌恶，最终使宣传思想工作的效果大打折扣。所以，必须深入把握当代大学生的心理特点和思维特点，借助网络平台，突出"以人为本"，有针对性地对大学生进行思想政治教育和马克思主义大众化教育，这样才能提高马克思主义大众化教育的实效性。

2. 充分利用网站创新主流意识形态的传播方式

为了提高学生的马克思主义理论修养和思想政治素质，许多高校都建立了思想政治教育网站或马克思主义网站，一般具有如下特点。

一是主题鲜明，思想性强。通过网络传播马克思主义理论的经典著作、毛泽东思想、习近平新时代中国特色社会主义思想、社会主义核心价值观以及中国共产党的方针政策，积极占领网络思想教育的阵地，已成为思想政治教育网站的共识。清华大学"红色网站"将自己的宗旨定为"宗马列之说，承毛邓之学，怀寰宇之心，砺报国之志"，就鲜明地体现了这一点。广西大学"雨无声"网站的指导思想是：探索理想信念教育、素质教育和创造性思维训练的新模式；及时准确地掌握学生的思想动态，随时解答学生的思想困惑，预防、发现和及时处理学生中的突发事件；密切学校与学生之间的关系，激发学生主人翁意识与责任感，进一步调动其学习、成才的积极性；引导学生进行网上学习与交流，开阔视野，为培养和强化信息素养提供平台；引导和丰富学生课余文化生活，使其在健康向上的信息环境中徜徉，促进其情商的提高；激励个性张扬，促进全面发展，发现和培养高素质学生，为他们脱颖而出提供新的舞台；吸收全校师生的智能，努力营造全员育人的氛围，共同做好育人工作。

二是内容丰富，知识性强。网站提供包括时事、文学、历史、心理、传统文化、政治等方面的内容，能满足不同层次、不同类型的网民的需求。例如，北京工业大学的"工大广场"按照"满足需求，引导需求"的原则，设置了"特别关注""吾爱吾师""达人馆""理论学习""漫步纸间""夺标广场""英语地带""精彩下载""心理咨询""社区论坛"等十个栏目，丰富多彩的内容成了该网站点击率不断攀升的重要原因。

三是形式灵活，趣味性强。许多思想政治教育网站注意利用网络的交互性和开放性特征，积极开展融思想性、知识性、趣味性和交互性于一体的网上校园文化活动，形成了浓郁的网上校园文化氛围。例如，不少网站开通了"自助新闻""焦点论坛""聊天室"等交互性频道。有的网站大力支持学生创办反映大学生的学习生活和课余文化生活的电子刊物，鼓励学生参与网络道德问题辩论、网页制作竞赛、网络文化艺术节活动等，通过灵活多样的方式促进大学生思想素养的提升。

四是范围广泛，服务性强。例如，中南大学的"中国高校勤工助学在线"，为大学生提供了丰富的就业、招聘信息；西南财经大学的"光华园"提供多样的个性化服务；南昌大学的"家园网"则利用网络开展心理健康服务。大多数网站为学生们提供了各种休闲服务，如音乐、影视、游戏等。总体上看，高校思想政治教育网站发展势头良好，绝大多数网站具备了教育、服务、娱乐功能，出现了一批有特色、服务性强、深受学生喜爱的网站。例如，天津大学的"天外天"，日均访问量达到6万人次；广西大学的"雨无声"，日均访问量达3万人次；浙江大学的"求是网"，日均访问量达1.42万人次。

高校思想政治教育网站的特殊功能使网站始终把握教育服务对象的真正需求，发挥网络优势，全方位地为学生管理和广大学生思想教育提供各种服务，就其功能定位、运作发展进行积极探索，做好网站管理。对确保网络条件下构建良好的高校网络平台、促进高校马克思主义大众化以及促进大学生健康成才有着重要意义。

3. 营造良好的高校网络环境和氛围，实现有序传播

网络如果出现无序的状态和混乱的环境，显然不利于维护和扩大马克思主义大众化传播，甚至会导致马克思主义大众化传播的影响力被弱化。问题就在于网络这一特殊的传播媒介本身具有极大的自主性和宽泛的自由度，如果缺乏科学的过程管理，就极易导致混乱无序的状态，出现各种不利于受众接受马克思主义传播的异质信息。导致受众对马克思主义的曲解，影响马克思主义大众化传播的效果。对此，高校的思想政治教育工作者必须保持清醒的认识，营造一个良好的高校网络环境和氛围，并且有利于马克思主义大众化传播的正常秩序和净化的环境。主要措施包括：第一，加强对大学生的网络诚信教育，诚信是做人之根本，也是建设中国特色社会主义的必然要求，诚实信用有助于打造和谐的网络环境；第二，对大学生的网络行为进行引导，引导他们遵纪守法，维护网络环境；第三，引导学生对一些网络越轨行为进行批判和抵制，大学生人数众多，如果把他们动员起来抵制网络越轨行为，将对推动网络和谐建设起到决定性作用；第四，借助技术手段净化校园网

络环境，学校的网管部门要采取切实可行措施，净化校园网络环境；第五，加强对校园网络舆论的引导。高校有关部门要采取具体措施，加强对校园网络舆论的引导。通过采取切实可行的措施，营造良好的校园网络环境，推动高校马克思主义大众化教育，提高大学生马克思主义理论水平。

4. 建立高校网络宣传平台建设的长效机制

目前，网络还不成熟、不规范，相应的政策法规和管理体制还不健全，立法复杂程度高，缺乏专门技术人才等，这些因素都严重影响了网络运行环境。网上有害信息的泛滥一方面是由于一些西方媒体的恶意传播；另一方面也是由于网民个体法律意识和自我责任意识淡薄。因此，在网络平台的高校马克思主义理论教育中要采取针对高校大学生的管理措施，提升大学生的自我约束意识，加强网络道德规范、法律规范和责任义务的教育。一方面在社会层面，要重视网络相关法律和法规建设的必要性和针对性，加快立法的速度，大力培养网络相关技术人员，担任网络的监控和执法人物；另一方面针对高校大学生和校园网络的运行，在管理方面，学校要尽可能建立相关的、甚至专职的网络信息管理机构，专门审查、监控、规范学生的网络行为，使大学生逐渐养成文明的网络行为习惯。所有学生必须用实名登记和注册校园网，这样便于学校加强管理，约束大学生的上网行为。

（三）充分运用新媒体载体合力的功能

1. 校园网建设

新媒体环境下，抢占新阵地最为直接、方便、快捷、有效的举措是校园网建设。把高校校园网打造成弘扬主旋律和传播先进文化的重要平台，充分发挥校园网络阵地的作用，加强大学生思想政治教育的重要阵地和全面服务大学生的重要渠道，有效引导大学生成长成才成人，是高校思想政治教育工作者走近学生的一项重要工程。为能够真正成为大学生思想政治教育的通道，必须对校园网的性质、功能等进行定位，校园网首先应该成为大学生们信息共享、查阅资料、经验交流、在线学习、情感诉求的服务性平台，在此基础上，校园网承担着高校思想政治教育的功能和责任。因此，进行校园网建设，需要把握好以下几点：

第一，关注学生需求，发挥校园网服务功能。新媒体时代，学校校园网应该成为主流渠道，利用校园网进行思想政治教育已经成为一种最为方便快捷的思想政治教育渠道。校园网不仅仅具有发通知、查学习成绩的作用，这个网站，应该是一个融知识性、趣味性、思想性和关怀性于一体的平台，是一个服务功能强、覆盖面广、信息量大的思想教育平台。在这里，大学生们不仅可以获取他们生活、学习所必需的信息，还可以充实他们的精神文化生活。

第二，建设校园网站的子网（思想政治教育红网），开辟思想政治教育的特色专栏。专业的思想政治教育网站可以依托专题的网站来建立，只有专题性质的网站才能够实现，这是因为专题网站能将党的基本理论、路线、方针、政策等引人对大学生的思想政治教育中，在唱响主旋律的同时，可以通过生动活泼的案例，引导大学生树立社会主义理想信念，引导他们健康成长成才。

第三，及时更新和补充信息资源，吸引学生主动点击。新媒体时代，信息呈现裂变趋势，校园网要留住学生，需要积极建设和适时补充包括教学软件库、素材库的网络课程库；同时，要针对学生的学习生活、心理咨询、就业指导等方面展开网上交流，还可以借助网络媒体开展网络学术交流、科技交流、娱乐活动、艺术探讨等丰富多彩的校园活动。校园网致力于为师生之间的学习交流互动搭建一个便利的平台，切实拉近了师生之间的距离，为高效地发现和解决学生的相关学习生活问题和心理问题提供了便利。

第四，发挥学生主体作用，积极投身校园网建设。校园网建设并不只是学校和教育者的事情，学生作为校园网的主要服务对象，同时也是校园网的主人翁，也应该积极地参与到校园网的建设中去，积极鼓励大家完成自我参与、自主建设、自主管理、自我维护、自我完善。通过参与校园网的建设，着力培养学生参与校园网建设的激情与热情，既能利用网络资源对学生进行思想政治教育，又能以学生的智慧推动校园网建设向全方位、高层次的方向发展。

第五，关注校园网络舆情，正面引导网络舆论。新媒体之所以那么受欢迎，是因为新媒体传播是带着思想的传播，受众已经学会从单纯的被动接受信息转变为主动接受和参与，并且会对自己感兴趣的话题进行跟帖，表达自己的观点，或支持或反对或质疑或同情等。所以要密切关注网上动态，了解大学生思想状况，把握校园网舆情，积极引导校园网的舆论方向，理性分析判断，对于负面的不良信息要努力消除影响，避免对大学生的思想造成腐蚀，影响其健康成长。

第六，充分运用包括法律、行政、技术在内的各种手段，对校园网进行严格管理。由于新媒体存在极高的开放性、极强的交互性、传播多媒体化，使得媒体的管理变得十分复杂。因此，需要认真学习国家关于互联网管理的各项法律法规、各项规章制度，运用技术、行政和法律手段，对校园网进行科学管理，严防各种有害信息在网上传播。要定期开展校园网的整治工作，最大范围地在学生之间开展安全网络教育，最大限度地保证校园网信息的健康、安全,切实为大学生营造一个健康、安全的网络环境。

2. 手机媒体和即时通信的建设

(1)手机媒体建设新媒体时代,特别是 5G 的到来,使得手机已经成为一种综合性媒体,展现出独特的传播优势,微信、微博都是最基本最常用的手机媒体运用形式。高校大学生是手机最忠实用户群体之一,很多大学生甚至全天 24 小时不离线,随时随地与自己的好友保持联系,既拓展了手机作为人际交往工具的固有功能,又使得用户的社交网络变得触手可及。因此,高校思想政治教育工作者要积极研究和探索手机短信和手机报在大学生思想政治教育中的应用,充分依托手机媒体开展思想政治教育。

首先,搭建高校手机短信平台。完善学生管理服务信息系统,制作"高校手机报",将各类信息以微信群或点对点的形式传递给学生。当前,很多高校在新生录取通知书上,都已经为每名入学新生配备二维码,并纳入信息服务系统,将手机与校园网络绑定,加强了学生与学校的沟通,同时也为传播主流价值观念搭建了平台。其次,加强针对性,制作手机思想政治教育资源。因高校学生的手机基本都是智能机,具有多媒体功能,高校可以利用手机杂志、手机图片、手机音频、手机视频等形式制作能在手机上使用的思想政治理论多媒体课件,也可以开发基于手机媒体的大学生思想政治教育理论课手机软件系统,充分利用现代移动通信技术的成果,增强理论教学的吸引力和感染力,提高大学生思想政治教育的时效性。

(2)即时通信建设即时通信(InstantMessaging,IM),是一种以软件为执行手段,依靠互联网平台和移动通信平台,以多种信息格式(文字、图片、声音、视频等)沟通为目的,通过多平台、多终端的通信技术来实现的同平台、跨平台的低成本、高效率的综合性通信工具,根据装载的对象可分为手机即时通信和 PC 即时通信。手机即时通信代表是短信,网站、视频即时通信如"抖音""QQ""新浪 UC""阿里旺旺""微信"等应用形式。

近年来,它们以强大的信息实时交互、接近真实的交流情景、平等的传播方式、群体沟通功能,被人们广泛运用。即时通信除了能加强网络之间的信息沟通外,最主要的是可以将网站信息与聊天用户直接联系在一起。通过网站信息向聊天用户群及时群发送,可以迅速吸引聊天用户群对网站的关注,从而加强网站的访问率与回头率。这些都让众多网民爱不释手。因此,为发挥新媒体的功能作用,应把握好两个方面:

首先,要利用 IM 拉近与学生的距离,实行个性化的沟通。高校思想政治教育工作者利用 IM,既给大学生提供了表达观点和倾诉情感的时间和空间,也拉近与大学生的心灵距离。IM 还可以实现"一对一""一对多""多对多""多对一"等多种交流方式。对于部分存在心理问题的大学生，思想政治教育工作者可以通过这种方式接近他们，了解他们的现实生活和心理特征，发现其思想症结所在，轻松、友好地与他们进行交流，在获取他们信任的基础上因势利导，纠正他们的认知偏差，引导他们走出误区。

其次，要建立 IM 群组，实现群体交流与管理。高校思想政治教育工作者还可以和大学生共建 IM 群组，如 QQ 群、微信群等。通过"群组"，可以实现多人交流，也可以进行好友的分类管理，如建立班级群组、学生会干部群组、学习小组群组等。除了在群内聊天、实现信息群发之外，很多即时 IM 工具还提供了"群空间"服务，如 QQ 群共享，用户可以在群空间中使用相册、共享文件等多种便捷的交流方式。在新媒体时代，大学生的班级概念逐渐淡化，同学间的交流减少，容易缺乏集体荣誉感和社会责任心。利用群组功能，可以把集体搬到网络和手机上去，在新媒体上建立交互性的信息活动平台。同时，大学生在群组里进行交流，可以不受课堂教学时间的限制，同学们之间进行充分的对话、交流与合作，感受学校、班级集体的力量、老师的关怀和同学的友谊。这种方式，不仅简单快捷，而且可以获得特别的教育效果。

六、完备高校网络意识形态工作队伍

做好高校意识形态工作关键在人，要充分调动意识形态工作者的积极性和创造性是新时代高校意识形态工作的内在要求。为增强高校意识形态工作的紧迫感、使命感和责任感，在加强高校意识形态主体与丰富高校意识形态载体建设、创新高校意识形态工作方法与落实高校意识形态责任等方面的应对之策就要更加精准。高校做好网络意识形态工作的主体保证就在于建设一支政治素质高、政治立场坚定、政治敏锐性高和政治鉴别力强的意识形态工作队伍，这是巩固马克思主义在高校意识形态领域主导地位的重要保障。因此，在理清高校网络意识形态工作队伍的结构与职责以及认清意识形态工作队伍建设的重要意义和总体要求的基础上，采取有效措施加强高校意识形态工作队伍建设，对充分发挥意识形态工作者在传播和宣传马克思主义，发展社会主义意识形态，落实高校网络意识形态工作责任具有重大意义。加强高校网络意识形态工作队伍建设，以完善网络意识形态工作队伍管理机制为根本，以优化高校网络意识形态工作队伍的教育培训为重点，以提高工作能力为核心，切实提升高校意识形态工作队伍的思想理论水平、优化工作队伍结构、提高队伍工作能力。

（一）高校意识形态工作队伍的主体结构

《关于加强和改进高校宣传思想工作队伍建设的意见》明确指出："高校宣传思想工作队伍是党的宣传思想工作的一支重要力量。统筹推进高校党政干部和共青团干部、思想政治理论课教师和哲学社会科学课教师、辅导员和班主任、心理健康教育教师和学生骨干等宣传思想工作队伍建设，培育建设网络评论队伍，为推动高校宣传思想工作质量提升和创新发展提供坚强有力的组织保证。"围绕高校党建与思想政治工作，高校意识形态工作队伍的构成主体包括：高校党政干部和共青团干部、思想政治理论课教师、辅导员和班主任、哲学社会科学教学科研人员以及网络宣传工作人员。

1. 高校党政干部和共青团干部

高校党政干部和共青团干部作为学校坚持中国特色社会主义办学方向的核心力量从整体上把握高校意识形态的建设方向与工作目标，是高校意识形态工作的领导者和管理者，负责高校意识形态工作的组织管理与协调实施。高校党政干部要认真履行意识形态工作主体责任将意识形态工作常态化、制度化，及时坚决地将党中央和上级党委对高校意识形态工作的要求贯彻落实到具体的管理和教育活动中并纳入高校党委重要议事日程，尤其作为高校意识形态工作第一责任人的高校党委书记、校长要旗帜鲜明地站在意识形态工作第一线，建立健全高校党委统一领导的宣传思想工作机制。始终同以习近平同志为核心的党中央保持高度一致，不断完善高校意识形态工作领导与管理机制并巩固和强化校党委对高校意识形态工作绝对的领导权、管理权和话语权。共青团干部是高校党委开展意识形态工作的具体执行者和贯彻落实学校党委有关精神的具体实施者。共青团干部要因事而化、因时而进、因势而新地开展高校思想政治引领工作，做好青年学生坚定理想信念和对中国特色社会主义的道路自信、理论自信、制度自信、文化自信的政治引领，坚持社会主义核心价值观的价值引领以及结合实际树立服务意识，解决大学生学习生活难题的生活引领工作。同时，在全校范围内建立健全党委统一领导、党政工团齐抓共管、党委宣传部门牵头协调、有关部门和院（系）共同参与的意识形态协同工作机制；切实加强共青团建设，充分发挥团组织在教育培养青年学生中的引领作用。

2. 思想政治理论课教师

高校思想政治理论课教师作为坚定的马克思主义者既是社会主义意识形态的传播者，又是马克思主义理论和党的路线、方针、政策的宣讲者，同时是大学生健康成长成才的指导者和引路人。高校思想政治理论课教师要清楚而明白地向广大青年大学生宣传、教授、普及马克思主义基础理论知识，使其科学地学习和掌握马克思主义分析问题解决问题的立场、观点和方法，更好地运用马克思主义理论、中国特色社会主义理论体系，特别是习近平新时代中国特色社会主义思想指导自己的思想和行动。帮助大学生消除他们在树立科学的世界观、人生观、价值观的过程中遇到的思想和心理上的困惑，树立起坚定走中国特色社会主义道路的信念，真正培养出适合社会需要和国家建设的中国特色社会主义事业的合格建设者和优秀接班人，以习近平总书记提出的"有理想信念、有道德情操、有扎实学识、有仁爱之心"的好老师标准严格要求自己，充分发挥思想政治理论课主渠道、主阵地作用，不断提高思想政治素质和教学科研能力。

3. 辅导员、班主任

高校辅导员、班主任作为对大学生进行意识形态教育的先锋队和排头兵直接影响着高校意识形态工作的效果以及高校立德树人根本任务的实现。辅导员、班主任工作的意识形态属性需要其积极主动地以"引导者""对话者"的角色组织、实施和指导大学生意识形态教育活动和日常管理工作。辅导员、班主任要在思想、学习和生活等方面用心关注和研究学生的动态，有针对性地帮助大学生提升思想政治素质：通过深入班级课堂、宿舍和QQ群时常与学生沟通、对话与交流，并及时掌握和了解学生的思想动态，认真解答学生所提出的一些有针对性的、现实的思想理论和认识问题；通过组织开展各种形式的主题教育、社会实践活动以及就业指导工作，帮助大学生努力培养良好的思想道德品质、社会责任感和创新实践能力；清醒面对和正确把握舆情导向，面对大学生关心的社会热点事件和焦点问题及时进行教育引导，着力构建马克思主义话语体系，使其正确认识国内国际形势从而化解舆论矛盾与冲突，强化大学生对主流意识形态的理解与认同。

4. 哲学社会科学教学科研人员

习近平总书记在哲学社会科学工作座谈会上指出："加强和改善党对哲学社会科学工作的领导，是繁荣发展我国哲学社会科学事业的根本保证。"哲学社会科学鲜明的意识形态属性决定了哲学社会科学教学科研人员应以高度负责的态度把意识形态教育融入和渗透到大学生课堂和实践教学的各个环节以及科学研究的各个方面，通过思政课程形式将社会主义意识形态教育与哲学社会科学专业知识教学相融合并不断丰富哲学社会科学的学科体系和知识体系从而形成协同育人机制，引导青年大学生在哲学社会科学知识与理论的学习和应用中潜移默化地形成正确的认知能力、培养良好的思想道德品质和人文素养并养成良好的行为习惯。在学习和生活实践中不断调整、修正对社会发展规律的认识，努力成为先进思想文化的传播者和中国共产党执政的坚定支持者。

5. 高校网络宣传工作人员

高校网络宣传工作人员肩负着在网络空间传播主流意识形态、宣传党的路线方针政策、引导网络舆论、占领网络意识形态阵地、防控网络意识形态风险、维护校园网络安全的重要责任，是推动广大师生成为净化网络空间重要力量的不可或缺的组成部分。开展高校意识形态工作要高度重视网络宣传工作，认真研究网络宣传特点，采取措施充实高校意识形态网络宣传队伍，推动思想政治工作传统优势与网络信息技术高度融合，使互联网成为开展意识形态工作的新平台。发挥全国高校校园网站联盟作用，创造网上党建园地、网上党校等载体，在网络空间正面发声、理性思辨，唱响网上好声音，传播主流价值，宣传党的路线方针政策，引导网络舆论。制定网上信息发布和舆论引导工作规程，汇集研判网上师生思想动态，及时发现处置网上不良信息，守护好共同的网上精神家园。通过打造"校园青马""校园思政"等校园微媒体，建设学校各级微信公众平台，构建起课内与课外、校内与校外的立体化、跨时空、零距离的网络互动空间和校园网络新媒体阵地，增强意识形态工作的时代感和吸引力。

（二）完善意识形态工作队伍管理机制

1. 贯彻落实意识形态工作制度要求

深入贯彻落实习近平总书记系列重要讲话精神，特别是全国高校思想政治工作会议上的重要讲话和学校思想政治理论课教师座谈会上的重要讲话精神，以及中共中央办公厅、国务院办公厅、教育部等党和政府有关部门印发的《党委（党组）意识形态工作责任制实施办法》《关于加强和改进高校宣传思想工作队伍建设的意见》《关于加强和改进新形势下高校思想政治工作的意见》《关于深化新时代学校思想政治理论课改革创新的若干意见》《关于加快构建高校思想政治工作体系的意见》《新时代爱国主义教育实施纲要》《高等学校课程思政建设指导纲要》《关于全面深化新时代教师队伍建设改革的意见》《普通高等学校辅导员队伍建设规定》《关于全面深化新时代教师队伍建设改革的意见》《普通高等学校思想政治理论课教师队伍培养规划（2019—2023年）》等重要文件精神和工作制度要求，不断规范和完善意识形态工作队伍建设从而进一步加强和改进新形势下高校意识形态工作。

2. 严格意识形态工作责任落实机制

高校党委要在充分学习和领会中央文件精神的基础上贯彻落实好意识形态工作责任制并严格执行各项意识形态工作任务特别要把抓好意识形态工作队伍建设作为重中之重，

以意识形态工作责任制强化意识形态管理工作从而提升意识形态工作者在各个环节的积极性、主动性。习近平总书记在全国高校思想政治工作会议上强调："高校党委对学校工作实行全面领导，承担管党治党、办学治校主体责任，把方向、管大局、作决策、保落实。"坚持以责任制落实为纲，进一步明确分工，落实高校党委意识形态主体责任、党委书记第一责任人制度，其他班子成员抓好分管领域的意识形态工作，对职责范围内的意识形态工作负主要领导责任。高校党委必须担当起意识形态工作的政治责任，履行好统管高校意识形态的主体责任，坚持和完善党委领导下的校长负责制，抓好基层党组织建设。学校党委要激发高校基层党组织在意识形态工作中的作用，守好阵地，管好队伍，形成各领域、各单位、学院支部各负其责、齐抓共管的生动局面，切实做到守土有责、守土负责、守土尽责。明确意识形态分工负责是高校意识形态工作有效落实的重要制度保证。要充分发挥宣统、学工、教师、院系、支部的主体作用，通过完善明责知责的责任链来明确直接责任、主要责任、领导责任等相应责任清单从而抓好意识形态工作责任制硬落实以确保任务到岗、责任到人、有责必问、问责必严，在明确意识形态工作责任主体的基础上真正做到严明纪律、强化督查。高效推进意识形态工作就需要细化意识形态工作分工，当发生意识形态工作问题时能够及时追责到人，把责任落细到基层、落实到每个支部每名党员，使其在意识形态工作能够尽早发现问题，敢于正视问题，勤于分析问题，主动解决问题，有效应对意识形态领域的挑战。高校意识形态工作者要敢于担当，善于作为，推动意识形态工作的高效运行。

3.完善高校意识形态工作协同联动机制

近年来，高校意识形态工作强调意识形态工作主体责任的担当与落实从而形成了党委领导、部门负责、全党动手、群众参与的主体架构以提升治理成效打造意识形态工作多元主休的合力效应，高校要不断强化政治责任和领导责任，把宣传思想工作列入意识形态工作的重要议程，在党委领导下由宣传部门牵头并协同其他各个部门齐动手，以凝聚共识作为宣传工作统一战线"大团结大联合"的思想基础，推动高校意识形态工作队伍建设。通过加强党政协同、部门联动机制建设，以明确的责任分工为基础，建立健全党政部门之间规范、长效的工作协同联动机制和职务与职责、职权相匹配的协同机制，从而实现意识形态工作的及时研判和协同应对效果。加强高校意识形态工作队伍建设，打造校党委统一领导、党政齐抓共管、宣传部门组织协调、有关部门分工负责的工作格局和意识形态工作人员协同配合的工作机制；构建思想政治理论课与专业课、校园文化活动与社会实践活动相协同的意识形态教育机制；拓展校内、校外意识形态工作合作交流平台和工作渠道，广泛集中各方面智慧形成意识形态工作合力，最大限度地推动高校意识形态工作效能。

4.完善选拔与考核制度

面对网络环境给高校思想政治教育带来的挑战，应培养出一批适应网络时代需求的大学生思想政治教育工作者。因此，高校必须不断完善思想政治教育者的选拔与考核制度迎接网络带来的挑战。首先，在教师选拔过程中，不但要注重教师的职业技能素质，更应注重其品行，积极的吸纳一些勤于探索、敢于创新、大胆改革的年轻教师进入工作队伍。好的品行是教书育人的前提，也决定着教育工作者是否具备影响力和感召力。其次，在教师工作过程中，要倡导鼓励敬业奉献精神，也应做好教育者切身利益的保障工作。在硬件设施上创造一个良好、舒心的工作环境，同时制定出一套完备的教育教学评估体系，将教师的权利、责任和义务有机的统一起来，打造出一个奖惩赏罚分明、优胜劣汰的工作机制，激励并提高教育者的工作积极性。最后，在教师培养过程中，应重视对思想政治教育工作者的培训工作。定期开展业务培训，对教师的教育教学和职业素养进行考核，及时为教育工作者"充电"，补充新知识，深化其网络文化素养和互联网方面知识体系，保证教育工作者能够及时了解大学生思维特点，同时也能利用网络对学生进行相关领域的思想政治教育。

（三）优化高校意识形态工作队伍的教育培训

高校要科学合理地制定意识形态工作队伍教育培训机制，健全政治理论学习制度、持之以恒抓教育培训，加强师德师风建设、培养高尚的道德品质，切实提高意识形态工作队伍业务能力。

1.健全政治理论学习制度、持之以恒抓教育培训

党的二十大报告中指出："用党的创新理论武装全党是党的思想建设的根本任务。"思想建设是党的基础性建设，在党的建设中具有引领性、贯通性、支配性的作用。作为落实和推动高校意识形态工作的主力军和领路人的广大党员，要以思想建设为抓手进一步提升意识形态工作效果，就必须健全政治理论学习制度、持之以恒抓教育培训。高校意识形态工作者要做到坚定共产主义信仰、高度认同党的事业就必须全面开展"三严三实"专题教育、"两学一做"学习教育、理想信念教育，深入学习"四史"、马克思主义基本原理、习近平新时代中国特色社会主义思想，定期了解高校意识形态工作形势以及党和国家政策等，并有针对性地开展专题培训提高讲的主动性、自觉性、针对性和实效性，全面提高意识形态工作者的政治素质和理论素养，进而打造一支政治立场坚定、专业本领高强、求真

务实勇于创新的高素质意识形态工作队伍，培养出政治立场过硬、政治信念过硬、政治本领过硬的新时代大学生。

2. 加强师德师风建设、培养高尚的道德品质

做好高校意识形态工作的核心前提是培养"德才兼备，以德为先"的高水平意识形态工作队伍。高校要以师德师风建设为抓手建立和完善师德师风建设领导体制和工作机制并把师德养成和培育良好的师风教风作为意识形态工作者自身发展的前提，牢固树立"爱岗敬业、立德树人"的观念和意识并内化于心，做以言立教、以身立教的表率，用自身高尚的品德和行为更好地引导、感化和激励青年大学生，努力培养锻造教书与育人相统一的高校意识形态工作队伍把学生培养成为有德之人。高校要采取有效措施将师德师风教育纳入意识形态工作队伍的年度培训计划和日常培养过程，以提高意识形态工作者的师德水平进而增强意识形态工作的针对性和实效性。将意识形态工作队伍培训与师德师风建设相结合，从而健全落实教育培训与宣传引导相结合的师德师风教育培训长效机制，以多种形式的师德教育培训活动（如职业理想、职业道德、法治教育、心理健康教育等）融入意识形态工作队伍的培训和管理的全过程。充分发掘师德典型和师德故事，通过开展意识形态工作经验交流会，优秀教师、师德标兵表彰会等形式深入宣传优秀教师为人师表、敬业奉献的先进事迹从而在高校意识形态工作队伍中形成弘扬高尚师德的正能量和人人自觉参与、主动践行的主旋律。

3. 创建多元化的教育培训模式

高校创新意识形态工作队伍培训方式、建构多元化的教育培训模式，才能有效提升意识形态工作者参与培训的主动性和有效性，确保意识形态宣传和教育工作沿着正确的方向推进。高校应及时更新教育培训的理念和方法，以集体研讨、专题调研、专家讲座等方式引导意识形态工作者主动深入地学习研究习近平新时代中国特色社会主义思想，以不断提高学习运用马克思主义理论、毛泽东思想和中国特色社会主义理论体系的能力和水平；通过强化政治引领把意识形态工作队伍培训纳入教师培养体系，与其他教育培训互生共长，从而营造高校浓厚的思想政治理论学习氛围，同时积极拓宽培训渠道，有效解决传统教师培训中重理论轻实践的问题，并支持和鼓励意识形态工作者走出校园、走进社会，积极投身社会志愿服务活动，到政府部门或企事业单位进行挂职或业务培训，增进对国家发展和社会现实的认识，从而提升意识形态工作者理论学习的自觉性，在为做好意识形态工作奠定思想基础的同时提升其参与实践的主动性，也为做好意识形态工作积累丰富的工作经验。

（四）提升高校意识形态工作队伍的业务工作能力

高校意识形态工作队伍高水平的业务工作能力是意识形态工作顺利开展、高效运行的根本保障。因此，加强高校意识形态工作队伍建设需要从组织协调、信仰引领、意识形态传播和工作创新四个方面大力提高意识形态工作者的业务能力进而优化高校意识形态工作水平。

1.提升组织协调能力

在充分发挥高校党委统一领导、党政齐抓共管、宣传部门组织协调、有关部门分工负责的意识形态工作格局主导作用的基础上，明确各职能部门、各级党组织、各级领导干部和工作人员的意识形态工作责任，广泛集中各方面智慧形成工作合力，并协调推进意识形态工作队伍建设、责任落实、管理创新等各项工作，以最大限度地做好、做强意识形态工作。

2.提高教育者自身素质

在网络影响的条件下，做好大学生思想政治教育工作的一个重要保证就是铸造起一支综合素质较高的思想政治教育队伍。网络环境下的思想政治教育者的工作变得日趋复杂，涉及的领域也更加广泛，这就要求当代高校思想政治教育工作者必须不断提高自己的业各素质、政治素质、道德素质和思想素质。中共中央、国务院《关于进一步加强和改进大学生思想政治教育的意见》指出：所有从事大学生思想政治教育的人员，都要坚持正确的政治方向，加强思想道德修养，增强社会责任感，成为大学生健康成长的指导者和引路人。具体来说，高校思想政治教育者必须具备过硬的技术，熟练的掌握外语，了解甚至精通网络知识，具有较高的政治觉悟和坚定的政治立场，同时具备深厚扎实的政治理论储备，还应随着环境的变化及时洞察身边一切，有极强的应变能力，从而准确的开展工作。作为一名教育工作者，不但要教会学生求知，更要教会学生做人。思想政治教育工作者在育人方面的作用更是极为重要的，这就要求高校的思想政治教育工作者一定要热爱自己的本职工作，全身心地投入到工作中，要培养自己强烈的工作责任感和不断开拓进取的精神，在工作中要与时俱进勇于探索刻苦钻研，充分发挥自身优势，将网络环境下大学生思想政治教育工作落到实处。

3.提升信仰引领能力

高校意识形态工作者应按照习近平总书记提出的"四有"标准进一步提高意识形态工作队伍的信仰引领能力，凝练马克思主义共同信仰及价值追求，以共同的理想信念为支撑，发挥意识形态工作队伍在高校思想阵地建设与管理中的信仰引领作用，积极抢占意识形态阵地的思想舆论高地。高校意识形态工作者用马克思主义中国化的最新成果武装头脑并通过集体研讨、专题调研、专家讲座等方式深入开展马克思主义理论和党的路线、方针、政策教育从而不断提高学习和运用马克思主义理论的能力和水平，真正做到让党的理论入耳、入脑、入心，切实帮助师生明辨是非、理性选择、正确行动。例如，思想政治理论课教师要以马克思主义为指导通过理论联系实际，既要结合信息技术和时代元素创新教学模式又要善于运用高超的语言表达艺术，从而切实发挥思想政治理论课引领高校意识形态工作的主渠道作用，将思政教材体系与教学体系有机融合进而转化为信仰体系，引领青年大学生真学真懂真信真用。

4. 提升意识形态传播能力

高校意识形态工作队伍要统一思想认识紧跟形势、把握态势、利用优势主动站好意识形态宣传阵地，并把意识形态工作重心转移到马克思主义理论与中国特色社会主义实践上来，以确保意识形态宣传和教育工作沿着正确的方向推进。通过新思维、新技术、新方法丰富马克思主义意识形态传播力式，运用网络新媒体、自媒体、融媒体等技术将马克思主义思想以有温度、有深度的网络作品形式传递给广大师生进而扩大主流意识形态在高校网络空间的影响力；同时提高意识形态监控和维护能力，对网络中存在歪曲、误读马克思主义和社会主义核心价值观等现象进行有理有据的揭露和批判，帮助大学生明辨是非、理清理论事实和价值真相，坚定理想信念。高校意识形态工作者要不断提升马克思主义思想传播能力，拓展高校意识形态工作新常态，为高校意识形态工作弘扬主旋律、传播正声音、聚集正能量。

5. 提升工作创新能力

做好高校意识形态工作比以往任何时候都更加需要创新，改革创新高校意识形态工作的方式方法需要从工作理念、内容实际和方法载体等方面强化意识形态工作者的创新能力。高校意识形态工作队伍要紧跟时代步伐和党中央号召，深刻把握意识形态领域的新变化并善于以新的理论指导意识形态工作；立足师生思想动态最新情况从传播手段和话语表达方式角度不断创新意识形态工作的手段和方法，通过改空洞说教、硬性灌输为平等对话、软性渗透来强化意识形态工作的吸引力和亲和力。深入开展中国特色社会主义理论体系和中国梦教育，坚持以习近平新时代中国特色社会主义思想指导工作、武装师生头脑、提高对意识形态热点难点问题的解释能力，把马克思主义的一般原理转化为生动道理，以新的思想、新的观点、新的论断科学地解答新的实际问题，推进高校意识形态工作更接地气、更顺应时代、更有成效。运用新媒体、新技术等灵活的工作方法和教育载体使意识形态工作局面活起来，增强意识形态工作的时代感和吸引力。

（五）加强大学生马克思主义人才的培养

当代青年的思想更为开放，视野也更加开阔，但他们容易受到多种社会思潮的影响，而且他们正处"三观"形成的关键时期，更加需要加强对其的马克思主义理论教育，不能削弱只能加强。因为青年作为马克思主义意识形态话语权建设的主体和对象之一，成为西方意识形态渗透的主要群体，不仅成效高、成本低，而且西方国家意识形态渗透的内容迎合了青年的需求。如果不尽可能地用马克思主义思想争取青年，资产阶级思潮就会乘虚而入。而当前马克思主义理论队伍中青年理论人才数量偏少，有些单位和领域甚至出现人才断档的现象。因此，党中央强调要培养和造就一大批年富力强、业务素质好、锐意进取的青年马克思主义理论人才。在高校网络意识形态工作队伍建设过程中，青年马克思主义理论主义理论者的培养应着重从以下几个方面加强：

第一，充分发挥在培养青年马克思主义者的主渠道作用。高校是培养和造就大批青年马克思主义者的重要场所，通过对他们进行马克思主义理论的教育，用中国特色社会主义建设取得的伟大成果，以及改革开放以来所取得的伟大成就，以通过讲故事和说理的形式，使其树立坚定的理想信念，掌握马克思主义精神实质，促进青年学生提高政治敏锐性与政治鉴别能力，通过马克思主义理论工作者的理论灌输，让其切身感受到马克思主义的理论魅力，使其被马克思主义的科学性所感染，提高其学习和掌握马克思主义理论的兴是和热情，进而增强其对马克恩主义的认同度和信仰。针对当前高校意识形态教育对广大青年学生存在的吸引力不强、比较空洞、流于形式的现象，改变传统的马克思主义理论教育的模式，把激发青年的兴趣作为出发点，阐明道理作为主要目的，借助形象作为重要手段，引起情感共鸣作为辅助方式，最终提高广大青年的马克思主义理论素养和水平，使他们在学习过程中潜移默化接受和认同马克思主义。当前马克思主义理论教育和青年运动的时代主题是为实现中华民族伟大复兴的中国梦而奋斗。高校通过在广大青年学生中深入开履"我的中国梦"主题教育实践活动，使广大青年自觉认识到，"中国梦是全国各族人民的共同理想，也是青年一代应该牢圈树立的远大理想。中国特色社会主义是我们党带领人民历经千辛万苦找到的实现中国梦的正确道路，也是广大青年应该牢固确立的人生信念。广大青年要把理想信念建立在对科学理论的理性认同上，建立在对历史规律的正确认识上，建立在对基本国情的准确把握上，不断增强道路自信、理论自信、制度自信，增强对坚持党的领导的信念，永远紧跟党高高举起中国特色社会主义伟大旗帜。"同时结合中国特色社会主义的伟大实践和广大青年学生的日常生活习惯，根据青年的特点和内在要求，把马克思主义中国化的最新理论成果融入课堂教学之中，合理选择和设计思想政治教育的内容与形式，引导他们积极参与，培养他们学习的主动性和自觉性，特别是要加强青年思维能力的训练，提高他们的思维能力和政治素养，实现马克思主义理论教育的内生型构建，用科学的理论武装青年学生，把科学的思维方法和正确的价值导向结合起来，从注重理论灌输向凝聚青年与服务青年转变，使他们对马克思主义的认识从感性认识升华到理性认识。

第二，实施青年马克思主义者培养工程。共青团中央为提高大学生群体的思想收治素质，政策理论水平、创新能力，实践能力和组织协调能力开展的培养模式，其目的是培养和造就社会主义事业建设的接班人，培养大学生成为青年马克思主义者，应该在教育方法上根据时代特征和学生特点，重创新、讲实效，充分发挥"两课"教学主渠道的作用，积极引导学生自主学习和研究，积极参与社会实践，在实践中深刻体会马克思主义理论指导实践的有效性，进而实现理论与实践的结合。例如，东北师范大学结合青年的特点，把握青年成长和认知的规律，开创了青年马克思主义者实践育人新模式，实现了坚持一般培养与精英塑造相结合，坚持理论教育与实践教育相结合，坚持即时应对与长期教育相结合，坚持网络阵地与传统阵地相结合，坚持学校教育与社会培养相结合，确保了青年马克思主义者培养对象的全面性、培养动力的持久性、培养实施的全程性、培养载体的实效性和培养环境的衔接性，取得了良好的育人效果，提升了马克思主义理论教育的效果，促进了大学生马克思主义理论素养和水平的提升，增强了其对马克思主义的兴趣和认同；最后，加强信息平台的建设，建立一支政治素质好，科技意识和创新能力强，业务水平高的思想政治教育队伍，在新兴媒体领域内推进马克思主义意识形态话语权在广大青年学生群体中的吸引力、感召力和影响力，使之通过系统的马克思主义理论学习，树立共产主义理想，成为青年马克思主义者。

此外，高校还要加强智库建设。要建设起多元化的人才智库，完善新型智库的管理模式和人才考核、激励机制，使学校社会主义特色新型智库成为集思想政治研究、政策咨询、学术交流、产业协作为一体的新型智库。重点资助前沿理论创新、学校思想政治发展建设规划、创新设计等研究方向。可以适应学校思想政治工作发展的需要，加强宣传队伍和宣讲资源库的建设，建立"理论专家宣讲资源库"，形成理论资源专家共享平台。建立高校意识形态研究中心，及时掌握意识形态动态，研究意识形态工作规律，充分发挥理论专家作用，主动引导思想舆论。健全社会思潮和舆情分析研判机制，及时发现和处理倾向性、苗头性问题，切实把握工作主动权，用中国的理论，中国的学术、中国的文化解读马克思主义中国化最新成果，形成中国特色、中国风格、中国气派的话语体系。研究中心要针对西方学术话语占据主导的现状，发挥高校人才优势和学科优势，增强责任感紧迫感，深入总结提炼我们在中国道路中创造的新思想新经验新做法，着力打造融通中外、具有普遍适用性和广泛接受度的新概念新范畴新表述，讲好中国故事，传播好中国声音。

七、建立健全高校网络意识形态建设保障机制

高校网络意识形态建设是一项长期的、持续性的工作，而不是一蹴而就的，需要持续努力，需要建立健全一种长效性的、常态化机制。习近平总书记指出"要拓展选拔视野，抓好教育培训，强化实践锻炼，健全激励机制，整体推进高校党政干部和共青团干部、思想政治理论课教师和哲学社会科学课教师、辅导员班主任和心理咨询教师等队伍建设，保证这支队伍后继有人，源源不断。""育才造士，为国之本。"高校肩负着培养社会主义事业的合格建设者和接班人的庄严使命，其培养的人才的质量关系到国家的前途、民族的命运和中华民族伟大复兴"中国梦"的实现。因此，我们必须对高校网络意识形态工作进行深入探究，积极寻求高校意识形态工作的运行机制，为高校营造良好的培养合格人才的环境，提供需要的机制保障。

（一）建立高校网络意识形态安全建设的防范机制

1. 牢固树立阵地意识，夯实社会主义意识形态安全建设的基础

美国著名政治学家亨廷顿曾说过："对一个传统社会的稳定来说，构成主要威胁的，并非来自外国军队的侵略，而是来自外国观念的侵入，印刷品比军队和坦克推进得更快、更深入。"我们都或多或少的知道，打仗要事先稳定的保护好自己的家园，这是打仗的基础，不能国破家亡后还不清楚其中的利害关系，阵地是基础。面对当前的多重挑战，高校应当有针对性的加强思想政治教育工作和领导，坚持马克思主义的指导思想，坚持社会主义的主流意识形态，牢固树立阵地意识，夯实社会主义意识形态安全建设的基础，保持中国共产党的指导地位不动摇。主要从以下三点说明：第一，要做好思想方面的领导工作。根据以往事实得出，高校不再是以往学生生活学习的"象牙塔"，"小社会"的形容可能会更贴近现状，里边充斥着各种社会思潮，可谓鱼龙混杂。在此情形下，高校领导者要对复杂的环境保持警惕性，加强对思想政治教育工作的重视，加强自身和教师的思想

教化，以科学的、高尚的品德教育学生，以身作则，用实际行动和丰富的知识理论感染学生。制定相应的规章制度以不遗余力的姿态推行，坚决杜绝不健康的思想在高校中的传播和腐蚀学生思想价值的现象出现。杜绝校园中对主流意识形态的玷污和消解现象的出现。旨在通过加强师生洁度，提高对主流意识形态的认识和对各种思想价值观和意识形态的辨别力，践行社会主义核心价值观，强化主流的社会主义意识形态，增强对党和政府的认同感。第二，做好学校的组织和政治领导工作。要想培养一批能打胜仗、能服从组织领导的队伍并非易事，然而却是固守占地的基础。摆在我们面前的是对队员选择的问题，只有忠于国家、忠于党、忠于社会主义、忠于中国特色社会主义事业的有理想、有信念、有责任心和使命感的人才能兼此重任，才能领导好意识形态的工作。与此同时，我们还应加强中国共产党的宣传，加强对公民、对政治工作者的思想建设工作，使其以主人翁的姿态保持对党和政府领导的政治坚定性和社会责任感。第三，做好行为上的领导工作。高校领导者要切实贯彻党的方针政策和基本路线，要将其真正的落实到教职工和学生的教学工作中，加强对党和政府的信任和认同，坚定对社会主义制度的理想信念，努力把学校建设成培养和发展良好社会意识形态的阵地，牢固树立阵地意识，夯实社会主义意识形态安全建设的基础。

2. 大力弘扬先进文化，发挥社会主义主流意识形态的引领功能

社会主义意识形态安全建设的主要任务包括弘扬我国的先进文化。建立高校意识形态安全建设的防范机制，首先以先进文化为先导，以社会主义主流的意识形态为引领，以培育学生良好的思想价值观为目标，将当前主流的意识形态纳入国家稳定发展的战略中。高校校园文化是以大学生为主体，以校园为主要空间，利用各式载体，反映一定的思想价值观念和行为方式的文化形态，是传播主流意识形态的重要载体。文化具有重要的价值和功能，它通过潜移默化的思想观念影响，改变人们的认识和行为，文化所具备的这些功能高度契合意识形态的基本功能，是做好意识形态工作的重要助力，甚至从某种程度上看，意识形态工作也是一种特殊的文化工作，因此，高校意识形态工作和校园文化建设本身就是不可分割的两个部分。在校园文化建设中提升主流意识形态认同。一是要始终坚持文化创设的意识形态性。高校创设校园文化，要有一定的目的性，要围绕"立德树人"的育人任务进行。创设校园文化，意识形态是必须涉及的内容，要坚持弘扬主旋律，激发正能量，加强社会主义核心价值观、理想信念、奋斗精神、爱国主义等主流意识形态的宣扬。二是要合理整合文化内容资源。每一个高校都有一定的特质，历史越悠久的高校，往往特质越突出，这与各个高校所特有的文化相联系。高校在创设校园文化时应该在自身文化的基础

上，积极整合优秀的文化内容，尤其中华优秀传统文化、革命文化和社会主义先进文化，在校园文化中弘扬中国精神、中国价值、中国力量，为大学生提供精神指引。除此之外，还要注重校本文化的挖掘和创造，一方面，要充分运用学校历史积淀和优良传统，深挖校训精神，打造每所高校所特有的文化体系；另一方面，要依据大学生所学的专业历史、专业事件挖掘各个专业所具备的优良人文精神，以优秀的专业文化熏陶学生的精神世界。三是整合创新文化载体。一方面，要对现有的文化载体进行整合，做好文化载体的有机联结，尤其是发挥文化载体的合力效应；另一方面，加强对文化载体的创新，尤其要不断创设以互联网为支撑的新媒体，不断提升新媒体的文化宣传实效，丰富和拓展载体类型，实现全方位的文化影响。四是以大学生为中心提升针对性。校园文化的内容和宣传方式要贴合大学生的学习和生活，要能满足他们的现实需求，要符合他们的时代特征。

3. 着力加强网络监管，净化社会主义意识形态环境

在世界范围内，随着科学技术的发展进步，互联网时代也随着而来，使信息化成为当今时代的主流，各个国家对信息技术也越来越重视，而网络的基础建设、内容和方向，对一个国家意识形态的导向至关重要。然而，信息化的发展也给高校意识形态的安全建设带来了挑战，网络新媒体的影响力越来越大，其双向性、即时性、公平性、开放性等优势使得人们可以随时随地、不分国界的在这个虚拟的网络中畅所欲言，在收集信息、获得资讯的同时也在表达着自己的意愿和诉求。网络作为传播思想、观念、文化的新媒介，具有鲜明的时代特征和优势，因此，西方资本主义国家利用网络媒介向我国进行意识形态的渗透。近年来，教师的教学和科研等工作，学生的学习、娱乐和生活，校园文化的宣传和管理都不可避免地受到网络的影响，甚至成为人们生活和学习中不可或缺的重要部分。高校在面对网络意识形态的挑战时，要坚定社会主义主流的意识形态，保持健康向上的思想价值观念，加强对学校的思想和网络环境的净化，积极引导学生健康文明上网，推进网络对主流意识形态的宣传。要认真贯彻落实党中央的方针政策，做到规范化管理，努力建设网络主流意识形态的科学化、规范化管理，把握网络舆论导向的话语权，实时关注大学生的思想意识的变化。开创网络新版块，提供交流新平台，让大学生在网络中开展积极健康的思想交流，以诙谐幽默的方式宣传当前主流的意识形态，多提供符合大学生兴趣的有益信息，以使大学生保持正确的思想意识形态和积极向上的价值观。高校要充分认识到网络这把"双刃剑"，加强对网络环境的安全建设和监督管理，建立健全校园网络的安全体系，利用法律等手段严防各种不良信息的传播，并合理利用网络加大对马克思列宁主义、毛泽东思想、邓小平理论、"三个代表"重要思想、科学发展观和习近平新时代中国特色社

主义思想的宣传力度，加大对中国特色社会主义核心价值观的宣传；与此同时，加强高校思想政治的教育工作，在多元环境中加强对青年学生的思想价值观的辨别力和抵抗力，教育大学生学会在复杂的网络社会中学会自重、自律，保持一颗纯洁的心。总而言之，安全健康的校园网络需要国家、社会甚至是师生多方面的共同努力，保证意识形态的建设安全顺利地建立起防范机制，使学生在多元文化下保持健康的思想理念，为社会主义主流意识形态的建设营造良好的社会环境。

（二）构建高校意识形态安全建设的应急与预防机制

1.高校意识形态安全应急机制

高校意识形态安全应急机制主要包括安全监测、安全评估和安全决策等三个方面内容。对于安全监测系统而言，建立高校意识形态安全监测系统目的是及时收集各种不利于学校稳定的信息。要通过各种途径建立起"横向到边，纵向到底"，广为覆盖的情况信息系统，该系统可涵盖党务工作系统、人事管理系统、教务管理系统、学生管理系统、工会工作系统、共青团组织系统、后勤保卫系统等。为了及时掌控高校稳定信息，必须有针对性地选择培养若干情况信息员，明确他们的权利和义务，并根据工作需要制定不同时期、不同阶段信息收集的重点。要特别重视信息收集和传递的时效性，只有把可能影响到高校意识形态工作的信息及时掌握，才能掌握工作的主动权，将不稳定因素消灭在萌芽状态。安全评估系统是指在收集了大量威胁学校稳定的危机因素后，需要及时有效地将这些信息加以梳理、分类、归纳和分析，通过分析信息之间的相关性，准确评估和预测危机的类型和危害程度。在信息加工过程中，必须高度重视信息传递过程中可能受到的干扰。例如，信息的传递者可能与某种群体存在利益关系，这很有可能导致信息的客观性和真实性出现问题。故而，无论是在安全监测系统抑或评估过程中，都要努力做好信息真伪甄别工作。不仅如此，还需要对收集到的信息加以系统化和条理化，对系统进行分类储存。此外，必须加强对重要信息的关注，建立危机预警机制。危机信息收集之后，通过整理和分析，并结合学校实际现状，发现临界危机信号，及时传递给决策层。就安全决策系统而言，安全决策通常包括问题界定、工作目标、方案设计、人员分工、绩效评估等五个阶段。问题界定阶段是指信息收集，判断其是否属于"常态"，从而界定当前需要解决的问题、在工作目标设定阶段，需要确定解决这个问题所要达到的具体目标和最终目标。方案设计阶段应当结合各项目标制定实际工作的步骤。这样根据制订的计划进行人员分工，最后对本次活动方案设计和实施效果进行综合的评估，考察它是否能够以最低成本最有效地解决意识形态安全建设的问题。为了切实降低和有效遏制高校意识形态危机事件出现的概率，亟须建立高校意识形态安全应急机制，把危机事件扼杀在萌芽时期。这就需要遵循以下几个步骤。

首先，要预测危机因素。在调查研究基础上，有效预测危机因素是做好应急工作的前提。高校要在安全监测系统良性运行的基础上定期不定期地召开情况分析会，讨论校园内的危机因素，重点要关注学校意识形态安全状况。高校身处意识形态斗争的前沿阵地，社会大环境意识形态安全出现问题，必然带来学校的不稳定。同样，高校自身所处的特殊地位，决定了高校若意识形态出现危机也会带来社会的不稳定，这就需要高校加强与当地公安和国家安全部门联系，做好信息的沟通工作，必要时可召开舆情、警情分析会，掌握工作的主动权。根据研判结果，有针对性地做好预案准备，给出解决方案。

其次，要组建危机管理委员会。学校应当成立危机管理委员会，或者突发事件处理领导小组。一旦意识形态危机出现，必须及时介入，开展危机干预，处理危机事件，最大限度地减少危机事件所导致的负面影响。高校对意识形态领域出现的危机事件更不能掉以轻心，危机管理委员会应实行党委书记或校长负责制，组成人员要精干，其成员可由党委办公室、校长办公室、宣传部、学生处、保卫处、教务处、人事处、工会、校纪检等部门的领导和道德咨询专家、心理咨询专家、法律顾问等组成。危机管理委员会应根据危机可能发生的情况召开应急处置会议，检查危机问题管理计划，预测危机事件发展趋势，制定危机干预和应急措施。

再次，要制定预警方案。在危机事件发生前，学校应该有一套危机应急处理预案，以便将有效减少危机可能造成的危害降到最低，尽力维持校园的稳定。对危机事件的应对，需要学校结合具体实际，分清轻重缓急。在对危机信息加以全面搜集和深入分析的前提下，制定出更具针对性、更有实效性的危机应对方案。

最后，要尽可能消除危机事件的负面影响。当意识形态安全危机事件发生之后，高校领导和相关职能部门需要设法在转"危"为"安"的基础上，进一步化"危"为"机"，即将危机造成的不良影响降到最低，甚至完全消除。通过努力，使高校的良好声誉逐步恢复，使公众逐步继续认同、支持和赞赏高校的行为。在高校内部，要及时公开危机处理的相关信息，提高危机应对的透明度，对广大师生员工进行心理疏导，让他们尽快消除不良情绪。在高校外部，要通过公共关系活动来挽回高校的形象损失，尽力恢复高校的名声。在第一时间公布危机事件真相，通过多种及时有效的应对措施来使高校正常的教学、工作和社会秩序尽快恢复正常，以重建和提高学校的美誉度。同时，要从危机中总结经验教训，加强学校相关规章制度建设，有效地避免同类危机的再次发生。

2. 建立高校突发事件的预防与处理机制

首先，要了解大学生的心理状态。要使得"预防性"的大学生心理测评机制具有实际意义，应该从学生心理方面入手，对常见心理问题的早预防、早干预和早治疗深入到每个学生的思想中，做到未雨绸缪、有备无患，编织一张有效的心理"安全网"。很多高校都会开展针对新生的心理健康测评和评估，建立学生心理健康状况的综合档案。高校应该在日常教学工作中建立由年级、学院、学生处及学校这样一个金字塔形状的网络预警体系，从最基层的监测点抓起，层层落实，形成完整的信息链条，确保信息畅通无误。结合大学生的心理和生理特点，通过全面的信息网络，监控和预测各种危机状况，发挥学校心理咨询室的作用，预防大学生心理问题的发生和由此引发的大学生群体危机事件，及时解决危机事件。

其次，高校应当建立大学生心理动态档案。学生管理工作不仅要掌握学生的学习成绩，还要根据不同年级和专业区分学生的不同特点，坚持客观性、动态性、科学性地把握学生的心理和行为动态特征。建立健全学生心理发展动态档案制度，增强档案记录的系统性、全面性和动态性，一方面要全方位、多层次地科学和客观的心理咨询及治疗。通过这个档案"数据库"，形成学生心理动态发展的定期分析机制。运用先进的科学技术，对信息进行深入分析、跟踪研究，及早察觉并及时反馈危机预警信号，制定有效的解决对策。

最后，高校应当构建完善的学生信息体系。加强大学生思想政治工作，一方面，要坚持以人为本原则，坚持发展性，找准问题解决的切入点，重点解决学生最关心、最直接、最密切的实际问题，争取广大学生的理解和支持，在无形中化解矛盾。另一方面，应建立平等的师生对话机制，通过平等对话，思想政治教育者要定期或不定期和学生沟通，尤其应该充分利用校园媒体、互联网络等有效平台。同时，可以通过设立学生意见信箱、校长接待日、学生议校制度等为学生提供更多的表达诉求的渠道。提升对话的效率，以化解师生之间、学生之间不必要的矛盾冲突。除此之外，学校领导层和决策层应该深入班级和学生，尤其是那些问题多发、矛盾复杂的地方。建立一个多层次和多渠道的信息网络，及时了解学生关注的热点，准确把握学生的思想动态和发展趋势，理性分析和解决学生反映的问题和提出的意见，有效地指导思想政治教育者的工作实践，这也是思想政治教育信息系统的重要组成部分。通过建立"发展性"的大学生思想政治工作体系，能够及时准确地发现问题，解决矛盾发生的源头，让师生的思想疑虑彻底消除，从而做到防患于未然。

（三）完备高校网络意识形态建设的投入与激励机制

马克思主义意识形态话语权建设关键在于"怎么建设"的问题，涉及如何有效地配置各种投入资源和经费，涉及对建设主体的激励，以促进马克思主义意识形态建设，达到最优效果。

1. 高校应该建立意识形态工作的投入机制

高校应该建立意识形态工作的投入机制，主要措施有以下几方面。

第一，高校要增加对马克思主义意识形态话语权建设的经费，扩大财政投入，继续加大马克思主义理论与研究建设工程的投入，高校各级宣传部门以及社会科学规划办公室等机构要设立专项研究项目，增加项目立项数量，提高资助额度，特别是加大对高校马克思主义理论研究和教学的经费投入，提高从事马克思主义理论研究和教学工作的人员的待遇水平，为马克思主义理论研究、宣传教育和人才培养提供专项经费与物质保障。

第二，高校要加大对思想政治教育方面的经费投入。作为意识形态安全建设重要手段的思想政治教育要有足够的物质保证。就高校本身来讲，要为大学生思想政治教育活动提供基本条件，在人力物力财力上对大学生思想政治教育工作予以支持，在每年的年度预算中加大对思想政治教育经费的投入，主要包括课程建设经费的投入和大学生思想政治教育日常经费的投入。如何保证大学生思想政治教育活动的正常经费，如何保证社会实践的必要经费，如何保证聘请专家学者参与教育活动的经费，如何确保从事思想政治教育专职人员待遇不低于专业教师待遇的经费等，都是思想政治教育应该确保的经费。事实证明，凡是学生思想政治教育工作搞得有声有色，效果好的学校，必有工作所需经费的足额投入。反之，没有工作所需经费足额投入的学校的学生思想政治教育工作，尽管工作者费了九牛二虎之力，也只能获得一般效果。

第三，高校要加大校园文化和校园媒体方面的投入。高校领导要充分认识校园文化和校园媒体建设对于开展大学生思想政治教育和推动学校中心工作的重要性和必要性，在人力、物力、财力上加大对校园文化和媒体建设的投入力度，为其发展提供物质保障。目前许多大学校园媒体硬件条件和技术手段还比较落后，一些大学的教室、学生餐厅和学生宿舍没有广播、电视、网络等设施，不少大学校园媒体是以兼职人员为主，这些都极大地影响了校园媒体作用的发挥。经费投入对高校校园文化和媒体建设来说相当重要，为了保证高校校园媒体的硬件设施更新，学校要在年度预算中预留一定的经费额度。

第四，高校要加大对意识形态工作话语权建设的技术投入。随着信息网络化技术的发展，新媒体在马克思主义意识形态话语权建设中的载体作用日益增强，西方国家更是凭借其在互联网技术的优势，向我国进行强势的意识形态渗透，严重冲击和削弱了马克思主义意识形态话语权。目前在互联网上的信息大多是国外提供的，而中文信息只占不足0.4%。因此，加大对马克思主义意识形态建设的技术投入，特别是加强对互联网技术的研究和开发，打破西方在大众传媒和网络载体的技术封锁、信息垄断和话语霸权。同时加大对意识形态工作者，特别是保障互联网安全的监管人员与宣传人员的培训，掌握信息网络技术，提高他们运用信息网络技术和手段做好网络思想政治教育工作与马克思主义意识形态话语权建设工作的能力。

2. 高校还应该建立健全网络意识形态建设的激励机制

通过运用各种激励，激发人的内在心理需求和动力，最终使个体、群体乃至组织朝着所期望的目标前进，增强马克思主义意识形态建设的有效性与持久性。通过物质激励和舆论激励的形式，使在意识形态工作中做出重大贡献个人与组织得到奖励，特别是提高意识形态工作者的待遇，加大对他们从事马克思主义理论教育、宣传和研究的支持与奖励力度，调动他们的主动性和积极性，对他们给予特殊的关注，解决其后顾之忧，使他们能够感受到党和政府的重视与关怀，从而使他们能够以饱满的热情投入到马克思主义意识形态话语权研究和建设中去。此外，高校尝试对在意识形态工作建设的典型事迹和模范任务要及时给予物质和精神奖励，通过他们的率先垂范和榜样示范，对他们的行为给予激励和表彰，为网络意识形态建设创造良好的社会氛围，不断增强人们对马克思主义意识形态理论学习、宣传和研究的兴趣与热情，增强马克思主义意识形态的吸引力、感染力和影响力。

（四）构建新时代高校网络意识形态工作评价体系

1. 关于课程评价

高校意识形态教育的课程除了主渠道外，在大量的哲学社会科学课程中都有这方面的内容。因为，教科书是学校教育的基本材料，"一方面，教科书是绝大多数学生获得知识的最重要的来源，是教育内容的体现者"；另一方面，"教科书又是一种重要的教学手段，它的任务是帮助学生掌握教学大纲严格规定的范围之内的基本科学理论，在教学过程中培养学生进行创造性独立思考的技巧，了解所学的学科，寻找并找到本学科所必须的信息。"特别是对一些传授知识型的哲学社会科学课程而言，如何使这些教材和课程的内容符合社会主义意识形态特点，符合社会主义先进思想文化建设的基本原则，积极传播社会主义的思想道德，是我们在研究意识形态教育评价体系中应当重点关注和研究的问题。从现代课程评价理论来看，对课程评价的界定主要从以下三个角度来进行：一是从课程评价的实质来看，课程评价可分成效用性评价和价值评价。二是从课程评价的过程来看，课程评价既包括过程评价，也包括结果评价，结果评价包括在过程评价之中。三是从课程评价的手段和方式来看，课程评价可分为量化评价和质性评价。因此，有学者对课程评价问题进行了总结："第一，评价是价值或优点的判断，不是纯技术性工作，也不单是现象的叙述。第二，评价可以包括对现象的质的描述和量的描述，质、量两者可以兼收并蓄。第三，评价不但是为了评定绩效，也可以是为了做出决定，所以评价是回溯的，也是前瞻的。第四，评价不只是为了做出决定，也可以针对课程计划或行政措施。"高校意识形态教育课程的评价和一般课程的评价相比，有其特殊性，它既具有一般教育课程的共有特点，又具有意识形态教育课程的特殊性。从其评价目标来看，高校意识形态教育课程是体现统治阶级意志的课程，其课程的目的除了依据认识论的一般规律，即按照一般教育课程本身的特点和规律来确定外，还必须遵守政治学的依据，即要根据我国社会主义意识形态对高校办学方向和人才培养的目标要求来进行评价。"高校思想政治理论课课程设置，要体现马克思主义与时俱进的理论品格，更好地适应时代发展的要求；要突出重点，更好地吸收理论和实践发展的最新成果；有利于更好地用马克思主义理论武装大学头脑。"这些都为高校意识教育课程规定了具体的目标和标准。

从评价领域来看，高校其他类型的课程主要涉及到认知领域，或者是行为层面，评价的目标相对具体、客观，而高校意识形态教育类的课程评价领域则十分复杂，不仅涉及认知领域，还涉及思想意识和政治观念等领域。从评价过程来看，一般课程的评价是一种相对"科学"、客观的过程，评价过程中评价者尽可能采取中立的态度和立场，而意识形态教育课程评价过程本身也是一个参与过程，评价者不可能不将自己的价值观念注入到评价过程之中，所谓无价值的"中立立场"，其本身也是一种价值观念。从评价的难度来看，一般课程的评价标准相对客观具体，可控因素相对较多，但由于意识形态教育课程主要涉及非认知领域，其所评价的结果具有模糊性和不确定性，其影响制约因素较难把握控制，从而使得意识形态教育课程的评价存在一定的难度。因此，在评价过程中，意识形态教育课程的评价者必须采取符合学生思想发展要求的方式来进行评价，把评价过程本身作为一种意识形态教育的实施过程。

2. 关于教育者的评价

高校意识形态教育的实施是教育者和受教育者通过一定的方式和途径与现代课程发生一定矛盾运动的过程，要想知道在这个过程中是否体现了意识形态教育的特点，就必须对教育者活动、受教育者活动及其活动的方式进行评价。对教育者及其活动进行评价，是高校意识形态教育效果评价的一个重要方面，其主要目的是促进教育者专业发展与教学效能的提高，一般来说，教育者评价主要分为行政性评价和专业性评价。早期的教育者评价主要集中在对教育者的水平及个性进行评价，随着教育评价在欧美的广泛发展，教育者的评价的焦点已经转移到对教育者责任的评价上来。美国学者斯克里文认为，作为教育工作者应有一些基本的职责，也就是对于任何一个教育者，都要回到根本的出发点来回答以下两个基本问题，第一，学校请教师来干什么？第二，怎样才能判定这些工作已经被充分地或很好地完成？因此，高校意识形态教育实施过程中教育者及其行为的评价虽然离不开对教育者的责任评价，但其主要评价领域侧重于教育者在课程实施过程中的态度和行为。正是因为教育者在课程实施过程中所持有的特殊态度及其行为表现，使得整个课程实施过程中具有一种道德的、人格的力量，使意识形态教育的价值转化为现实价值。

我们的高等教育对学生有着明确的思想政治素质要求，而教师是影响学生思想政治素质的主体力量。教师在学生培养过程中的关键位置是十分清晰的：一方面，教师处在教育教学的第一线，科学的世界观、人生观、价值观要靠他们去传播和灌输；另一方面，教师的每一堂课都伴随着一定的世界观、人生观、价值观的流露，或正或反都在对学生实施教育。同时，相对于专职的学生思想政治教育工作者来说，从事意识形态教育教学的教师的这种影响呈现非权力性的特点，往往易为现代大学生所接受。况且教师比专职的政工队伍有更多的机会、更多的渠道、更宽的视野掌握学生的思想脉搏。也就是说，全面贯彻党的路线方针政策，涉及学校工作的方方面面，但教师在其中的决定性地位是不可替代的。即使是一贯以民主自由标榜自己的美国政府对于教育者的政治——道德要求也是十分苛刻的：强调全体教师和行政管理人员都是思想政治教育工作者，他们应当通过自己的政治态度、道德品质和生活方式来对学生的政治观、人生观、道德观施加确定的影响。

加强对教育者的评价，还在一定程度上满足了教育者关心时事、积极主动参与政治活动的需要。因为关心政治向来是知识分子的一种传统或一种生存方式，特别是在高等教育正大步从社会边缘进入社会中心的今天，高校教师更具有关心时事，积极主动参与政治活动的强烈愿望和要求。加强对教育者的评价，还有助于从事这项教育教学工作的教师转变观念、统一思想。因为观念是行为的内在依据和导向，统一思想是统一行动的前提，是凝聚人心、调动一切积极因素为实现共同目标而努力奋斗的重要保证。随着社会主义市场经济的发展，社会经济成分和经济利益、组织形式、就业和分配方式日益多样化，在增强人们的竞争意识、效率意识、民主法制意识和开拓精神的同时，人们的思想认识、价值取向多样化日益明显，思想活动的独立性、选择性、多变性、差异性日益增强，影响干部群众思想的因素和渠道日益复杂。从高校的情况看，随着高等教育的发展和高校内部管理体制改革的不断深化，教师面临更重的任务、更大的压力、更激烈的竞争、更深层的利益调整，势必使教师产生更多复杂和具体的思想问题。从事意识形态教育的教师首先必须自觉地把思想认识从那些不合时宜的观念，做法和体制中解放出来，从对马克思主义的错误的和教条式的理解中解放出来，从主观主义和形而上学的桎梏中解放出来。我们要积极开展理论学习和宣传，善于释疑解惑，勇于澄清是非，正确回答人们普遍关心的重大理论问题和实践问题，实现在解放思想中的思想统一。这些都要求我们通过建立科学合理的评价机制，对意识形态教育的实施者进行科学的评价。

3. 关于教育环境的评价

高校意识形态教育总是处在特定的历史环境和社会环境中的，因此，高校意识形态教育环境的分析判断必将直接而深刻地影响到意识形态教育的评价。这个问题，在实践中却往往不容易为教育者所把握。因为我们对以往所处的历史背景相对较容易了解，但对现实的时代背景和社会环境却往往不易作出准确的分析，这是教育过程中一个始终存在的矛盾。高校意识形态教育一定要通过对教育环境的准确评价，充分认识到教育环境在多大程度上制约了意识形态教育的有效性，从而再回到对意识形态教育的准确评价上来。在这个问题上，既要看到教育环境对意识形态教育的影响，同时，也要看到意识形态教育对社会环境的反作用。

高校意识形态教育总是在一定环境下开展的，环境对意识形态教育效果具有重要的影响作用。高校意识形态教育就要立足于全面建设小康社会的实践，审视环境因素的变化发展，尊重环境，善于把握、利用、创造环境"气候"。

（1）尊重环境，即尊重意识形态教育环境的现状

尊重环境，最为根本的是尊重当前社会文化和社会心态，尊重受教育者的社会心理状况，尊重社区环境、家庭环境、学校环境、工作环境的现状，尊重不同的阶层规范和群体规范。进入21世纪以来，社会结构发生着深刻的变化，其中更为深刻和全面的变化，即中国国民的社会心理正在经历着从传统向现代的转化。这种转化是动荡不定和复杂难测的。所以，高校意识形态教育一定要立足于教育对象的思想现状，尊重受教育者的社会心理，尤其重视每个小群体中的群体规范和群体意识，因为社会意识形态对社会成员行为的影响是间接的，起直接制约作用的是群体规范。尊重即是正视，正视不同受教育者群体对于政治民主、经济利益和文化价值的不同需求和心理感受，这样才能立足于实际，掌握实情，为意识形态教育取得实效迈下坚实的第一步。

（2）利用环境，即充分发挥环境因素对高校意识形态教育的导向、塑造和巩固作用

社会整个环境系统通过社会经济、社会政治、社会文化、社会心理的力量，实践执政党所倡导的价值理念和价值信条。在社会主义现代化建设的大环境中，要旗帜鲜明地向受教育者表明提倡什么、支持什么、鼓励什么、反对什么，使社会主导价值观对人们的思想、行为起到主要的规范作用。同时，充分发挥社会规范的评价功能，"凡符合社会规范的思想和行为会得到肯定和赞扬""凡不符合社会规范，道德、法律要求的思想和行为就会受到抑制和批评，甚至受到谴责，使人产生压力。这种压力就会将人的思想和行为约束在一定的范围内，使人与环境保持一致和基本一致"。也就是说，受教育者的价值观念符合社会主导价值，就会得到环境的肯定性评价，反之就会受到否定性评价。所以，充分利用意识形态教育各类环境因素的优势和特点，利用现有的思想教育资源，充分发挥社会主导价值观对人的导向、塑造和巩固作用，用科学的、正确的、积极的思想观念来引导和教育师生。

（3）创造环境，即发展环境，努力创造一个有利的高校意识形态教育的外部环境

从整个经济社会发展的大局来讲，就是全面贯彻落实新的发展观，不断发展经济环境，政治环境和文化环境。从全国大环境来说，要继续完善社会主义市场经济体制改革，通过欣欣向荣的经济形势激发人积极向上的内驱力，使人们自觉按照经济发展的要求选择自己的奋斗目标。进一步健全社会主义民主政治建设，实现人民的政治利益，保障人民群众当家作主的民主权利，贯彻以法治国，使社会的进步状态始终与最广大人民群众政治环境的不断改善和社会地位的不断提高联系在一起。要大力发展与经济体制改革、政治体制改革相适应的健康高雅的社会文化环境，坚持面向现代化、面向世界、面向未来的，民族的科学的大众的社会主义文化建设方向，进一步繁荣社会主义文化事业，弘扬和培育民族精神，广泛开展群众性精神文明创建活动，促进与小康社会相适应的新的思想观念和新的文化观念，培育有理想、有道德、有文化、有纪律的公民。从高校自身来讲，我们要着力营造一个有利于意识形态教育健康发展的小环境。因为意识形态教育最终都是在具体的小环境中进行的，只有在一个学校、一个系科、一个班级营造好意识形态教育的小环境，才能有效地借助广泛的社会力量，调动一切积极因素，最终实现整体推进。

Reference
参考文献

[1]J.R.Searle.Minding the Brain[J].New York Review of Books,2006,11(2):51.

[2] 张宽裕，丁振国 . 论网络意识形态及其特征 [J]. 学校党建与思想教育，2008（2）：37.

[3] 姚元军 . 网络意识形态安全问题探究 [J]. 江汉大学学报（社会科学版），2014（5）：21.

[4] 赵惜群，翟中杰，黄蓉 . 网络意识形态安全观内涵解读 [J]. 当代教育理论与实践，2014（1）：3.

[5] 罗程浩 . 网络时代的意识形态研究 [D]. 北京：北京邮电大学，2012.

[6] 严耕，陆俊 . 关注网络信息的意识形态功能 [J]. 前线，2008（10）：14-16.

[7] 米华全 . 高校网络意识形态建设研究 [M]. 北京：中国社会科学出版社，2020.

[8] 习近平 . 习近平谈治国理政 [M]. 北京：外文出版社，2018.

[9] 习近平在中共中央政治局第十三次集体学习时强调把培育和弘扬社会主义核心价值观作为凝魂聚气强基固本的基础工程 [N]. 光明日报，2014-02-26.

[10] 中共中央党史和文献研究院 . 习近平关于网络强国论述摘编 [M]，北京：中央文献出版社，2021.

[11] 马克思，恩格斯 . 马克思恩格斯选集 [M]. 中共中央马克思恩格斯列宁斯大林著作编译局，译 . 北京：人民出版社，1995.

[12] 马克思，恩格斯 . 马克思恩格斯全集 [M]. 中共中央马克思恩格斯列宁斯大林著作编译局，译 . 北京：人民出版社，2016.

[13] 列宁 . 列宁选集 [M]. 中共中央马克思恩格斯列宁斯大林著作编译局，译 . 北京：人民出版社，1998.

[14] 毛泽东 . 毛泽东选集 [M]. 北京：人民出版社 .1991.

[15] 中共中央宣传部 . 习近平总书记系列重要讲话读本 [M]. 北京：学习出版社，2016.

[16] 戴维·迈尔斯 . 社会心理学 [M]. 侯玉波，乐国安，张志勇，等译 .11 版 . 北京：人民邮电出版社，2016.

[17] 李德顺 . 价值论：一种主体性的研究 [M].3 版 . 北京：中国人民大学出版社，2020.

[18] 莱斯利·里普森 . 政治学的重大问题：政治学导论 [M]. 刘晓，译 . 北京：华夏出版社，2001.

[19] 张耀灿 . 现代思想政治教育学 [M]. 北京：人民出版社，2006.

[20] 陈万柏，张耀灿 . 思想政治教育学原理 [M].3 版 . 北京：高等教育出版社，2015.

[21] 费里德曼 . 世界是平的 [M]. 何帆，肖莹莹，郝正非，译 . 长沙：湖南科学技术出版社，2008.

[22] 余源培，孟文静 . 意识形态在网络时代 [J]. 贵州社会科学，2007（12）：4–7.

[23] 丁祥艳 . 论当代中国社会思潮的鲜明特点 [J]. 前沿，2010（15）：112–114.

[24] 邱柏生，左超 . 从社会思潮的影响特征看如何增强思想政治教育的吸引力 [J]. 思想理论教育，
2010（17）：53–58.

[25] 连水兴 . 网络、虚拟空间与社会思潮的延伸:关于网络空间"文化保守主义"论争的传播学思考 [J].
内蒙古社会科学，2007（5）：102–105.

[26] 张国祚 . 论多样化社会思潮的引领 [J]. 求是，2007（14）：52–54.

[27] 中共中央宣传部 . 论党的宣传思想工作 [M]. 北京：中央文献出版社，2020.

[28] 郭玉锦，王欢 . 网络社会学 [M].3 版 . 北京：中国人民大学出版社，2017.

[29] 哈耶克 . 自由秩序原理 [M]. 邓正来，译 . 北京：生活·读书·新知三联书店，1997.

[30] 马克斯·韦伯 . 经济与社会 [M]. 阎克文，译 . 上海：上海人民出版社，2020.

[31] 郑杭生 . 社会学概论新修 [M].5 版 . 北京：中国人民大学出版社，2019.

[32] 蒋广学 . 网络社会的崛起与大学使命的传承：北京大学网络育人工作的实践探索与理论思考 [M].
北京：北京大学出版社，2014.

[33] 杨斌成 . 群体心理学视域中的网民群体心理与舆论引导 [J]. 东南传播，2014（4）：77–79.

[34] 谢玉进 . 新时代网络思想政治教育概念再界定与研究深化 [J]. 思想教育研究，2022（5）：56–61.

[35] 杨建武 . 意识形态本质与高校网络意识形态治理 [J]. 教育探索，2021（2）：45–49.

[36] 潘红涛 . 关于高校网络意识形态安全建设的新考量 [J]. 学校党建与思想教育，2021（5）：34–37.

[37] 谢晓娟，任静 . 论马克思的人民观 [J]. 山东社会科学，2020（11）:6.

[38] 张志丹 . 解码新时代十年意识形态创新的新飞跃 [J]. 社会科学辑刊，2023（2）：13–22.

[39] 康德 . 纯粹理性批判 [M]. 邓晓芒，译 . 北京：人民出版社，2017.

[40] 徐展 . 论主体主导主线说：兼与双主体论和主导主体论者商榷 [J]. 江苏第二师范学院学报，1994
（2）：26–28.

[41] 曹洪军 . 论思想政治理论课实践教学的科学性与意识形态性 [J]. 学术论坛，2012，35（8）：
17–20.

[42] 王策三 . 论教师的主导作用和学生的主体地位 [J]. 北京师范大学学报（社会科学版），1983（6）：70–76.

[43] 赵大伟 . 互联网思维独孤九剑 [M]. 北京：机械工业出版社，2014.

[44] 郑洁，白崭 . 网络社会发展问题研究 [M]. 成都：西南交通大学出版社，2015.

[45] 阮博 . 现代思想政治教育思维方式建构 [J]. 思想教育研究，2013（2）：18–22.

[46] 黄蓉生 . 坚定高校意识形态工作队伍的文化自信 [J]. 文化软实力，2016，1（3）：5.

[47] 纪立群，李淑颖 . 新时期高校青年马克思主义者培养的实践模式 [J]. 东北师范大学学报（哲学社会科学版），2011（6）：18–21.

[48] 刘建华 . 当前美国对华意识形态渗透的新手段及其应对 [J]. 华侨大学学报（哲学社会科学版），2022（1）：18–28.)